高中语文戏剧教学

综合实践活动课程探索

陈 锋/著

厦门大学出版社
XIAMEN UNIVERSITY PRESS
国家一级出版社
全国百佳图书出版单位

总 序

　　校本课程，是三级课程（国家课程、地方课程、校本课程）的最后一级，也是最切合学生成长需要，最体现学校特色的一级。它的开发需要考虑三个问题：一是为学生成长需要而开发；二是为学校特色发展而开发；三是为优化学校课程资源，完善学校课程结构化建设而开发。

　　为学生成长需要而开发，这是校本课程开发的题中之义。学校的一切课程都是为了学生的成长需要，校本课程也不例外。没有学生的成长需要，就没有学校课程的开设。有的人认为校本课程是属于校长的课程、教师的课程、考试的课程，或者是迎接考察观瞻、督导评估的课程，等等，这都是对校本课程的误解。校本课程可以与考试毫不相关，但必须也必然与学生成长需要完全相关。

　　与学生成长需要相关的校本课程，有三个要素：一是学生参与开发。即在共同性要求和个性化要求高度融合的层面，由学生群体或个体提出课程开发的意向，经学生充分酝酿，产生一定数量的课程需要群体，并经师生充分论证，获得学校课程领导支持，师生共同开发的课程。二是学生自由选择。校本课程重在可供自由选择，是学生自己需要，爱学、乐学、会学，并有决心学好的，不含任何功利驱使，而为长远修炼或打好基础的课程。三是师生共同完善。校本课程的开设和校本教材的建设既指向教师，也指向学生，集中指向于为"教"与"学"服务，充分体现师生的"教""学"经验。因此，校本课程是否切合师生经验，对师生经验是否具有普适性，只有师生最清楚，只有师生最具发言权。只要在使用中发现有与师生"教""学"经验不相适应的地方，就可以由师生共同去完善。当然，完善的目的更重要的是增进学生体验和收获，使学生的生活经验和学习经验能够得到充分的体现。

为学校特色发展而开发。校本课程既要实现师生的价值追求，又要迎合学校内涵有特色发展。因而有人说：校本课程开发存在着师生与学校之间的博弈。如何使这一博弈成为校本课程开发与完善的动力，尤其要注意凝聚三方面的力量，使"三力合一"。一是校长课程领导力。校长课程领导重在课程决策，重在凝聚课程领导、课程开发、课程实施、课程评价、课程文化创新的合力，是课程开发和管理的领头羊，而不是仲裁者。二是教师课程仲裁力。与校长课程领导密切相关的是教师的课程执行力和课程仲裁力。教师既是校本课程开发的具体行为者，又是校本课程执行的具体实验者，还是校本课程开发的仲裁者，其角色是由课程开发者到课程执行者再到课程仲裁者的转变。就是说：尽管校长课程领导是课程开发的主决者，但校长课程领导者本身并没有或很少变身去开发校本课程，开发校本课程的中坚是教师，校本课程从开发到完善到评价的过程始终是教师起决定作用。也就是说，校本课程实施好坏，质量高低关键在教师，教师是校本课程质量的仲裁者。不管校长课程领导赋予与否，这种权力与职责对于教师来说，是客观存在的，不容置疑的。三是学生课程适应力。与教师课程执行力密切相关的是学生的课程适应力。一切课程都是为学生的成长取向服务的，能适应学生成长取向的课程才是科学的课程、有效的课程。校本课程作为学校课程的"独特"存在，突出校本特色是无疑的，但绝对不能以"校本特色"取代学生的"成长适应"，使"校本特色"与"成长适应"相吻合，是校本课程开发务必着重考虑的问题，只有"成长适应"的才更具特色。总之，能凝聚这三种力，促进"三力合一"的校本课程才最有特色。

为优化学校课程资源，完善学校课程结构化建设而开发。课程资源有共性化资源，也有个性化资源。国家课程、地方课程趋向于共性化资源，体现共性化要求；校本课程趋向于个性化资源，体现个性化要求。但是，无论共性化课程资源还是个性化课程资源，都是学校课程结构化建设中的集合化资源，蕴含着国家课程精神和国家课程要求。所以，要通过凝聚、优化共性化资源和个性化资源的集合结构，积极推进国家课程和地方课程的校本化实施，以及校本课程的国家化、地方化要求建设，全面优化、整体完善课程的结构化建设。可见，校本课程不是单纯立足学校特色而开发，更重要的是为完善学生全面而有个性的发展需要而开发，这是充分整合利用课程资源，推进国家课程校本化，完善学校课程结构化建设的目的。

我校校本教材的开发，正是立足校本课程开发和实验的基础。即先有课程，再有实验，而后才不断形成、完善成教材。在课程渐趋成熟、实验渐趋完善、教材渐趋形成的过程中，自觉适应国家培英育才的要求，发挥学校课程开发、教材建设的历史优势，着眼不同层次学生的个性要求，实现校本课程和校本教材建设的内蕴转化。因而，我校的校本课程和校本教材建设，有四个方面的特色：一是体现学校现实资源的限制和要求；二是体现学校课程开发的基础和条件；三是体现学生全面而有个性发展的需要和选择；四是体现国家课程精神和国家课程标准的校本化、创造化落实。这四个"体现"，使我校的校本教材建设，在充分体现校本课程开发作用的意义特征上，主要出现下列几种情况：

一是基于学校传统课程的开发。即在长期的教育实践探索中形成的，经多年反复实验、论证，已经成熟的，并受历届学生喜欢的校本课程所形成的教材。如《天文活动课》、《高中心理健康教育》等，就是经多年实践探索，不断形成、完善的教材。从建构方法来说，这类教材没有正规学科教材的层级体系，主要是实践的而非理论的、体验的而非经验的、具体的而非抽象的；从学习流程来说，则主要体现为操作的、观测的、分析的，由表象到本质，由现象到规律的。

二是基于校本特色项目或优势项目的开发。即在符合当代教育话语环境的前提下，校本开发的课程或项目具有鲜明的特色或在国际、国内同类课程或项目中具有独特优势所开发形成的教材。如"中学生模拟联合国"，虽不是绝无仅有，但在同类课程和同类项目中首屈一指，吸引了国内外同行的关注，国内、国际的"模拟联合国"活动近年接连在我校举行。这种教材的特色为：既符合国内外的话语表达方式，又具有鲜明的校本实践特色。从使用方法来说，是体验的而非传授的，思辨的而非灌输的，实用的而非空泛的。

三是基于国家课程内容延伸的开发。即是在现行国家课程内容的基础上，为达成更高层次的培养目标，适应学校的特色发展。教师利用自身的专长，延伸课程的内容，拓展课程的内涵所开发的教材，如《从模仿制作到创新设计》等，就是教师根据培养创新人才的需要，充分发挥自己的专长，设计编写而成的教材。此类教材的突出特点是对国家课程进行校本化的整合，巧妙地把通用技术教育与创新精神和实践能力培育融合在一起，具有极其鲜明的创新特色：

既是想象的又是严谨的，既是设计的又是操作的，既是技术的又是发明的，从而赋予原本的国家课程以新的内涵。

四是基于本土化教育需要的开发。即充分挖掘本土化教育资源，为引导学生学习本土历史传统和历史文化经验知识，引发学生的本土社会经验和文化体验，增强民族认同感和民族自豪感，升华爱乡之情和爱国之心，全面提高文化素养而开发的教材，如《闽南文化》系列教材。此类教材的鲜明特色是：生活文化情境真切，生活情感功能突出，能实现学习与生活的现实对接，激发学生自身的与全体的、立体的与能动的原动力，促进学生的知识性成熟和社会性成熟，形成文化共性与文化个性相统一的文化品格。

可见，我校校本课程的开发与校本教材建设是一体同构的关系，是我校课程结构化建设的重要组成部分，与其他二级课程融为一体。我校的一些校本课程实际上也可视为地方课程的一部分或者说补充，如《闽南文化》系列课程和《福建作家作品》等。从这点上说，我校的校本课程和校本教材既反映国家课程精神，符合国家课程标准，又适应地方社会、文化的发展生态，体现出勃勃的生命力。

值此我校新的校本教材系列出版，我坦陈了对校本课程开发和校本课程建设的认识，以及我校在这方面的做法，渴望同行提出宝贵意见，帮我们把这方面的工作做得更好。

是为序。

陈文强

2012 年 6 月 10 日

（作序者为厦门双十中学校长）

语文学习与戏剧表演（代序）

大概是两年前，陈锋老师告诉我，他想结合自己的探索实践，写一本以探索戏剧（课本剧）表演为主的中学语文综合实践活动课程的东西，问我好不好。我说，很好啊，综合实践活动课程是中学教育的薄弱环节，你如果能在这方面有所突破，是难能可贵的。

想不到，一年之后，他便把《高中语文戏剧教学综合实践活动课程探索》的书稿放在我的案头上。捧读这本书稿，引发我诸多的联想和思考。

中华民族是一个戏剧兴趣浓厚、戏剧修养很高的民族，自古以来就有编戏、演戏、看戏的传统。各个地方有各个地方的剧种和戏班，还有遍布各地的大大小小、形制不一的戏台和戏院。从宫廷皇族到民间百姓，都爱看戏。我小时候也是个戏迷，跟着父母看过京剧、川剧、湘剧、粤剧和潮剧，主要有《群英会》《白蛇传》《三打祝家庄》《红鬃烈马》《苏武牧羊》《陈三五娘》《快活林》《碧玉簪》和《珊瑚颂》《红色娘子军》《江姐》等。上小学时，及至当"知青"、当教师后也演过戏。尤其是在当知青时，与知青战友一起自创、自编、自导、自演了话剧《在那遥远的地方》，反映了当时知青崇尚理想，追求爱情，向往未来的生活，轰动四乡八里，使当时沉闷的乡村生活泛起些许涟漪。

也许是因为这样的传统和自身有过看戏、编戏、演戏的经历，我觉得陈锋老师通过课本媒介，引导学生在语文学习的同时，自觉开发艺术自我，把语文学习行为与表演艺术行为连结起来，在更开放的空间，更活跃的舞台，通过更多元的途径，更多样的手段，去开展语文学习与艺术表演相融合的综合实践活动，以发展切切实实的综合实践能力，既是一项传承性工作，又是一项开拓性工作。

说是传承性工作，是指选择典范文本作为艺术表演素材古来有之，是戏剧艺术的一大传统。单就中国现代戏剧史而言，一部古典文学名著《三国演义》，被演绎为戏剧的就有《回荆州》《空城计》《失街亭》等，与现行中学语文课本内容有关的就有《伍子胥》《祥林嫂》《嫦娥奔月》等。从这点来说，陈锋老师的探索确是一项传承性工作。说是开拓性工作，是指陈锋老师的探索已经远远超越中学语文文本阅读教学的范畴，延展到戏剧编导、言语表现、形体动作表演、形象再造、舞台设计等方面，更重要的是引导学生从本文阅读者向角色表演者之间的身份转换。这种转换涉及的因素很多，除了对编导、角色的理解之外，还要将言语表现与形体动作合为一体，更要赋予这些言语表现、形体动作以默契的角色气质与丰满的角色情感。尽管陈锋老师的探索在某种程度上多属停留在对典范文本的重复性摹仿，但从开发学生的艺术天赋，发挥学生的表演天性，让学生在典范文本学习和艺术形象塑造之间实现新的自我，以至把学生从封闭、枯燥的文本阅读中解放出来，走向开放的艺术创造与自我塑造，不啻是极有意义的开拓性工作。

说陈锋老师的探索是开拓性工作，一点也不为过。现在，欧美国家的法律规定，中小学生在接受普通教育的同时也要接受艺术教育，我国的中小学教育强调要德智体美全面发展。但是，由于"应试教育"越演越烈，属于"美"的艺术教育也就少之又少，即使是音乐、艺术课程也显得很不正常。在这种情况下，陈锋老师敢于在语文学科中"开天辟地"，在实施语文教育的同时理直气壮地实施艺术教育，这是很了不起的，这需要足够的胆识和气魄。尽管有的学校也有演课本剧的，但据我所知，均没有陈锋老师探索的这般全面，这般系统，把语文与历史、与现实结合起来，超出课本剧的层面，开拓出校园话剧及其他情景剧，让学生在阅读、写作（编剧）、表演、观赏等一系列综合实践的同时，不但开阔了社会视野、丰富了生活积累，提高了人文修养和艺术素养，而且看到自身的艺术创造和艺术形象，感受到自身的艺术思想和艺术光华，为今后的艺术发现和艺术创造奠定扎实的素养和技能基础。这正是陈锋老师开拓性工作的深远意义所在。

陈锋老师的探索，其深远意义还不止于此。如果从戏剧作为传播艺术的角度来说，他的深远意义还在于培养了学生的社会责任和综合素养。戏剧表演就是要让人观看，尽管课本剧、校园话剧或校园情景剧均属小投入、小制作、小表演，但它同样是最具传播意义、最能给人带来快乐的综合实践活动，需要学生在向编导或演员等角色转换的同时，考虑观众的情感、思想、艺术需求，考虑通过何种思想内容和情感、艺术表达方式去赢得观众的观赏、肯定和支持。这对培养学生的文化良心和社会责任是大有益处的。另外，随着人们审美形式的多元，审美水平的提高，如何吸收各种小剧种之长，包括微影视之长，使课本剧、校园剧的样式更多样、内容更丰富、表演更精彩，不能不成为中学戏剧教学和课外戏剧实践思考的问题。在这种情况下，拓宽各种媒体渠道，集合多种媒体手段，以获得戏剧界、影视界及其他艺术表演界的有益信息和先进经验，就成为提高学生媒体素养和综合实践素养的必由之路。

更重要的是，戏剧教学与戏剧实践结合的过程，就是文本向行为跃迁的过程。这种过程对学生人文素养、心理素养和行为素养的综合修炼是最有效的。这种修炼的突出成果是"底气"和"勇气"。当一个学生从课堂学习（或课本学习）到走上舞台表演，体现的不只是对文本（剧本）的理解，还有言语与形体动作合为一体的功夫，而这种功夫需要过硬的心理素养来支撑。没有过硬的心理素养，贯穿在戏剧之中的一系列情节和动节，就不可能自然、顺畅、默契地展开和表现。况且不同身份、不同性格的角色有不同的语言、心理、情感和行为表现，这对学生的挑战是循环反复、变化无常的，需要学生"一汝神，端而虚"（汤显祖语），排除自我杂念，立足角色性格，根据角色要求来改造自我，完善自我，创新自我。这种挑战对于扭转当今学生"心弱气虚志软"的现状，以至今后的健康成长和顺利发展，都是十分有利的。

诚然，中学戏剧教学和课外戏剧综合实践活动课程，要立足于中学语文素质教育和学生自我成长的实际。显然，陈锋老师是注意到这一点的，因而他强调中学戏剧教学和戏剧综合实践活动课程要与语文教学相适应，要与德育美育相渗透，要体现人文性和时代性，要利于学生的个性发展和自我成长，这是十分正确的，我们不得不佩服陈锋老师的真知灼见。

现在，多元的社会为人的多元发展提供了多元的舞台，人只有通过多元的学习才能登上多元的舞台。因此，陈锋老师把语文学习与戏剧表演融合起来，促使学生成为出色的学习者和出色的表演者，不啻是智慧之举。从高中多样化发展的角度来说，更是一种积极的、有益的探索。

陈锋老师虽是一位青年教师，但他对语文教学和学生成长的理解是深刻的，这离不开他坚持不懈的学习修炼和实践探索。一个人的成长及其获得的成绩与其努力拼搏的程度是成正比的，陈锋老师的实践探索充分证明这一点。从这种意义上说，陈锋老师的实践探索和成长过程是值得广大青年教师借鉴的。基于这种想法，在陈锋老师的《高中语文戏剧教学综合实践活动课程探索》出版之际，我写了上面的话，与陈锋及青年教师们共勉。

是为序。

许序修

2013 年 11 月 30 日

于厦门炼心斋

目　　录

前 言

　　长期以来，高中语文戏剧教学的地位十分尴尬。尽管随着语文教学改革的深入，语文教师都深刻地认识到课堂学习不应仅仅是知识的简单传授，而应该是学生言语生命的自我实现，其核心目的应该是培养学生语言、思想、道德、审美各方面的综合素质。但戏剧教学仍然是改革的盲区，不少教师把戏剧教学等同于阅读教学，罔顾戏剧与其他文学样式截然不同的文体本质，抹杀戏剧的生活性、体验性和文化性，扼杀了其鲜活美好的艺术生命。

　　事实上，凡是欣赏过现场戏剧、参与过戏剧实践的人，都会深深地被戏剧无与伦比的艺术魅力所折服。黑格尔说："戏剧无论在内容上还是在形式上都要形成最完美的整体，所以应该看作诗乃至一般艺术的最高层。"因此，对戏剧艺术性的淡漠实际上就是对文学的淡漠，对思想的淡漠，对生活的淡漠。从课程改革的角度看，充分挖掘戏剧教学的内涵，拓展戏剧教学的外延，创新戏剧教学的形式，充实戏剧教学的内容，不但能改变戏剧教学尴尬的现状，且能为步履维艰的语文教学改革闯出一条新路。

　　但是，我们发现，就目前的语文戏剧教学现状看，受教学时空、教学理念、教师水平等诸多方面的限制，语文戏剧教学的突破口不可能是语文戏剧教学的课堂，而应该是拓宽教学视野，改变单一的课程体系所导致的单一解决思路，寻求多样化的课程发展形式——语文戏剧教学综合实践活动。语文戏剧教学综合实践活动，既为戏剧教学的改革带来了新思路，又满足了学校多样化发展、学生多样化发展的需要。于是，在学校领导的支持下，在教研室的指导下，在同事们的帮助下，我开始了戏剧教学综合实践活动课程的尝试与探索。

　　目标的设定将直接影响活动效果，据此，戏剧教学综合实践活动课程的目标明确为三大"实现"：言语生命的实现、综合素质的培养、自我认识的实现。言语生命的实现针对的是语文素质教育的要求，通过戏剧教学综合实践活动来激发言语生命欲求，培养言语生命意识，规范言语生命表达，充实言语生命能量。综合素质的培养，是为了改变以往将戏剧课堂作为戏剧知识传递、戏剧文化普及、戏剧文本简单肢解、戏剧形象粗放解读的窘境；扩大教学时空，让学生体验戏剧与生活、戏剧与现实的联系与转换，最大限度地激发和培养学生的想象力、观察力、模仿力、创造力、应变力、自信心等综合素质能力。自我认识的实现，则是在前两种实现的基础上让学生普遍意识到自我的价值和定位，在角色生成、角色变化的状态中最终实现自我成长。

综合实践活动只有突破单一的课程形式，才能有所作为，但课外活动形式多种多样，哪一种才能适合戏剧这种独特艺术样式的发展，哪一种才能让学生充分体会到戏剧艺术的永恒魅力？我认为，应寻求多样而综合的实践途径，综合利用校本课程、研究性学习课程、校园戏剧社团活动、校园情景剧表演等多种实践形式有效弥补戏剧课堂教学的不足，达到戏剧教学综合实践活动的预期目标。这四种实践形式能够有效增强学生活动的主体性和实践性，拓宽教学时空，丰富活动实践的形式，放正学生的身心、展示学生的才华，让学生根据自己的觉解，展示戏剧艺术的恢宏与深刻、感动与激怀。

戏剧教学综合实践活动课程的多元要素与戏剧创作实践的多元要素构成复杂的实践系统，涉及剧本编辑、导演执导、演员扮演、道具制作、舞台设计、舞美塑造……还涉及教师角色地位、理论实践准备、指导与参与等因素，正确处理好这些要素间的关系，不断探索，才能厘清校园戏剧的发展轨迹与趋势，才能避免语文教学综合实践活动课程走入歧途。

萧伯纳说："戏剧应该是思想的工厂，良心的提示者，社会品德的说明人，驱逐绝望和沉闷的武器，歌颂人类上进的庙堂。"戏剧呼唤我们创造，激发我们超越。戏剧帮助我们在混沌的现实世界中寻找澄明之路，让我们的言语生命自我实现。在师生共同的探索与实践中，我看到了成长与转变，获得更多的正能量，同样产生了更多的期待。本书反思了这几年双十中学的戏剧教学综合实践，期望为我校课程结构化建设做出贡献，作为我向厦门双十中学建校 95 周年献上的一份薄礼。

第一章 戏剧教学
研究与课外戏剧实践现状

在中学，戏剧教学一直处在学科教学的边缘，无论是课堂教学实践还是在理论上，都得不到足够的重视。自语文教学改革以来，语文学科教学的整体面貌发生较大改观，但戏剧教学改革一直停滞不前，这是多方面因素造成的。戏剧教学研究停留在简单的理论上，富有成效的戏剧教学实践少之又少，这是重要的原因之一。课外戏剧实践活动多数处于自发状态，不仅缺乏基本规范，也鲜有教师投身其中。虽然一些教师对戏剧综合实践活动进行了探索，但与语文教学的其他方面相比，戏剧综合实践活动仍不发达。

第一节 高中语文戏剧教学与研究的基本现状

戏剧是四大文学体裁之一，拥有独特的艺术魅力，在文化百花园中绽放熠熠光彩。新一轮高中语文课程改革将《中外戏剧名作欣赏》纳入选修教材，足见新课程改革对戏剧文学的重视。但在实际的教学中，语文教师往往忽略戏剧文学的独特艺术魅力，将其视为小说、散文、诗歌的附属，甚至弃之不教。目前的中学语文戏剧教学研究不仅缺乏相应的科学理论，成果的深度也不够。

一、高中语文戏剧教学的基本现状

高中语文戏剧教学一直处在尴尬的边缘。自语文教学改革以来，应试教育导致的单纯强调知识本位，忽视情感体悟，强调知识记忆，忽视人的全面发展所需要的综合素质等弊端得到抑制，但戏剧教学方面一直没有突破。

（一）教学传统方面

长期以来，高中语文本来就不甚重视戏剧方面的教学，戏剧教学一直被当做阅读教学课型，其处理方式和小说、诗歌、散文等阅读课几乎相同，有的老师干脆把戏剧单元当作自习单元，让学生自己阅读，或者上课放几部话剧视频随意解读了事。即使有的教师重视，其授课方式也与小说、散文等阅读课无异。事实上，不仅仅是高中戏剧教学如此，整个中学的语文教学传统从来不重视戏剧的教学，把它当作小说、散文、诗歌、文言文的附庸，甚至是"麻烦"。

（二）教师方面

首先，教师的戏剧教学专业能力不强，缺少相关的戏剧知识，上课照本宣科，无法直面戏剧教学中的重难点。其次，在教授方法上，多使用戏剧理论知识介绍、戏剧历史源流介绍等低层次、填鸭式的教学方式，妄图将鲜活的言语生命解剖成条分缕析的知识片段。戏剧教学课成为新课改理念无法覆盖的盲区，填鸭式的知识本位观念死灰复燃，学生成为知识接受的"容器"，根本谈不上欣赏，学生脑袋里只剩下对剧中人物标签式的评价。再次，具体实践中，有的老师将戏剧教学混同一般的小说阅读教学，把戏剧中的人物当作小说中的人物，把戏剧的情节处理成小说情节，罔顾戏剧与小说截然不同的文体本质。最后，有的教师不喜欢戏剧，不愿意在戏剧教学的教学教法上多花时间。有的老师甚至从来不看戏剧，何谈教导学生。

（三）学生方面

受影视文学的影响，学生与戏剧的亲密程度比想象中更甚，贴近现代语言表达的现代话剧尤受学生的喜爱。初读文本时，很多经典的话剧形象就受到学生的欢迎和认可，少数学生对中国古典戏曲和外国戏剧也有浓厚的兴趣，这恰恰和教师对待戏剧教学的普遍态度截然相反。但在概念式的讲解、贴标签式的人物解读、填鸭式的戏剧理论分析之后，学生的探究兴趣也消失殆尽。沉闷的课堂气氛、单一的教学方法、边缘化的教学文体扼杀鲜活美好的戏剧艺术生命。

（四）考试方面

从近几年的高考试题看，戏剧基本不考，类于绝迹。高中必修课程除了考查必修四第一单元涉及的三篇戏剧作品之外，就无任何有关戏剧作品的考查。

以上现状可见戏剧教学完全处于中学语文教学的边缘，取消戏剧教学都不会引起任何方面的注意，这和欧美、中国港台地区高度重视戏剧教学有天壤之别。笔者认为，主要原因有五个。

1. 选入高中必修课本的戏剧作品少

从教材看，戏剧作品选入高中必修课本太少。人教版的教材只在高中必修四课本第一单元中安排《窦娥冤》《雷雨》《哈姆雷特》三篇选段；苏教版也仅在必修四和必修五安排《雷雨》《罗密欧与朱丽叶》《长亭送别》三篇选段；语文版在必修四安排《雷雨》《窦娥冤》《哈姆雷特》《城南旧事》四篇选段，其他版本教材大同小异，具体篇目不同而已，戏剧作品的数量较其他文学样式明显偏少。虽然各版本教材也编辑相应的戏剧作品阅读选修课本，但很多地区都未选用这些选修课本。

2. 考试"指挥棒"的导向作用

从考试的角度看，戏剧方面的试题在中考和高考中几乎绝迹，平时的考试除考查相应的戏剧单元外，也不考察学生对戏剧知识的掌握情况。在中高考考试模式不变的情况下，功利化的语文教学仍然占据主导地位，"不考的戏剧"自然被教师和学生弃之不理。

3. 教师的执教理念没有突破

教师对戏剧教学的价值和意义认识不足，认为"没有什么可教"的教师大有人在。教师的戏剧素养普遍不高，教学与研究的兴趣普遍低下，教师处理方式单一，教学理念陈旧；重概念轻体验、重规范性轻生成性、重识记轻理解、重灌输轻启发等教学现象与执教理念仍出现在语文戏剧教学中。

4. 相关的教学研究无法跟上

相关教学研究无法展开，尚无针对整个高中戏剧教学的专著，相关论文也甚少。在维普中文科技期刊数据库查询"戏剧教学"关键词，仅有 150 条数据，以"文言文教学"为关键词，有 3549 条数据，知网中有关戏剧教学的硕博论文也非常少。教学理论研究不深入是戏剧教学无法走出困境的重要原因。

5. 单一教学体系造成单一的解决思路

大多数相关研究都围绕改进戏剧课堂教学（即转变课堂教学思路，改进教学方法、渗透新课改理念）进行，而不针对单一的教学与课程体系的改革，使戏剧教学的改善空间非常狭小——整个高中阶段只有三篇戏剧选段，不到六个课时。研究来研究去，只有这六个课时可以研究可以改进。璀璨夺目的戏剧艺术、高雅深厚的戏剧魅力在这逼仄的教学时空中如何俘获学生们的心？

二、高中语文戏剧教学研究的基本现状

对 1980 年以来有关高中戏剧教学的研究资料进行收集分析，可知，高中语文戏剧教学的研究大致有以下两类情况。

（一）有关高中语文戏剧教学的教材教法的论述

这类研究成果一般包含在论著当中，尤其是专门研究高中语文教材教法的论著。由武汉师院、西南师院、北京师院等十二院校中文系编写的《中学语文教学法》（1980 年）较为系统地论述了戏剧教学的目的、内容和方法；1990 年陈毛美、郑蓉芳主编的全国高等师范专科学校教材《中学语文教材教法》结合当时的语文教学实际阐述了戏剧教学的意义、任务、内容和基本方法；1997 年张富、叶武著的《中学语文教学法新探》，2001 年黄麟生主编的《中学语文教学论》和杨道麟主编的《语文教育学导论》都结合当时的课改理念提出戏剧教学的要点和方法。

还有一类研究成果以教育硕士的学位论文的形式发表，首都师范大学张淼的《中学语文教材中戏剧作品选文研究》、西南大学刘婷的《中学语文戏剧教学与学生审美人格的培养》、山东师范大学李汉芳的《中学语文戏剧选读教学研究》、苏州大学侯雪君的《利用现代教育技术优化高中语文的剧本教学》等学位论文分别从戏剧作品、审美人格、现代教育技术等方面进行了较为充分的研究。

（二）有关高中语文戏剧教学实践研究的论述

目前，有关高中语文戏剧教学实践研究的专门著作几乎没有。一些语文教师在戏剧教学以外尝试进行了一些与中学语文相关的富有意义的实践，也获得了一些理论成果。万庆喜的《校园戏剧与中学语文教育初探》从校园戏剧的非功利性、校园戏剧的意义以及美育的生成等三个方面来谈校园戏剧和中学语文的关系；刘颖的《运用戏剧元素，让学生亲近语文》分别从语文课型设计、戏剧课件制作、演出角色反串等方面总结其尝试校本教材编写的经验；杨雪锋的《课本剧编演的实践与反思》则立足人教版必修四课本的戏剧单元教学，有意识地尝试了课本剧和校园情景剧的表演类教学活动。

此外，华中师范大学沈新元的《高中语文戏剧教学法初探》和山东师范大学丰艳的《中学语文戏剧作品体验式教学研究》两篇教育硕士论文应该引起重视，作者都在戏剧教学的戏剧体验、创作实践方面进行了探讨。

第二节　戏剧教学综合实践活动课程研究的基本现状

戏剧课堂教学的现状决定了我们不能只在课堂教学上寻找突破，应该走出课堂，走向校园，走向生活。

一、戏剧教学课内与课外的界定

《全日制义务教育语文课程标准》的第一部分"课程的基本理念"提出："语文是实践性很强的课程，应着重培养学生的语文实践能力，而培养这种能力的主要途径也应是语文实践，不宜追求语文知识的系统和完整。语文又是母语教育课程，学习资源和实践机会无处不在，无时不有。因而，应该让学生直接接触语文材料，在大量的语文实践中掌握运用语文的规律。"课堂教学应该是语文教学的主要形式，这本来无可厚非，但语文戏剧教学受教学时空、教学理念、教师水平等诸多方面的限制，改革的突破口可能不在语文课堂教学，而应该是课外实践活动。受教材、课程等因素约束，经典戏剧的选段只有三篇，最多安排七课时，这个现状目前不可能有很大改善。笔者认为,戏剧教学困境的突围就是要突破单一的课程体系的约束,寻求课堂之外的广阔天地。

戏剧教学的课内教学就是指语文课堂教学。课内教学包括基础学科课程中的必修课程和选修课程两个模块,必修课程指语文必修一到必修五的学习,选修课程则包括国家或地区设置的课程、国家或地区规定选修的课程、学校自主选修的国家课程部分。

戏剧教学的综合实践部分应该包括校本选修课程、研究性学习课程、社团课程、社区实践课程等非课堂教学的部分。与戏剧实践相关的校本选修课程强调戏剧欣赏,也指导学生进行戏剧创作和实践;戏剧方面的研究性学习不仅从实践中获取课题灵感,也将研究性学习的认知与感悟投入戏剧社团的活动;校园戏剧社团极大地丰富学生的课余生活,将课堂内戏剧学习的知识迁移到课外实践,还与学校心理咨询室(心理工作坊)一同构建校园心理健康防控与宣传体系;此外,学生可进入社区感受民间戏曲文化,进入职业话剧社团感受艺术的熏陶。

二、戏剧教学综合实践活动的基本现状

目前,戏剧教学的综合实践活动现状基本呈现以下四个特点:

(一)实践形式单一

戏剧教学的综合实践活动是非常有意义的课外活动,能突破戏剧课内教学的时空限制,延伸戏剧课堂教学的教学轨迹,丰富课堂教学的组织形式,最大的特点就是组织形式多样化,评价形式多元化。然而,受学校办学理念的制约、校领导对戏剧教学的重要性的忽视、教师执教理念的陈旧等因素的影响,戏剧教学综合实践活动的实践形式没有较大的突破,很多学校只有校园戏剧社团这一课程实践形式,更谈不上几种形式的融合互通。

(二)活动目的不明确

每一项综合实践活动都有明确的活动目的,正如课堂教学要有明确的教学目

的。一些学校的综合实践活动由学生自发组织管理，即使有指导教师的组织和帮助，但因为不纳入学校的课程管理体系，教师与其联系也随意散漫。综合实践活动的目的不明确，自然就谈不上良好的活动效果。

（三）缺乏有效组织管理

综合实践活动固然要求给学生较大的自主空间，由学生自己组织和管理，尽可能在活动过程中促使学生知识、能力、价值观的内在生成。缺乏有效组织管理的综合实践活动只能是一盘散沙，即使是学生自主管理的活动，如校园戏剧社团、研究性学习课程，也应该有明确的实施步骤（活动计划、方案等）、具体的活动章程或制度（社团章程、社团契约等）、有责任心和能力的负责同学（社长、组长、导演等），需要一个或多个指导教师的协助与辅导。据笔者目前的了解，很多学校的戏剧综合实践活动只是学生的自发行为，学校提供必要的活动时间、场所，组织管理偏少，指导教师配备不足，指导教师并未起到监督、引导、辅助的作用。

（四）资源利用不足

戏剧综合实践的活动空间较之课堂教学更大，局限于校园内的活动无法让戏剧生发出光彩。戏剧只有走出校园，走向社会，学生才能看得更远，得到更多的收获和体会。这就需要学校领导的大力支持，充分利用学校和地区资源，拓宽学生展现自我的渠道和平台，增加校外交流的机会。目前来看，组织学生走出校门观看戏剧演出都需要层层审批且困难重重，更何谈其他形式的交流与实践活动。

三、戏剧教学综合实践活动研究的基本现状

根据笔者搜集的相关资料，将目前戏剧教学综合实践研究的基本情况分成以下三个方面。

（一）有关语文活动课的教学研究

一些学校将戏剧综合实践活动归入语文活动课（一些教师在语文活动课上进

行探索），如萧山二中黄萍萍老师以开放式活动课为主要活动形式，通过菜单式选择、双重基线、学科交叉等活动方式开拓活动课程的广阔领域，对高中语文活动课的实践进行了一些探索，甚至涉及戏剧教学的相关内容。其教学活动方式不仅新颖而且具体，有较强的可操作性。

（二）有关语文其他课程形式的研究

将中学戏剧教学与其他不同的课程形式相结合的研究虽然不多，但亦有足以借鉴的探索和尝试。如朱华的《中学语文戏剧教学与研究性学习》和黄丽君的《高中戏剧单元的研究性学习》探讨了实施戏剧研究性学习的方法与途径、具体操作步骤。王伟国、杨洁的《浅尝校园戏剧表演，搭建课外活动舞台》探讨了校园戏剧表演的基础、实践、意义。周国韬的《中小学校园心理剧活动再析》、马全芝的《校园心理剧的实践探索》、王中华的《中小学校园心理剧的教育价值与实施策略》、刘玉新的《校园心理剧模式的创新性实践研究》这几篇学术论文主要讨论校园心理剧的实践与活动策略，提出一些创新性的看法。

（三）有关其他形式的研究

有关戏剧方面的其他形式的研究主要集中在校园情景剧、教学戏剧、教育戏剧、创作性戏剧等方面，这些形式的研究论著或论文集主要有台湾艺术大学戏剧系张晓华教授的《创作性戏剧教学原理与实作》、台湾戏剧界知名学者黄美序先生的《戏剧的味/道》、上海戏剧学院张生泉教授主编的论文集《教育戏剧的探索与实践》，以及邓旭阳、桑志芹等编著的《心理剧与情景剧理论与实践》。

四、戏剧教学综合实践活动课程的研究延伸

综合以上文献，笔者认为，戏剧教学的综合实践活动课程研究还应该在以下三个方面展开。

（一）多种课程形式的具体步骤及教学方法研究

以往的戏剧教学研究主要局限在课堂教学，课外实践活动的研究也往往局限于研究性学习。在新课改理念指导下，为了适应高中多样化发展，提高学校的办学品位，促进学生的多样化成才，促进课程的结构化建设，早已提倡课程形式的多样化，但我们的戏剧教学研究却忽略了这一趋势。戏剧教学，不能局限于课堂教学这一形式，应该寻求多样化的课程形式，这就要对多种课程形式进行探索，总结归纳具体步骤以及教学方法。

（二）戏剧课外创作实践的基本因素分析

戏剧教学课外的创作实践是一个复杂的系统实践，涉及剧本、导演、演员等相关基本要素，譬如剧本创作应该如何进行，剧本的修改又要注意什么，导演理念如何形成，角色扮演的呈现方式是如何的，观演关系的重点在哪里，等等。目前，对此的研究和分析还非常有限，不具体分析这些基本要素，很难厘清校园原创戏剧的发展轨道、具体形式、具体步骤，校园戏剧创作就永远处于自发的茫然状态。这不利于高中校园原创戏剧的发展，也不利于戏剧教学的综合实践活动的开展。

（三）戏剧教学综合实践活动中教师因素的分析

戏剧课堂教学中，教师应该是什么角色，教师应该如何控制课堂？这应该是戏剧教学法的内容，从 80 年代到如今，这方面已有许多相关论著和学术论文。但在戏剧教学的课外实践方面，整个实践活动的组织管理都还处于有组织无纪律的状态，活动多数由学生自发组织、自主管理，指导教师应该扮演何种角色，教师在指导前应该做好哪些准备，教师在不同形式的活动中应该进行哪些指导，这些问题都非常值得探讨。

第二章 戏剧教学
综合实践活动课程的原则和意义

戏剧教学综合实践活动有语文课堂没有的功能，课堂本身有许多局限，譬如不能也没有必要传授所有知识，受时间和空间的限制，语文课堂无法对所学的所有知识进行拓展……课外活动的空间更广阔，整个社会都是语文学习的大课堂，学生可以通过活动最大限度地开辟语文学习的空间，提高语文学习的兴趣，强化语文学习的能力。

第一节 基本原则

戏剧教学综合实践活动必须有的放矢，遵循一些基本的原则。这些基本原则共同指向戏剧教学综合实践活动的活动方向和活动要求，使综合实践活动成为一个有目的、有效果的整体，而非一时兴起的自娱自乐的课外活动。

一、课堂教学相适应原则

戏剧教学是语文教学中不可缺少的部分，戏剧教学的综合实践活动能有效地补充课堂中的不足，戏剧教学综合实践活动必须服务于语文课堂，与课堂教学紧密结合。

（一）应符合语文教学的基本规律

在提倡素质教育的今天，语文学习更加注重过程，注重语文学科的人文性和工具性的统一，注重学生的全面发展。重庆师范大学谢贤扬认为，优化语文教学可遵循六条基本规律："注重过程学习，发挥教材的范例功能，促进积极的学习迁移，激活无意识心理活动，重视非逻辑思维的感受作用，语文理法学习与语感学习相结合。"[①]这六条基本规律虽然不能完全概括语文学习的诸多规律，但已是较好的归纳。在具体实践中，无论是素质教育还是应试教育，诸如"多读多写是提高语文能力的主要途径"，"训练是提高语文能力的主要方法"，"循循善诱是启发式教学的精髓"等对语文基本教学规律的总结仍然适用于现今的语文教学，仍然具有重要的意义。这些基本规律是教学与学习的经验总结，无论是课堂教学还是课外实践活动，都应该共同遵守。因此，戏剧教学综合实践活动虽然具有课外活动的性质和特征，但仍然必须尊重和遵守语文教学的基本规律。

（二）应成为课堂戏剧教学的补充和延伸

实际教学中，戏剧单元的教学多半停留在文本的解读上，很少涉及戏剧艺术中的其他方面。这一方面是由于教师普遍不重视戏剧教学，另一方面则是因为课堂教学时间和空间受限。在语文课堂上彻底领略戏剧魅力几乎不可能，戏剧教学综合实践活动恰恰能弥补这一不足。

首先，就教学内容而言。人教版普通高中课程标准实验教科书语文必修四第一单元是必修课本中仅有的戏剧单元，仅有三篇课文，分别是《窦娥冤》《雷雨》《哈姆雷特》，都是节选，既不能对整部戏剧有所了解，也不能充分地认识戏剧中的人物形象。譬如人教版课文中《雷雨》的节选部分是鲁侍萍和周朴园的相认以及鲁大海和周朴园的冲突。这个部分固然能够较好地体现周朴园的性格特点，但《雷雨》中的重要人物——繁漪根本未出场。曹禺在《雷雨·序》中说："在《雷雨》里的八个人物，我最早想出来的，并且也较觉真切的，是周繁漪，其次是周冲。"应该说，繁漪是曹禺用心最深的一个人，也是最能够体现"雷雨"性格的人。可由于课本并未选入《雷雨》中冲突最剧烈的一幕，学生无法充分体会《雷雨》这出戏剧的魅力所在。综合实践活动中，让学生接触全剧，不仅能充分接触《雷雨》中的灵魂人物，还可以扮演其中的角色，得到更加真切的感受，加深对课文

[①] 谢贤扬：《语文教学优化基本规律初探》，《重庆师院学报》（哲社版）2001 年第 3 期。

中人物形象的理解。

其次，就教学形式而言。由于时空限制，戏剧课堂教学只能是语文教学的一部分，不可能花费太多的时间和精力，教学形式上也难以有所突破。在课堂上带领学生欣赏话剧的老师本身就是少数，组织学生表演课本剧的老师更是寥寥无几。大多数的戏剧教学课堂都以文本分析为重心，用阅读课的形式探究剧本节选部分的人物形象。戏剧教学课堂与阅读教学课堂在实际教学中并无二致，单一的教学形式限制了戏剧魅力的展现，败坏了学生欣赏戏剧的胃口。戏剧教学的综合实践活动以其灵活有趣多样的实践形式丰富和补充了课堂教学形式的缺陷。欣赏同学们的话剧演出，在图书馆和网上寻找有关资料，找寻家乡传统戏剧的痕迹并作为研究性学习的课题，走上舞台亲自表演话剧角色，用这些方式参与戏剧，不仅能让学生感受戏剧的魅力，甚至会对学生的未来产生重大的影响。

最后，就教师而言。并非所有语文教师都喜欢戏剧，都能讲好戏剧。很多语文教师不爱看戏剧，对戏剧的了解也仅仅限于语文课本。在他们的课堂上，学生能够学到的、体会到的只是教师的一知半解的知识加上教学参考书零碎的资料。这样了解戏剧，不仅不能形成完整了解，甚至连戏剧的基本知识都无法准确掌握。即使学生由于学习了这个戏剧单元而对戏剧产生兴趣，也因为不能领略戏剧更大的魅力而作罢，学生的热情因此衰退。假若在课外活动中有戏剧的土壤，部分学生的兴趣与热情就能得到回应，其综合素质和能力也得到培养和发挥。戏剧教学综合实践活动的开展将很好地补充和挖掘这一部分学生的学习需求和学习潜能。

（三）应与其他学科互相渗透，触类旁通

雨果曾说："原始的抒情诗可以比喻为一泓平静的湖水映照着天上的云彩和星星；史诗是一条从湖水里流出去的江流反照出两岸的景致——森林、田野和城市，最后奔流到海，这海就是戏剧。戏剧既像是湖泊，映照着天卒；又像是江流，反映出两岸。但只有戏剧才具有无底的深渊和凶猛的风暴。"[①]戏剧融多种艺术于一炉，对于戏剧的解读不可能只通过语文学科就能够明晰。因此，戏剧教学综合实

[①]朱华：《中学语文戏剧教学与研究性学习》，《教育探索》2006 年第 4 期。

践活动要积极探索各学科之间的融会贯通。与学生一起探索和领略文学艺术的同时，整合美术、哲学、历史、政治、舞蹈等学科的课程资源，让学生彻底领略这门综合艺术的强大魅力。这增加了戏剧教学的难度，但却给学生打开一扇通向世界与心灵的窗户。学生在综合实践活动的基础上感受美、识别美、鉴赏美、表现美和创造美，最终达到美感体验的立体美这一最高境界。

二、人文性原则

《义务教育语文课程标准》第一部分"课程性质与地位"中写道："工具性与人文性的统一，是语文课程的基本特点。"[①]工具性与人文性的统一也是实用性和艺术性的统一。片面强调工具性，语文教育只能沦为普通的知识型课程，分割肢解具有整体美、艺术美的语文，不仅失去文学艺术的魅力，语文教师也沦为知识的"传声筒"。没有人文的语文，就是丧失生命力的语文，其存在与工具书无异。片面强调人文性，忽视工具性，语文教育就失去章法，失去基石，学生在课堂中玩得开心，图个热闹，并没有收获足够的知识。因此，在语文课程标准中，工具性与人文性的统一应贯穿于整个语文教学，成为新课标对语文学科性质的明确界定。

然而，实际的语文教学长期受工具论的影响，语文课程着重解决的都是知识性的问题，而忽视了对学生审美、道德、精神品质等方面的引导。这样的语文课堂教学无视学生作为"人"的基本特征，贬低了人文价值对于语文教学的极端重要性。在戏剧教学中，知识传授只是教学的一小部分，对人物形象的鉴赏、情节的把握、挖掘主题不能仅仅依靠教师的讲解，对剧本词、句的机械分析和模式化训练，应让学生自主体验和感悟剧中人物的情感反应和心理变化，在实际的课内戏剧教学中，即使教师有意识地注重人文，注重学生的自我体验和个性感悟，但还是要受教学大纲、教学进度的牵绊，不能随心所欲地拓展。因此，课外的戏剧综合实践活动则应接过课内教学人文性探讨的"接力棒"，在更大的时空中，体现人的本性、人的尊严、人的潜能。

[①]教育部：《义务高中语文课程标准》人民教育出版社 2011 年版，第 2 页。

因此，无论从课外活动的本质特点看，还是从课内拓展的现实需求看，戏剧教学的综合实践活动必须坚持人文教育，把人文性作为活动的基本原则，在戏剧舞台上塑造学生的审美、道德、人格，弥补课内急功近利教学的人文缺失，全面提高学生的人文素养，健全人格。

三、时代性原则

美国教育家科勒涅克曾说："语文学习的外延和生活的外延相等。"语文教学的对象是活生生的人，其所处的时代必将在他们身上打下深深的烙印。广阔的社会生活、鲜明的时代特征、活泼的言语生态、鲜活的言语生命无一不对他们产生深刻的影响。语文教学的时代性是我们绝不能忽视的特点。但语文教学内容更新比较慢，与实际生活有一定脱节，缺乏现代生活气息，再加上注入式、分解式的教法，必然造成课堂的沉闷和枯燥。在网络时代面前，如何将固定不变的课文内容讲出新意，上出时代感，是每一位语文教师都需要面对的问题。

课外活动拥有天然的优势，其活动，无论从形式看还是从内容看，都有时代的特点，尤其是校园戏剧活动，一直是文化运动的急先锋，时代风潮的引领者。中国最早的话剧——爱美剧就诞生于校园，李叔同、欧阳予倩、洪琛、田汉、曹禺等耳熟能详的戏剧大师就是从校园这片沃土中走出来的。至今，中国的大学校园里仍然活跃着许多校园戏剧社，它们都以自己独特的方式诠释着戏剧的意义，表达对社会、时代的情绪和感受。高中生的校园戏剧综合实践活动，虽然不能和相对"自由"的大学生们相比，但仍须坚持戏剧课外活动的时代性原则。也只有坚持活动开展的时代性，高中校园戏剧综合实践活动也才有生存下去的长久生命力。具体说来，可从三个方面体现时代特征。

（一）活动的形式应具有时代特征

除了欣赏戏剧，进行戏剧的研究性学习，开展戏剧沙龙等活动形式，还可以结合微博开展校园戏剧"微访谈""微点评"活动。让学生通过欣赏校园戏剧社表演的校园戏剧，对该剧的导演、主创人员等进行访谈和点评，以扩大该剧在校园中的影响力和宣传效果，让更多的学生参与讨论；从另外一个层面看，也能够推动校园原创戏剧的发展和成熟。

（二）组织观赏现代流行戏剧，包括一小部分先锋戏剧

随着时代的发展，部分经典戏剧（如《雷雨》《茶馆》）的背景和现代已经脱节。虽然其仍有经久不衰的艺术魅力，但口味多变的21世纪学生也要求欣赏更多具有时代特色的现代流行话剧，如孟京辉、赖声川等导演的现代经典戏剧。作为学校社团负责老师或戏剧社指导教师可以适当选择部分现代流行话剧组织学生观看，也可以和兄弟学校戏剧社交流，去外校观看现场原创校园话剧。通过观看具有鲜明时代特征和生活气息的话剧作品，不仅能够提高学生们的戏剧兴趣，也能让他们更深入更多层次地理解现代社会。

（三）指导原创戏剧时，应尽量引导学生关注生活、关注时代

中学话剧创作基本上处于学生自发的状态，缺乏来自教师的正确引导。这就造成一部分戏剧或情节俗套，虽然反映生活，却没有深度。或肤浅调笑，只讽刺问题，却不能解决问题；或迷离奇幻，受奇幻小说、影视的影响，脱离时代和生活；或简单幼稚，只以服装和舞美夺人眼球。因此，指导原创戏剧时，教师应引导学生多从身边的现象、问题入手，把戏剧作品置于一定的时代中去努力反映这个时代背景中的自我、他人、社会相互作用下产生的迷失、烦恼、困惑与领悟。

四、德育美育渗透原则

新课改理念下的教学活动，不仅强调知识与技能、过程与方法，更强调情感态度价值观。教学不仅要使学生获得对自然、社会和人的理性认识，而且要使学生形成处理与自然、社会以及自我关系的道德认识、道德情感和道德行为。苏霍姆林斯基说："通过美感教育来帮助学生形成和认识个体的道德尊严，净化自己的灵魂，培养道德观念，对别人道德行为的审美情感，对形成个人的道德尊严起到很大作用。"

戏剧是综合艺术，它借助演员的形体、动作、表情、舞台背景、音乐伴奏等直接面对观众，在排练、表演和观看的过程中，戏剧能够直达参与者的内心世界。无论在戏剧作品产生的哪个环节，它都能引起参与者心灵的感应、震动、净化和升华。因此，戏剧活动，无论是单纯的观赏还是参与排练，无论是何种形式的探索与研究，其德育与美育效果都远远大于实际的授课。

从德育渗透方面来看，譬如南开校长张伯苓，他自创办南开中学、南开大学之初，就非常重视戏剧的德育功能。他亲自担任编剧和导演，和教职员以及学生一起创作演出话剧。张伯苓提倡戏剧，把戏剧作为美育和道德品质教育的手段。他说："戏园不只是娱乐场，更是宣讲所、教室，能改革社会风气，提高国民道德。"曹禺在《回忆我在南开开始的戏剧生活》一文中说："南开新剧团是我的启蒙老师，不是为着玩，而是借戏剧讲道理，它告诉我戏是很严肃的，是为教育人民、教育群众，同时自己也受教育。"张伯苓在《舞台、学校和世界》一文中说："世界者，舞台之大者也。其间之君子、小人、与夫庸愚、英杰，即其剧中之角色也。欲为其优者、良者，须有预备。学校者其预备场也。"他认为，从戏剧里面可以得到做人的经验。会演戏的人将来在社会上必能做事，戏剧中有小丑、小生、老生等，如果在戏剧中能扮演什么像什么，将来在社会上也必能应付各种环境。张伯苓意在通过学生在戏剧中的角色扮演逐步构筑学生的角色生成，在虚拟的世界中预演部分真实的生活场景，形成正确的生活认知。在教育戏剧的指引下，学生参与者（表演者和观众）在戏剧中找到自我角色的定位和处世方式，在剧情的一步一步发展中，逐步规范自己的行为，形成正确的价值观。

就美育渗透来看，戏剧是综合性的艺术，综合了文学、绘画、雕塑、音乐、舞蹈等艺术元素，它创造时间和空间、视觉和听觉、直观和想象等紧密结合在一起的复合影像，是运动着的直观形象。因而，戏剧教学综合实践活动的美育是全方位、深层次、综合性的。我们进行戏剧教学综合实践活动必须遵循戏剧艺术的美育渗透原则，通过戏剧艺术来激发参与者的审美主体意识，形成审美同化和审美价值定向，赋予参与者追求美的能力。譬如悲剧，能够净化参与者内心深处低下卑劣的情感，促使他们向往高尚伟大的人格精神，从而改善参与者的人格气质。喜剧则以笑为手段，呈现贴近现实生活的内容，嘲笑现实生活中的假丑恶，肯定和赞扬真善美，让学生们获得畅快愉悦的心情，培育其乐观主义精神，让学生们在笑声中获得对人生、对社会的严肃思考，从中悟出哲理，受到启迪和教育。

戏剧教学综合实践，一方面丰富了学生的课余文化生活，形成有深厚底蕴的校园文化；另一方面，这些活动也承担德育与美育的部分功能，与其他德育美育活动共同构成校园德育美育。

五、发展个性原则

蔡元培指出："盖群性与个性的发展，相反而适以相成，是今日完全之人格，亦即新教育之标准也。"但中国学校教育主要彰显的是服从与压制，尤其是在课堂中，教师和学生并不平等，学生的个性受到压抑，内心需要被忽略。随着新课改理念的深入人心，学生为主体的课堂应用模式不断得到肯定。语文课外，活动的主体更应该是学生，活动应该立足于学生，尊重学生的个性，发挥学生的个体特长，让学生在实践中寻求社会取向与个人取向的统一，寻求现实取向与未来取向的统一。因此，戏剧教学综合实践活动必须遵守发展学生个性的基本原则。

（一）尊重学生个性实际，安排不同的实践活动类型

厦门双十中学戏剧综合实践活动主要有校本课程、研究性学习、校园话剧社团、校园情景剧比赛，这些活动或属于课程教学，或属于兴趣小组，有的要求学生有较强的科学探究能力，有的则要求学生有较强的表演能力和实践兴趣，还有的甚至有心理治疗作用。因此，在戏剧综合实践中，指导教师应根据学生的个性实际和特长，引导他们参与相适应的具体实践活动，激发学生的能力，帮助他们逐步培养综合素质。

（二）进行校园剧实践时，应顾及学生的个性与特长

在诸多戏剧综合实践活动中，校园剧是学生最感兴趣和最喜欢的。作为最靠近戏剧艺术的表演实践，它不仅增强了学生解读戏剧文本的能力，帮助他们接近

戏剧的艺术核心，充分体悟戏剧的艺术魅力，也帮助学生培养组织管理、艺术修养、语言素养等能力。在校园剧实践中，指导教师应顾及每个学生的个性与成长。性格比较内向但敏感丰富，有较强语言组织运用能力的学生，应该让他去写剧本；性格外向、有较强组织管理能力的学生，应安排他管理剧务或组织协调整个戏剧；有较高表演才能或者对表演有浓厚兴趣的学生，可以让他们扮演角色。总之，在校园剧实践中，应根据学生的个性与特长，安排他们负责相适宜的任务，让学生们在活动中都获得成就感并感受戏剧的艺术魅力。

（三）充分发挥学生的主体性，培养自主探究能力和组织管理能力

无论何种戏剧教学综合实践活动，都要求充分发挥学生的自主性。参与综合实践活动的基本上是有兴趣的学生，他们非常主动，希望参与具体活动，而不希望老师讲授太多的知识。综合实践活动应该突出实践，利用各种机会提高包含自主探究和组织管理等在内的综合素养。因此，无论是组织形式、活动内容，还是组织管理，都可以由学生自主进行，教师只需要在恰当的时候进行点拨和总结。让学生完全参与综合实践活动，他们才能真正体会戏剧课外活动的魅力。

（四）处理好他人和自我的关系，在团结协作中张扬个性

个性张扬固然是好事，但凡事有度，失去控制的自由与个性是有害的，无法被他人和社会接受。戏剧实践活动是一项群体性的活动，在个性与协作之间，戏剧更需要每个参与者的协作。因此，参与实践活动的每个人其实都渴望表达自我，发挥自由的艺术想象，表现个性；也渴望与他人合作，在团体中获得承认与欣赏。于是，在团队力量与个人个性彰显互相拉锯的时候，学生的人格则逐步成长起来，其结果是既弘扬了个性，释放了激情，又学会了与人相处合作，真正体现个体价值取向社会价值取向的统一。这是一种十分有效的情感教育的方式，它不是通过灌输，不是通过教训，不是通过逻辑推理，而是通过形象的感染和情感的陶冶，在潜移默化中完成个性的自由生长。

六、实践拓展原则

语文学科本身就是实践性很强的学科，《全日制义务教育语文课程标准(实验稿)》总目标的第 5 条这么认为："能主动进行探究性学习，在实践中学习语文、运用语文。"课堂教学以学生为主体，让学生在有限的时空中自主探究地学习知识。教师的目标十分明确的，潜意识里要引导学生得到确定的答案或目的。无论课堂理念如何民主，学生都失去了作为实践主体自主选择实践客体的权利——文本是既定的，教师对文本的各种指导和暗示也都在事实上削弱实践主体的能动性。即使是充满"创新"与"变革"的课堂，也很难以学生为主体。

综合实践活动则保护学生作为实践主体的自主性，它拓展和延伸了课内教学中只能渴望的无限时空。实践客体亦完全由学生自主选择，学生的情感意志的表达也完全受自己的控制，在主客体自由交融的状态下，综合实践活动的实践特征得到最大限度的展现。具体而言，有以下三个特点。

首先，来自课堂的戏剧理论知识将由学生的亲身实践来验证。课堂中学习的戏剧理论知识，如潜台词、人物形象的刻画，学生可以将其运用到课本剧或校园剧的改编和创作上，真正实现学以致用。

其次，根据兴趣对某一方面的戏剧问题进行实践研究，延伸和拓展课内知识。在研究性学习中，学生产生了研究戏剧的兴趣，教师可以从课堂戏剧理论出发，展示更丰富的戏剧类型和戏剧领域，引导学生发展兴趣。笔者就曾指导两位学生组成兴趣小组，实地探究了被称为"宋元南戏的活化石"的莆仙戏，带领学生实地走访、发放调查问卷，研究档案，帮助他们成功地写出一篇具有较高水平的研究性学习论文。

最后，"土生土长"的校园戏剧实践锻炼了动手能力、组织能力、语言表达能力。校园话剧的素材来源于学生生活，剧本由学生自创，排练表演由学生自己组织，道具服装多数由学生自制。学生在整个实践活动体中深切感受到戏剧艺术的魅力，锻炼了综合能力。

第二节 价值和意义

随着教学改革的深入，新课程理念不断深入人心，教师们都认识到课堂的学习的目标不应该只是知识的简单传授，而应该是帮助学生培养语言、道德、审美等各方面的能力。戏剧教学综合实践活动能综合培养学生的各方面能力，其意义和价值十分巨大。

一、有助于语文素质教育的实现

语文素质教育首先要求语文教师不断提高自我素质，树立以生为本的教育理念，其次要求改革课程，加强语文课外活动的组织与管理，希望通过语文学习的课外拓展活动，延伸课内的知识与技能，延续课内所培养的情感态度价值观，提高学生学习语文的兴趣。在诸多的语文课外活动中，戏剧教学的综合实践活动最受学生们的欢迎。经过参加不同形式的戏剧综合实践活动，学生的语文综合素养得到提高。

（一）语文知识与技能的培养

一般认为，语文知识与技能的培养与形成，与教师的课堂教学有紧密的联系。但语文学习并不是封闭式的课堂内容学习，而处在广阔的生活空间中。语文知识与技能的培养固然需要教师课堂上的指导与训练，更需要学生在生活中不断领悟与发掘，其间关涉的非智力品质的培养更需要长期的过程。戏剧教学的综合实践活动不仅能够提高学生对戏剧的兴趣，而且能够让学生充分运用课堂上学到的戏剧知识，直接进行实践，形成相应的体验、感悟和能力。具体来说，这一综合实践活动对语文知识与技能培养的帮助主要体现在以下四个方面：

首先，进一步梳理戏剧相关知识，通过实践理解和深化戏剧相关知识，形成基本的戏剧表演技能。综合实践活动中，我们可以通过戏剧教学的校本课程、研究性学习、戏剧社团等活动类型，进一步厘清戏剧的相关知识并将其运用于实践中，让学生更好地领略戏剧文化。譬如通过欣赏戏剧、阅读剧本、表演戏剧，体会剧中人物的语言表达，理解潜台词的含义和作用。在人物个性化语言的鉴赏体会中，抓住人物因出身、地位、个性、经历等不同而形成的各具特色的表达逻辑与表达特色，联系特定语境和情感。在鉴赏、体会、表演的过程中，学生会逐步加深对戏剧人物中个性化语言的理解。

其次，对某一戏剧类型进行研究，以拓展创新思维，培养探究能力，尤其是通过研究性学习开拓视野，丰富人生阅历。探访戏剧的同时，学生也完善了人生。新课程标准倡导"自主、合作、探究"学习，这是当前教育教学的主旋律，与人生、社会、自然密切联系的戏剧教学更应积极实践这一教学理念。学生们通过对某一戏剧类型或文化进行的探究学习可以有效地改变应试教育注重接受学习忽视自主学习的弊端，让学生在富有兴趣的身心状态中自主获得知识，培养学生搜集和处理信息的能力。

再次，通过编写剧本、排演等形式发展语言表达能力，激发鲜活的言语生命。言语生命的成长不依靠教师的灌输，甚至可以不来源于学校教育，它更多发生于生活中。潘新和教授主张"言语生命动力学语文教育"，核心内容是"培育人的言语生命欲求、言语生命意识和言语生命能，诱导并强化存在性言语表现动机，以存在性动机作为主导性动机，将语文教育的深层意蕴定位为从精神人格上为学生奠定言语人生、诗意人生的基础，引领他们走上言语上的自我实现之路，建构精神家园之路""言语生命欲求、言语生命意识和言语生命能"[①]的形成与培养应根源于生活中的语文实践，戏剧教学综合实践活动通过编写剧本、排演话剧来激发学生的言语生命欲求，培养他们的言语生命意识。

最后，通过阅读剧本、欣赏戏剧，提高阅读、写作、口语能力在内的语文综合素养。剧本是语言的艺术。只有深入剧本，通过反复朗读剧本把握人物灵魂，通过角色扮演，理解戏剧冲突的原因，通过亲身实践理解剧本如何通过组织激烈尖锐的矛盾冲突推动情节的发展。在阅读、欣赏的实践中，学生的阅读、写作、口语表达能力都得到提高。

[①]潘新和：《语文：表现与存在》，福建人民出版社 2004 年版，第 6 页。

（二）语文人文性的深化

校园人文建设一直是学校软实力的重要体现，它承载着丰富学校内涵、体现学校形象和核心竞争力的重要作用。校园人文建设中最重要的就是营造学校的文艺氛围，营造充满艺术之美的育人环境。校园戏剧是校园精神文化最直接最先锋的表现形式，是校园精神文化建设的主阵地。这是由两方面因素而决定的：一是戏剧在构建校园文化方面拥有其他教育形式无可比拟的优势；二是处于被动的麻木接受状态的老师和学生迫切需要一种主动认知、主动思考与探索的集情感教育、艺术教育于一体的教育活动。

校园戏剧对校园人文阵地的占领恰恰也体现了语文教育的人文属性，无论是校园人文建设还是语文教学的人文性，都强调要让学生在接受教育的过程中实现生命的自我成长，激发出学生的创造力和生命力。校园戏剧能够挖掘语文教学的审美情趣和人文情绪，培养语文语言表达能力，结合语文的趣味性和知识性，实现学生个人言语生命的新跨越。

因此，戏剧教学的综合实践活动能够重新激发起学生对语文学习的热爱，扭转语文的工具性、实用主义的过度倾向。通过戏剧教学的综合实践活动，我们得以修正语文应试教育，发挥语文教学的人文化功能，抵御低俗校园文化的发展，占领学校校园文化的主阵地。

（三）因材施教的实现

《论语》"为政"篇中，有关"子游问孝"、"子夏问孝"，朱熹在《论语集注》中说："子游能养而或失于敬，子夏能直义而或少温润之色，各因其材之高下与其所失而告之，故不同也。" 因材施教是一种重要的教学方法，根据学生的认知水平和学习能力，进行针对性的教学，发挥其长处，回避其不足，激发其学习兴趣，树立学习的信心，从而促进其全面发展。这种教学方法也称"个性化教学"或"差异化教学"。在现代教育中，个性化教学越来越受到重视，但受高考"指挥棒"的影响，其初衷由帮助孩子找到不同的成才方式演变成为帮助不同类型的学生找到不同方式参加高考。在选拔机制、评价机制并不最终改变的情况下，通过日常的课堂教学对学生施以个性化教育几乎不可行。"个性化教学"也好，"差异性教学"也罢，其目标仍然是高考。

在这种情况下，通过课堂教学践行因材施教的教育理念比较困难，生产线式的教学模式的效率反而更显著。谈不上差异化的教学，自然就谈不上"以生为本"，我们只能寄期望于课外语文教学活动。课外教学活动突破时空限制，亦不受学业成绩的桎梏，它允许师生在更自由和广阔的时空中有序地推进素质教育。在戏剧教学的综合实践活动中，学生与指导教师都有更多的时间平等地研究、讨论关于戏剧问题，教师不再高高在上、耳提面命，学生亦不再嗷嗷待哺。校本课程上，师生共同欣赏、讨论剧中人物，根据学生的个性特点重新演绎经典剧本；研究性学习过程中，学生根据兴趣爱好探访民间戏剧，师生共同走入民间艺人的家，和他们共同品尝民间说唱艺人的酸甜苦辣；话剧排练，老师退居幕后成为观众，学生们走上前台，他们自己推荐导演、演员、编剧，在话剧中寻觅自己的心路历程。

著名的美国教育家杜威说："个人是社会的基本细胞。要达到促进社会发展的目的，就必须尊重个人的天性，促进个人的发展，而个人也只有在适应社会环境需要的前提下，才能获得充分的发展。"因材施教尊重人的天性，让每个学生都能够在充分发展自我的前提下快乐学习与成长，戏剧教学综合实践活动虽然不能取代课堂教学，但它却是最能贯彻因材施教教学观念的教育活动。

（四）课程改革的有效推进

随着语文课程改革的不断深化，力图改变学生对语文学科的偏见的措施不断地涌现，比如加强语文学习的书本内外、课堂内外和学校内外的结合，加大语文学科与其他课程的沟通，加强课外语文实践活动。其中，提倡校本选修课与研究性学习两个课程类型是此次语文课程改革的亮点。

事实上，在戏剧教学综合实践活动中，校园戏剧社团和校园心理剧活动都早于校本选修课与研究性学习。学生参加社团活动，往往会遇见许多问题，这些问题大多源于对戏剧理论知识的掌握不足，这导致校园戏剧形式主义严重、生活内涵不足、迎合观众的艺术缺失。校本选修课程与研究性学习课程的出现弥补了这些不足，通过理论课程与理论探究的学习补充，有效提高了学生的戏剧理论素养，结合具体的戏剧实践，引导学生正视校园戏剧实践的不足，形成实践与理论相结合的教育活动模式。

譬如，排演话剧时常重艺术形式与情绪表达，轻言语逻辑与故事情节，在校本选修或研究性学习中就可以开设"戏剧形式与意蕴"、"戏剧语言与潜台词运用"、"戏剧故事的叙述美"等专题或研究，纠正戏剧形式与内容的偏倚失衡。又如，学生热衷于校园先锋戏剧实验，将孟京辉等先锋戏剧大师的作品或艺术风格沿用至高中校园戏剧中，这种表演迎合了观众的趣味，看起来似乎贴近生活，取悦大众，但却杂入一些低级趣味的段子或没有实在意义的调笑，戏剧失去美感。针对这种情况，可以开设"先锋戏剧与传统戏剧"、"戏剧艺术的美感"等专题研究。

总之，校园戏剧的具体实践离不开戏剧理论的指导与修正，戏剧理论亦要通过实践来取得实际的指导地位。戏剧教学综合实践活动使这两方面达到统一，校本选修课程与研究性学习课程的开设落实了新一轮的语文课程改革，实践了新课程改革的教育理念，成为新课程改革的有效助推剂。

二、有助于学生综合素质的培养

课堂教学的弊病往往在于仅把戏剧课堂当作戏剧知识传递、戏剧文化普及、戏剧文本简单理解和戏剧形象粗放式解读的场所，戏剧课外活动则鼓励学生感知周围的事件，体验生活的美与快乐，虽然活动过程充满了欢乐，但其目的并不是娱乐，而是培养个人与他人、社会、环境之间的沟通能力、协作能力和自我表达能力。在实践活动中，学生们不仅要扮演演员，还要编写剧本，导演话剧，甚至还要动手做道具、背景。在戏剧表演的虚拟过程中，学生们培养了真实世界所需要的综合能力。戏剧教学的综合实践活动将极大限度地激发学生的想象力、自信心、创造力、模仿力、观察力、应变能力、逻辑思维能力。

（一）创新与探究思维的培养

培养创新与探究意识不仅仅是语文课程改革的要求，也能增强学生思维能力。在应试教育中，为了规范学生的思想，统一学生的思路，以达到用同一的方法快速高效地解决问题，其根本与培养学生的求异思维、主动发现的思维品质相异。这种一元价值观的肯定与输出，造成一元思维模式，直接导致学生创新能力和探究能力的下降甚至于消失，学生成为应试学习生产线产品。随着新课改概念的提出与实践，越来越多的老师开始在课堂中启发学生，有意识地引导他们自主探究与主动发现学习中的问题，积极回应他们不同的解决方法，而不再给定所谓的标准答案。

戏剧教学的各项综合实践活动，也都积极鼓励学生创造，唤醒学生的主体意识，注重学生内在的情感体验，将原本枯燥的语文学习变为有趣的艺术实践。这能有效摆脱现实生活中形成的偏失性的规范，在开放的、变化的舞台中突破成规。在舞台上，无论多么异化的思维，多么天马行空的想象，只要符合剧本逻辑，只要符合健康的艺术想象，都会被接受、保留和展示。譬如厦门双十中学校园话剧社排练的《末日城堡的传说》《我不是哈利•波特》《爱丽丝梦游仙境》《奇迹圣诞》等剧，无论剧本还是编排形式，都带有魔幻现实主义色彩，这些自由自在的想象后面就是学生的创新意识。

（二）自主管理能力的培养

应试教育最大的弊端是单纯地强化知识积累而忽视人的全面发展。应试教育过于注重结果，而忽视过程；注重知识的记忆，忽视情感的感悟；注重学习方面的技能培养，忽视人作为社会动物的综合实践能力的训练。在诸多需要发展的综合实践能力中，自主管理、自我控制的能力尤其重要。固然，自主管理、自我控制能力可以通过担任班级或学生会干部来加以培养，但能成为班级或学生会干部的学生毕竟是少数，且多数情况下，他们涉及的事务由班主任或指导教师主导，学生自主的空间较少。戏剧教学综合实践活动则提供了广阔的自我生成空间，提供发挥自在、奇特的想象与创造能力的舞台。戏剧教学综合实践对学生的自主管理能力的培养主要表现在以下两个方面：

一是，实践过程中的内在生成性逐步促进学生的成长。所谓的内在生成性指人及其行为总是随着时间的变迁而不断地形成，人在自由时空中会自我延伸和成长。戏剧实践中，无论是演员还是导演，参与者都需要进入剧本的情境和角色，排练和扮演过程中不仅要摆脱现实角色的束缚和影响，还要游刃有余地展现情感与行动。在整个过程中，参与者的个性、创造力以及许多日常生活状态下的情绪等会自然释放，释放的同时，他们还要学会控制剧中的情感表现。这些训练一方面有利于学生的心理健康成熟发展，另一方面也将内心的生成性回馈到日常学习生活中，激发各方面的潜能。

二是，实践的组织与管理需要集体参与与个人行为相结合。一些戏剧实践，譬如某个戏剧剧种的研究性学习，或是某个话剧的排练，都需要参与者集体协商，讨论实施的步骤和方法，也需要由某个学生担任主要负责人，负责组织和督促整个实践过程的进度和落实工作。甚至在某些情况下，组织领导者的个人魅力将决定整出戏剧的走向和质量。因此，这一综合实践活动事实上也是展现个人组织领导才华的大舞台。

（三）体育与美育的培养

在高中课程中，体育和美育的培养各有专业课程——体育、音乐、美术，而且这三门课程在福建都率先实现走班上课，即完全由学生兴趣自行选修相应模块。这三门课程已成为学校新课程改革的实验基地。但戏剧综合实践活动的体育和美育的培养与专门的体、音、美课程不同。

其与专门的体育课程不同，区别有三：

首先，暖身和形体训练。校园戏剧的排练过程或校本课程的实践课上，都要求进行一段时间的暖身或形体训练。这类练习要求使用道具或团队配合的方式完成肢体语言的表达与控制。通过这类训练来锻炼肢体的协调能力、表达能力以及团队的协作能力，进而恰当地控制身体、表达意念、观察他人、认知自我。

其次，戏剧中的舞蹈。在某些校园戏剧的排练中，如校园音乐剧涉及舞蹈的部分可以使用音乐与舞蹈的配合来展现剧中人物的心理状态、情绪表达，或通过众人整齐划一的举止行为来表达某种情绪。

最后，平时的训练。排练中，每个人都要通过自我肢体动作的表达与控制，传递无需语言或超越语言的信息，通过某些夸张的肢体动作释放出不良的情绪。

其与专门的美育课程不同，区别有二：

一，舞台与道具的设计。在戏剧中，舞台背景与道具不可或缺。因此，它需要学生尽可能发挥才华，将"美"的理念贯穿到戏剧的具体细节中，让参与者了解剧的冲突发展与其他艺术之间的彼此联系，由此产生审美感受。

二，欣赏戏剧作品。经典的戏剧作品所展现的不仅仅是人物、事件与思想。当然还包括美的传递。在经典戏剧作品中，大到人物形象的扮演，小到布景设计，无不值得欣赏者去细细咀嚼和品味。

三、有助于自我认识的实现与成长

戏剧本身就是反映人生与人性，反映在一个社会背景下人的所思所想、所作所为，它所创造的是我们真实人生的戏仿。因此，戏剧教学的综合实践活动能够反映学生内心上的迷惑与苦恼，通过戏剧活动让学生自主学习人生与面对现实的情况，让他们有宣泄的场合与平台，表达内心所思所想。戏剧综合实践活动中，学生们普遍意识到自我的价值与定位，最终实现自我人生的真正成长。

（一）积极自我概念的建立

自我概念，即一个人对自身存在的体验，包括通过经验、反省和他人的反馈，逐步加深对自身的了解。作为有机的认知机构，自我概念由态度、情感、信仰和价值观等组成。在现实生活中，它常常贯穿人生所有的行动与经验，把行动过程中表现出来的特定习惯、能力、思想、观点等组织起来形成特有的经验或概念。

自我概念是由反映评价、社会比较和自我感觉三部分构成。无论是反映评价还是社会比较与自我感觉，其实都来自于外部世界对内心的一种反馈。这种反馈会强大地影响一个人对自我产生的判断，从而引起相适应的内心反应与保护。许多心理问题或成长困扰多是由此发生的。戏剧综合实践活动事实上就是对已经产生反应的内心世界进行再次的反省与改造，原本消极的失败的现实体验所形成的挫败感或消极情感在戏剧综合实践活动的重新演绎中获得某种程度的释放或改造，从而让积极的自我概念被唤醒和建立，学生们在戏剧综合实践活动中不仅仅体验到戏剧艺术本身的魅力，也不仅仅是戏剧艺术所带来的能力锻炼与培养，更多的是在戏剧综合实践活动中获得某种形式的成就与满足，并下意识地改造了原本较为阴郁的情绪状态。因此，许多参与戏剧综合实践活动的学生，尤其是话剧排练的学生都认为戏剧的亲身实践对他们的情绪调整产生很大的影响。校园心理剧的效果则更加明显。

校园戏剧的最大意义并不在于角色扮演是否成功，而是在于参与其中的人，能够以角色生成的状态锻造与提升自己的人性，丰富自己的人生，逼近或实现在社会、生活中的角色完成，形成更加积极的自我概念。在自我角色生成的过程中，学生将自己的生活体验和戏剧角色进行彼此的沟通，使之成为二者自由往返、无障碍通行的心理通道，发现生活与艺术、自我与世界之间的相互感应，让受教者得到自在走向自觉的，由无为走向有为的领悟，在戏剧综合实践活动中逐步成长。

（二）感性与理性的平衡

台湾艺术大学戏剧系教授张晓华指出："戏剧活动是基于'假如我是'的感性，去反映他人的概念与感觉，在设身处地地为他人的情况下，能促进思想的成熟，避免过度自我中心的主观意念。"[①]这种感性的融入，使参与的学生更加懂得了现实生活中他人所经历的与你不一样的人生，即使他人与你处于同一情境之下，也可能有不同的感受。感情的融入实际上触动了理性的思考，在不断地体验戏剧人

[①]张晓华：《创作性戏剧教学原理与实作》，上海书店出版社2011年版，第17页。

物的情绪细节中，如体会台词中的情感时的反复咀嚼、一遍又一遍地注重那个细节动作等等，表演者也一遍又一遍地思考戏剧中角色的人生与情感状态，待而后走出戏剧，回归现实的人生时，他们就会猛然发现，自我为中心的生活状态与言语生命是如此的肤浅与可笑，他人的人生同样需要尊重与同情。

在整个戏剧综合实践活动中，感性与理性是互相交织的。参与的学生们必须在这两种千差万别的情绪中转换得游刃有余。研究剧本需要理性、体会剧本需要感性，分析人物需要理性、表达情绪需要感性，组织管理需要理性、投入创作需要感性，诸如此类，在具体的实践活动中，戏剧创作将情绪的反应、人性的表现、言语的咀嚼、构图的均衡、节奏的顺畅等等理性与感性的交融达成一种创作的混沌，在混沌中找到一种平衡，基于这种平衡，学生们的艺术创造具备更大的价值和意义。

（三）人际交往与合作意识的培养

良好的人际交往与合作意识在当今社会越来越受到重视。只要是群体性的实践活动，就必然要求进行人际交往与培养合作意识。戏剧活动中，人际交往与合作意识的培养主要发生以下三个方面：

首先，在进行创作实践的时候，由于话剧组织形式的需要，参与者必须通过口头的形式来正确传达自己的意思，而他人在此时必须对此意见认真聆听。无论是进行简单的暖身训练，还是进行较大规模的话剧排练，无论是进行剧本的研究性学习，还是进行剧本的交流探讨，都需要参与者之间的人际交往与合作。

其次，在戏剧环境中，人与人的冲突、人与环境的冲突是戏剧叙事发展的基本状况，没有人与人、人与环境的冲突也就没有剧情的演变与发展。而在戏剧冲突的解决过程中，参与者也通过剧本的解决方式或尝试不同的解决问题的途径，来发现与探究人与人之间矛盾的解决方法。

最后，所有戏剧实践活动形式的成果达成都需要集体的智慧与协作，无论是小组形式的研究性学习还是小班授课的校本课程，抑或是各种戏剧创作实践，都需要成员之间的相互沟通与探讨，这种沟通的密切程度虽然不能与班级活动相比，但亦扩大了人际交往，并在现实与虚拟的角色转换中更加自如。

（四）心理的矫正治疗

心理剧是创造性心理治疗的一种形式，它强调了个体的自发性和创造性的发展，它运用了演出的方式，促进个体成长并且使个人的创造潜能达到最大程度的发挥。通过戏剧的剧本创作、戏剧的准备、戏剧的正式演出，将潜藏于内心的意识或情绪进行表达和释放，在一个分享、创造、接纳的环境中获得内心的自然疗伤与情绪的自我修复。20 世纪 80 年代中期，心理剧作为一种心理治疗方法介绍进入我国，为心理咨询与教育领域的专家学者了解并开始有所实践。

这些实践立足于本土文化与国情，吸纳了包括心理剧、社会问题剧、音乐、舞蹈、绘画、书法等国内表达性艺术的精髓，通过团体成员的参与，针对生活中的问题或社会现象，编排出故事，然后让学生们进行角色扮演，表演中遇见问题，就提出疑问，由所有参与者，包括演员、观众，提出不同的解决方案。这种生活小故事的提炼和小组成员即时讨论演出的形式被尝试应用到日常的心理健康教育活动中，名为"校园心理剧"，亦称为"校园情景剧"。校园情景剧的出现，极大地解决了校园心理问题解决形式单一、涉及面窄的问题，通过群体的参与，在自主发现问题、主动解决问题的过程中，逐步形成体验和感悟，在解决问题的过程中成长。

首先，在校园情景剧的剧本创作、排练、演出的过程中，学生会把他们在生活、学习、人际交往过程中所经历的心理冲突、困惑以及所能够想到的应对方式通过角色扮演的形式展现出来，所有参与演出的人员，包括观众都可以共同体验这种心理情境，并通过有效的同伴教育的方式，共同分析和解决。

其次，相对于课堂拘谨规范的学习模式，虚拟情境下的喜怒哀乐则更容易表达出来，这不仅对学生的心理有宣泄和疏导的作用，而且在实践过程中，所有的参与者都会在日常心理角色以外的世界里得到适当的心理代偿和安抚。

最后，校园情景剧的开展有效地促进了心理健康教育多种途径的结合，确保了心理健康教育目标的达成。校园情景剧的开展极大地丰富了校园心理健康治疗的方式方法，让学生在快乐的体验中不知不觉地完成了心理的宣泄疏导和健康成长，它既可以专门地创作一些心理健康题材的剧目来进行心理引导和治疗，也可以借鉴心理剧的理念和手段，创造性地提出一些心理治疗的戏剧样式，提升心理治疗的效率，扩大心理治疗的涉及面，在团体治疗方面起到较大作用。

第三章 戏剧教学
综合实践活动课程的教师因素

戏剧教学综合实践活动是复杂的实践活动系统，其运转受学校、教材、教师、学生等多方面的影响，教师是这一综合实践活动的引导者、组织者，起至关重要的作用。本章将讨论教师的角色定位、教师的理论实践准备、教师的指导与参与情况这些重要的问题。

第一节 教师的角色定位

在戏剧教学综合实践活动中，教师不再像在传统课堂中那样拥有绝对权威，但也并非完全是旁观者，教师的角色定位将直接影响该戏剧的风格和演出水平，甚至成为演出成败的关键。笔者认为，教师在具体的校园戏剧实践中可担任以下三种角色。

一、旁观指导者

旁观指导者又称"旁述指导"，"系由教师掌握机会，以同样的时空关系、同样的目标，与参与者进入扮演或学习的趣味中，以使学生演员在可能会犹豫、分心或遭遇难题之际，适时地维系进行其专注的焦点"[1]。旁述指导的作用是，当学生需要鼓励或者寻求建议的时候，适时适当提供建设性的意见，用以促进排演的进行或者改善排演的质量和水平。

旁观指导者不能以导演的身份施以命令式的话语，这会干扰影响学生导演的

---

[1] 张晓华：《创作性戏剧教学原理与实作》，上海书店出版社 2011 年版，第 55 页。

权威性和判断力，还会影响学生演员自身的感悟。因此，旁观指导者是比较被动和受忽略的。排练《爱丽丝梦游仙境》歌舞剧时，笔者以旁观指导者的角色介入，和学生们一起创作戏剧，在舞蹈方面给学生足够的表演空间，只在基本思想走向上予以指导，偶尔提出自己的想法时，也用较为平等的姿态。学生在排练歌舞剧的过程中体会创作的喜悦，巩固和发展的同学情谊，班级人际关系维系得更好。

旁述指导的作用是推动排练的顺利进行，使所有人关注排练的焦点，不能分散他人注意力而只对其中一人进行过多的旁述指导。维欧娜·史波琳说："旁述指导是一般性的，不是针对某个学习者，基本上它是在促使全体参与者专注于焦点上，教师避免在旁述指导指令中，要学生去想象或假设，而是建议他们将想象的事物，作为过去的经验，应用于现在。旁述指导不应更改课程的演练，它仅在维系所有的学习者与从旁指导者，同时都集中在焦点上。"[①]

旁观者角色一般出现在校园文化艺术节或者校园戏剧的比赛中。教师要注重对话剧进行总体把握，多观察少指导，甚至不指导，在排练结束后与演员和导演个别交流，这样才让学生充分发挥主体性。指导《末日城堡的传说》一剧的排练时，笔者多半时间都在现场观察，等排练结束后才交流，但也不进行命令式的指导，而以提建议的方式，希望学生导演或演员采纳。这种方式比较容易让学生接受，也有利于演出成功。

二、组织引导者

教师作为整个戏剧活动的设计、规划、组织、领导与执行者，甚至可能代替学生导演出任戏剧的真正导演或幕后导演，这将极大地影响话剧的整体思想、风格、细节、演出质量。教师从头到尾参与实践活动，将成为话剧的支柱，这就要求教师不仅具备较好的语言表达水平和能力，还要有相应的知识储备，从事或经历过一些戏剧实践。作为组织引导者的教师将为全剧及其演员负所有责任，需把握以下三个原则：

首先，在教师组织方面，话剧的人员构成和演员安排必须有一个清晰的思路，

[①]张晓华：《创作性戏剧教学原理与实作》，上海书店出版社 2011 年版，第 58 页。

使参与者都能在预设的架构内进行有目标且有效率的活动。教师的组织领导能力绝对优于学生导演，但组织一场话剧排演和组织一个课堂完全是两码事，教师必须有充分准备，否则排练会非常混乱，没有头绪，进而影响进度和效果。

其次，在教师指导方面，一方面，要对话剧的情感态度价值观进行导向上的审查，务必保证整出戏剧呈现积极的人生观价值观，引导学生探讨更为深入的哲学命题；另一方面，鼓励或引导学生形成团体共识，拓展活动内容，在排练出现胶着或停滞的情况下，教师能够引发学生互动、思考，甚至能够亲身示范。

最后，在教师知识方面，一方面，教师必须熟悉剧本理念和情节思路，备好课，能够清晰地勾画出整个情节的走向；另一方面，教师必须具有教育学、心理学、文学、戏剧学方面的知识，能够评判学生在创造性活动中的活动优缺点，帮助学生形成正确的概念和方法。

三、合作参与者

合作参与者，指"在学生戏剧中，教师也扮演某个角色作为引导，亦称之为'角色戏剧'（role dream）或'教师入戏'。这是采用了英国戏剧教育家陶乐丝·希思考（Dorothy Heathcote）所创'领导者于角色中'（Leader-in-Role）的教学技巧。教师以角色身份参与戏剧活动，与学生共同发现和寻找事件的内涵"[①]。戏剧从草创初期到最后公演，教师不仅全程参与，甚至可能是导演、编剧、演员，这不仅有利于提高戏剧的整体质量和水平，而且能够促成教师和学生的共同成长，形成良好的活动体验，也有利于师生之间产生和谐友好的互动关系。

合作参与者，一般有两种情况：一是主导者，即"平等中的首席"；二是一般参与者，即完全作为参与者，不进行指导。

（一）主导者

教师在整出戏剧的排练中是学生活动的合作者，师生之间是对话关系，在轻松愉悦的活动环境中平等互动，共同生成戏剧意义。教师以主导者的角色进入排

[①]张晓华：《创作性戏剧教学原理与实作》，上海书店出版社 2011 年版，第 48 页。

演，就决定了在这个戏剧活动中，师生关系不可能是绝对的平等。教师尊重学生的体验，但却不能"袖手旁观"，对于学生通过体验未能解决的问题要适时予以点拨和指导。萝拉·莫根与朱莉安娜·沙克斯顿就戏剧教学指出："教师具有主导角色的身份有三，即：操控者、促成者与激发者。"[①]此时，教师主要充当导演，或是戏剧中带有权威色彩的角色，"戏里戏外都是权威"。

（二）一般参与者

这类身份定位主要出现在两种情境中：一是心理剧中，教师作为辅角，对主角进行引导，让成员表达内心的真实感受，演出之后，再通过一定的讨论分享完成心理治疗。此时，教师不仅作为组织引导者，也作为参与者，参加演出，同样受到感染，甚至也接受心理辅助治疗，这样的参与者事实上也是组织引导者；二是出现在一般的校园剧中，教师的角色视采用的主题与指导的目的来决定，依据主题内容选择担任最能激起学生互动与学习的角色。萝拉·莫根与朱莉安娜·沙克斯顿对这类的角色进行了细致的分类，后面将专章分析。特别提出的是，校园戏剧实践中，教师经常扮演威权者角色，这不利于戏剧的创新，教师也很难突破现实角色的影响。

四、其　他

在具体的校园戏剧实践创作中，教师进行角色定位时还应该注意以下方面。

（一）角色不固定，灵活而复杂

在整出戏剧中，教师既可能扮演其中的戏剧角色，又可能是这个剧本的创作者或组织引导者。根据参与程度的不同，教师扮演的角色成分也就不同。一般说来，凡是有教师参与的校园戏剧，教师都可能身兼两种以上的角色。所以教师一方面必须努力地转换角色视角，一方面教师也要选择合适的时机切入角色。戏剧

[①]张晓华:《创作性戏剧教学原理与实作》，上海书店出版社2011年版，第50页。

创作伊始，教师可旁听学生导演对演员的甄选以及角色的分配，充当旁观指导者；在戏剧的排演阶段，教师可适当地予以指导，充当组织引导者；在戏剧排演当中，教师也可能充当一位辅角。

（二）避免介入排演中的偶发事件

一场戏剧的排演中可能出现种种偶发事件，比如因为场景情节过于紊乱导致演员和导演无法沟通；比如学生因为角色特殊，或者台词有趣引起剧组团队的哄笑，导致无法正常排演。实际排演过程中会经常出现此类问题，教师应妥善处理，即时和学生导演以及剧团骨干商量，尽量不介入。在保证整出戏剧积极向上的基础上，尽可能避免介入，保持创作原生态。这不但能锻炼学生们的处理事件的能力，也能保持戏剧的创新性和展现出来的青春活力。

（三）宁做不好的导演，不做不好的演员

这并不是说教师不要成为好的组织引导者，而是说相对于整个戏剧的创作而言，我们必须给予学生足够的自主空间。也许你有很好的主意，但请倾听学生的声音。无论是实际的话剧表演，还是理论上的话剧研究，教师应当是辅角，不应该成为主角，综合实践活动更强调让学生自主思考和创作。指导教师应该成为好的演员，配合学生的创作，使他们充满激情和创造力，发挥出他们天才般的想象，展示出青年学子应有的风采！

第二节 教师的理论实践准备

在高中语文的戏剧教学课堂，不论课型如何，教法如何，教师必须在课堂中起主导作用，这是课堂教学的本质决定的。在课外的实践活动中，教师的主导地位正在衰落，这并不意味着教师的责任变小了。其实，无论课内课外，教师都必须进行组织、引导，否则学生活动永远只能处于无序和草根的状态，这样的实践活动收效甚微。因此，教师指导综合实践时也必须备好课，做好准备。唯有如此，

课外活动的水平和质量才能提高，成果才能体现。

一、理论准备

理论准备主要包括文艺理论、戏剧理论、心理学理论方面的准备。

（一）文艺理论的准备

戏剧文学文本，通常称为剧本，是与诗歌、散文、小说相并列的文本样式，属于语言艺术的范畴。作为文学文本，剧本具有可以脱离戏剧演出而独立存在的文学审美价值，可以发表，可以出版，自然也可以供阅读、鉴赏和研究。当然，剧本天生就受戏剧的影响，它必须首先表现出戏剧的价值，但它同样不能失去文学上的价值和意义。

戏剧文学文本与其他文学文本样式最大的不同在于，构成剧本主体的是对于戏剧人物语言的"模仿"，这种"模仿"有两种形式——人物语言和人物行动。人物的语言，包括台词及有更丰富表达意味的潜台词。分析和讨论戏剧，事实上包括分析和讨论戏剧语言的过程。这意味着，无论教师学生，首先要鉴赏语言，其次才是表演。指导经典话剧《雷雨》第四场的排练时，教师需要发挥语感能力、艺术推想能力去感受、体验、理解繁漪在这一场中的行为表现和心理状态，用适切的言语表达这种感受、体验，与学生共同分享和体悟。这一过程，仅仅依靠学生自身的感悟远远不够，教师必须发挥他作为旁述指导者的作用，为学生正确理解剧本、理解人物指引方向。这既能展示语文教师的教学功底，又凸显课堂教学的意义。

因此，教师必须具备文艺理论修养，懂得剧本艺术，特别要具有台词鉴赏能力。唯有如此，教师才指导导演和演员，为戏剧排演奠定成功的基础。

（二）戏剧理论的准备

语文教师一般未受过戏剧方面的培训和学习，其戏剧理论知识并不丰富，而高中戏剧课堂教学对文本的分析、人物的分析要求较高，戏剧相关理论知识则不重要，因此，语文教师拥有的理论知识在课堂上反而绰绰有余。一旦戏剧教学由课内移向课外，由大众移向小众，由基础知识移向学习兴趣，语文教师所积累的戏剧知识就不足以指导学生了。

教师必须懂得戏剧的基本知识，比如戏剧的一般定义，戏剧的基本分类，戏剧达成的主要效果，包括个人身心方面的、社会发展层面。

教师还应了解戏剧的发展历史，特别是中国话剧的发展历史，比如，中国话剧大体经历的几个阶段：新剧时期、爱美剧时期、左翼戏剧时期、抗日战争与解放战争时期、中华人民共和国时期、话剧发展的新时期以及转型期等。

教师应该较为集中地修习导演艺术和表演艺术，综合实践活动中最重要而最难的工作是指导学生进行话剧原创。导演是整个演出的灵魂主体，担负着将文学内容最终呈现为舞台艺术形象的重要任务。把握好导演的艺术，以便在校园戏剧实践活动中从容而有针对性地指导学生。

教师应该有经典话剧的观赏体验，阅读相关经典评论，且有自己的理解。这既考验教师课堂教学的功力，也形成教师对话剧的基本认知。

（三）心理学理论的准备

心理学理论的准备分为一般的心理学知识准备和心理剧的基本知识准备。

高中校园戏剧不同于大学校园戏剧，高中学生是特殊的群体，整体上呈现过渡性特点，处于身心发展中重要的变化阶段，也处于人生观价值观形成的关键期。这个时期的学生既自我审视，理性叛逆，又需要成年长辈的指点。在高中阶段进行课外集体活动，特别是参与性和合作性较强的话剧，教师需要有一般的心理学知识准备，能发现和处理排演过程中出现的学生冲突、心理问题，使其消失于萌芽中，不影响整个戏剧的演出。

此外，心理剧的理论和技术已经先后应用于大中小学的心理健康教育实践中，心理剧的角色扮演方法也被应用于学校的外语、语文、医学等学科教育、道德教育以及禁毒教育中。[①]因此，教师在指导心理剧的表演时应当具备心理剧基础知识，

---

① 邓旭阳、桑志芹、费俊峰、石红编著：《心理剧与情景剧理论与实践》，化学工业出版社2009年版，第21页。

了解暖身、创造力、自发性、会心、心电感应、共同意识和共同潜意识、角色、角色与自我、角色互换等概念和基本方法。

二、实践准备

教师的实践准备指教师在戏剧综合实践活动前参与或组织过相关的活动，包括文学创作经历、集体活动组织的经历、话剧排演的经历等。

（一）文学创作经历

校园戏剧的剧本一般有两个来源，一个是中外名家的经典作品或者改编成的话剧剧本，二是学生原创的剧本。无论哪一种剧本，都要求对剧本内容能进行文本分析，这种分析能力并不能一蹴而就，它必须建立在较多的文本阅读经历和亲身创作经历的基础上。

譬如，编写剧本通常会主题先行。对有文本创作经历的人而言，具体的文本创作，无论是散文还是小说还是剧本，很多情况下，主题并不是先行的。并不是先有主题思想，才有情节、人物和情绪，而是恰恰相反，先有情节，才有主题和人物。因此，初学编剧的人应根据创作文本的亲身经历（不必一定是剧本的创作经历），从情节入手，注意周围的人或事，过滤出有戏剧性的情节，从中挖掘或赋予更有新意和深度的主题，以此为基础，发散和构建整个剧本。

再比如，对于台词的理解，特别是对中外名家经典作品的台词，学生囿于人生经历和阅读经历，理解和把握不那么到位，教师应当利用阅读和创作经历的丰富与多样，对学生进行更为具体的指导。

因此，文本的阅读与创作经历是语文教师的天生职责，也是指导高中语文话剧教学综合实践的核心能力。教师必须努力丰富文本阅读和创作经历，才能指导学生的话剧实践走上正轨。

（二）集体活动的组织经历

高中生的组织协调和自我控制能力都比较弱，在没有指导教师在场的情况下，戏剧的排演效率比较低下。笔者曾让学生自行排练话剧，老师不进入活动现场，临近演出的检查发现，排演进行还不到一半。这说明，教师只有在场具体组织和引导戏剧排演，才能得到更高的效率和更好的质量，这需要指导教师有集体活动的组织经历。

其实，高中的课堂教学就是集体活动。但综合实践活动不同于课堂，参与者利用课余时间自觉自愿前来参加，活动氛围随意松散，参与者的心情比较放松。因此，综合实践活动的组织难度要远远超过课堂，戏剧的排练又需要相当的氛围体验，过于严肃，演员很难发挥表演能力和情绪；过于随意，演员又难以集中注意力进行表演。没有一定的现场组织能力和经历，指导教师很难胜任现场指导，演出的质量也会随之下降。

（三）话剧的排演经历

斯坦尼斯拉夫斯基要求演员摒弃简单的模仿，力求成为形象的本身。他要求每一次演出均是一次活生生的体验，从而创造生动的行动过程，而非重复以往的表演。他认为，唯有遵循演员作为人的有机天性的原则，表演艺术才能表达人物内心深邃的感情生活，从而使观众领悟并受其感染、产生共鸣。若将斯坦尼斯拉夫斯基的表演体系延伸和扩展至教师的实际指导经历，也会发现，只有经历过排演的教师才能对学生的课外话剧实践进行实质而有效率的指导。比如如何走台，如何念台词，如何体会角色的情感表达，如何通过音乐布置现场气氛，等等，在有话剧排演经历的教师指导下，学生会更快地体会并领悟戏剧创作的魅力。

三、其　他

除了做好理论和实践准备外，教师还要注意时间安排和精力分配。

（一）时间安排

排演戏剧常在课余时间，但教师课堂教学任务繁重，有的教师还担任班主任和其他职务，就更无暇顾及。教师必须合理安排个人时间，在较为充裕的时间情况下，参与学生的课外戏剧实践。

（二）精力分配

每个人的精力都是有限的，教师不可能把所有时间都投入学校和学生的活动。排演话剧又是一个单纯凭借兴趣，没有功利的活动。教师应当做好教学规划，以较好的精神状态去指导学生。

第三节 教师的指导与参与

教师的指导与参与可分成三种角色类型：旁观指导者、组织引导者、合作参与者。这三种角色类型分别是当下高中语文戏剧教学综合实践活动课程中教师的角色现状。在不同形式的戏剧综合实践活动中，教师所起到的指导与参与也不同。

一、校本选修课

校本课程即以学校为本位、由学校自己确定的课程，它与国家课程、地方课程相对应。郑金洲博士在《校本研究指导》中这样解释："所谓校本，一是为了学校，二是在学校中，三是基于学校。为了学校，是指要以改进学校实践、解决学校所面临的问题为指向；在学校中，是指要树立这样一种观念，即学校自身的问题，要由学校中的人来解决，要经过学校校长、教师的共同探讨、分析来解决，所形成的解决问题的诸种方案要在学校中加以有效实施。"[①]

校本选修课程的要求应该和正常的必修课程一样，教师必须制定科学严谨的课程计划，依据一定的教材或教学资料，使用一定的教学手段和方法，有清晰的教学目标。校本课程理论上归入学校课内教学，但多数的校本课程都以实践特色为主，比如厦门双十中学的"足球""书法""篆刻""生活中的化学""舞蹈""合唱"等校本课程。因此，本文将戏剧教学的相关校本课程归入高中语文戏剧教学

[①]郑金洲：《校本研究指导》，教育科学出版社2002年版，第6页。

的综合实践来谈。

（一）制定课程计划

制定校本选修课程计划首先必须明确课程目标，笔者认为可参照中华人民共和国教育部制订的《普通高中语文课程标准》（实验稿）（人民教育出版社 2003年4月出版）中对小说与戏剧提出的课程目标，进行适宜于本校实际的修改。

"小说与戏剧" 课程目标①

1.培养阅读古今中外各类小说、戏剧作品（包括影视剧本）的兴趣，从优秀的小说、戏剧作品中吸取思想、感情和艺术的营养，丰富、深化对历史、社会和人生的认识，提高文学修养。

2.形成良好的文化心态，学会尊重、理解作品所体现的不同时代、不同民族、不同流派风格的文化，理解作品所表现出来的价值判断和审美取向，作出恰当的评价。

3.学习鉴赏小说、戏剧的基本方法，初步把握中外小说、戏剧各自的艺术特性。注意从不同的角度和层面解读小说、戏剧作品，提高阅读能力和鉴赏水平。学写小说、戏剧评论，力求表达出自己的独特感受和新颖见解。

4.朗诵小说或表演剧本的精彩片段，品味语言，深入领会作品内涵，体验人物的命运遭遇和内心世界，把握人物的性格特征。

5.尝试对感兴趣的古今中外小说、戏剧进行比较研究或专题研究。

6.留心观察社会生活，丰富人生体验，有意识地积累创作素材，尝试创作小说、剧本，相互交流。

《普通高中语文课程标准》（实验稿）对该系列课程提出一些基本要求："应重视作品阅读欣赏的实践活动，不必系统讲授鉴赏理论和文学史知识；提供必需的作家作品资料，引导学生自行从书刊、互联网搜集有关资料，或采用多媒体教学

---

①教育部:《普通高中语文课程标准》（实验稿），人民教育出版社2003年版，第10～11页。

辅助手段，丰富对作品的理解；组织小说、剧本阅读欣赏的报告会、讨论会，交流阅读欣赏的心得。此外，可结合观摩根据小说改编的戏剧影视作品，帮助对小说的感悟和理解；鼓励学生组织文学社团，创办文学刊物，积极向校内外报刊投稿；通过观摩戏剧演出，尝试戏剧表演，加深对戏剧作品的体验。"①

笔者以为，戏剧教学的校本课程计划应注重如下三个方面：

首先，不要求系统和规范地阐述戏剧理论知识。高中生不必深入了解戏剧的理论知识，因为高中教学目标的重点在于作品的阅读欣赏和实践，注重理论与实践的结合，要求学生投入生活，亲身实践体验，自主选择探究。过多的理论知识输入不仅不利于学生对知识的掌握，甚至引起他们对理论的反感，进而影响整个教学。

其次，注重学生的体验和探究过程。校本戏剧教学应该充分尊重学生的生活、学生的探究本能和兴趣，为每个学生创造发挥主体性的广阔空间。这样，学生才能自己寻找和发现问题，主动地学习和思考，从而培养主动解决问题的能力。每个人的心灵深处都蕴藏着创造潜能，青少年时期是这种创造潜能最活跃的时期，开发戏剧教学校本课程应该注重培养学生的创造意识，积极有效地激发学生的好奇心，使学生产生探索未知领域的渴望，形成创造性解决问题的需要。

最后，树立"以人为本"的课程理念。树立"以人为本"的现代课程理念，我们应尊重学生的情感，倾听学生的心声，关注学生的需要；教师应努力融入学生的戏剧创作实践活动，与学生共同成长。

---

①教育部：《普通高中语文课程标准》（实验稿），人民教育出版社2003年版，第19～20页.

福建省厦门双十中学校本选修课
《话剧鉴赏与实践》课程计划

一、指导思想

1. 以《普通高中语文课程标准》（实验稿）为纲，制定行之有效的符合学校学生实际的课程目标；

2. 把学校"尊重生命、崇尚人文、热爱科学、追求卓越，把学校建设成为师生生命成长、人生发展的幸福家园"的教育理念通过本课程的教学活动得以充分展现。

二、课程目标

1. 了解中国话剧历史和校园戏剧的情况；

2. 初步了解话剧的基本知识；

3. 具备初步鉴赏经典话剧的能力；

4. 初步掌握话剧表演的基本技巧；

5. 在教师的指导下，参与表演 5 分钟左右的校园话剧。

三、学情分析

1. 大多数学生对于话剧的认识都比较粗浅，基本上都是来自于课本上的知识，对中国的话剧历史和现状都一无所知；

2. 但是学生们对校园剧却很有兴趣，有的学生在小学或初中阶段曾经有过校园剧的训练和演出；

3. 学生基本上还未建立对话剧鉴赏的初步认知，对话剧的实践水平还停留在说台词和基本的动作表演上。

四、具体安排

1. 讲述中国话剧的历史发展和校园戏剧的历史及现状；

2. 介绍话剧的基础理论知识和鉴赏知识；

3. 欣赏中国现当代话剧的主要代表人物的作品；

4. 组织一场话剧演出。

五、实践活动

1. 观摩校话剧社的一场排练或演出；

2. 分组进行一场话剧的表演：由编写剧本到最终演出的全过程。

六、时间安排

每学期预计有 25 课时左右。

福建省厦门双十中学校本选修课
《话剧鉴赏与实践》课程纲要

基本信息	指导教师	陈锋
	限制人数	30 人
	课程名称	话剧鉴赏与实践
	开设年级	高一年级
	开课时间	2010—2011 学年度第二学期周四下午 4：30-5：25
	课程地点	圆形教室或梦飞音乐厅
课程要素	课程目标	1. 了解中国话剧历史和校园戏剧的情况；
		2. 初步了解话剧的基本知识；
		3. 具备初步鉴赏经典话剧的能力；
		4. 初步掌握话剧表演的基本技巧；
		5. 在教师的指导下，参与表演 5 分钟左右的校园话剧。
	课程内容	1. 了解中国话剧历史和校园戏剧 2 课时；
		2. 了解话剧的基础理论知识 2 课时；
		3. "走进曹禺" 2 课时；
		4. "走进老舍" 2 课时；
		5. "走进焦菊隐" 2 课时；
		6. "走进孟京辉" 2 课时；
		7. 《雷雨》鉴赏 3 课时；
		8. 《茶馆》鉴赏 3 课时；
		9. 《等待戈多》经典段落排练 2 课时；
		10. 《雷雨》经典段落排练 2 课时；
		11. 指导分组编写剧本 2 课时；
		12. 指导排练原创小品 3 课时。

续表

	课	出勤情况占 10%
	程	课上表现占 30%
	评	作业完成情况占 30%
	价	结业测评占 30%
保障	课程所需条件	不超过 30 人，需要投影仪、电脑、音响设备、灯光等
审批	教务处	
	审批意见	

（二）设计教案

戏剧教学校本课程分为鉴赏课和实践课，鉴赏课的教案设计与必修课程的教案设计并无太大区别，但实践活动课型与传统课型的教案设计还是有诸多不同。

首先，教学目标需关注戏剧。传统课型的教学目标主要有三维：知识与技能、过程与方法、情感态度价值观。实践课型因其涉及戏剧的具体实践，应达成一定的戏剧方面的目标：如语言、肢体、反应等表现的适切性。

其次，教学过程形式多样灵活。实践课的内容一般来说包括：讨论剧本主题、分组编写原创剧本、对经典剧本的读解和讨论、排练实践。根据不同的教学过程形式，应以不同的教学方法进行，如讨论法、探究法、综合实践。其中还可能涉及心理剧所使用的暖身活动法、角色互换法、雕塑技术法、宣泄法。

最后，活动结果呈开放性。戏剧综合实践活动是否最终获得比较良好的效果，不是看是否排出原创戏剧，而是排演过程中学生是否获得生命体验。因此，实践课的活动结果呈开放性。也许整出戏剧并未遵循原定思路，甚至没有结局。教师总结教学时，也应适时而变，根据课堂活动的具体情况进行总结，不以最终的活动结果作为评价标准，而应以学生的活动表现和体验为依据。

（三）鉴赏课与实践课

戏剧教学校本课程中，鉴赏课与实践课并重，但囿于各种因素：如学校安排的课时有限、学生的精力有限等，实践课的课时不能太多，但其重要性却不言而喻，这也是该门课程广受学生好评的主要原因。下面，笔者谈谈戏剧教学实践课的主要特点：

其一，突出实践。《义务教育语文课程标准》（2011 年版）指出："语文课程是实践性很强的课程，应着重培养学生的语文实践能力，而培养这种能力的主要途径也应是语文实践，不应刻意追求语文知识的系统性和完整性。语文又是母语教育课程，学习资源和实践机会无处不在，无时不有。因而，应该让学生更多地直接接触语文材料，在大量的语文实践中掌握运用语文的规律。"①因此，戏剧教学的实践课程没有任何的理论意义上的指导，全部的活动和获得的知识都从实践中来，到实践中去。

其二，突出探究。在之前的传统课型上，学生通过教师对戏剧理论的介绍以及对经典戏剧的鉴赏获得大量理性和感性认知，但毕竟只有"实践出真知"，因此，实践课必须突出探究性，教师应该精心设计教学程序，让学生参与实践探究。学生是实践探究过程的主体，其主体性的创造活动应该贯穿于实践探究的全过程。

其三，突出合作。作为戏剧教学的实践活动课，其主要的内容——讨论和编辑剧本、集体排练等需要团队协作，因此，实践课比传统课型更讲究学生之间的自主合作，在小组共同完成任务的过程中，学生们需要具备良好的民主风范，少数服从多数，最终达成互相尊重、通力合作的德育目标。

二、研究性学习

戏剧教学一直是高中语文教学的难点和弱点，究其原因，是戏剧教学突出的实践性和探究性特点与实际教学中的填鸭式教学与功利性教学的矛盾。但是，在戏剧教学中进行研究性学习方式的探讨，也许会带来意想不到的收获。基于戏剧教学的特殊性，研究性学习——这一融入于高中学生必修课程的教学方式和学习方式，也许是戏剧教学走出教学困境的理想之路。那么，在研究性学习过程中，教师应当起到什么样的作用，做哪些方面的指导？笔者根据自己的亲身实践，认

---

①教育部：《义务教育普通高中语文课程标准》，人民教育出版社2011年版，第3页。

为应进行以下三个方面的指导：

（一）指导学生确定课题

就一般情况而言，研究性学习的课题可以分为知识探究型、学术研究型、社会调查型、创造发明型。就戏剧教学的研究性学习而言，主要集中在前三类。教师先根据在学生学习生活和社会实践中产生的与语文学习相关的语文现象，从中选择并确定语文研究的各项专题。对这些专题中所涉及戏剧方面的母课题再进行细分。教师在指导学生确立课题时，必须注意以下三点：

（1）课题的选择必须注重可研性和可行性的统一。可研性是研究性学习课题的通常要求，但在实际研究中经常会忽略可行性。教师指导学生课题的确立要尽量考虑到学生的实际情况，有效利用教材资源、课堂教学资源来完成。比如通过高中语文必修三（人教版）第一单元《雷雨》的学习，我们可以对作者及其作品进行研究，从而确立"曹禺及其作品研究"这个课题。再比如，通过课外的话剧实践，学生对校园话剧的剧本产生兴趣，我们就可以指导学生进行"校园戏剧剧本探究"的研究性学习。这些课题都无须太多其他资源，只要学生勤于收集材料，扩大阅读面，认真对文本进行分析，就能够较好地完成。

（2）课题的选择应有一定的深度和广度。这要求教师指导学生的课题不能只停留在对现象的描绘和说明，应有适当地深度和广度的拓展。就目前的情况看，学生选择的课题多半是比较具体的，比如《〈雷雨〉作品评论探究》，学生在对《雷雨》相关评论的搜集过程中，应引导他们逐步对所找到的材料进行归类，通过找出这些评论的异同点，进行分析归纳，进而得出几个《雷雨》研究现状的情况分析。这样，原本只是罗列材料的课题就有了一定的深度和广度。

（3）课题的选择应能延续和拓展。研究性学习课题带给学生的影响应不是一时一地的，只有那些通过研究性学习获得更充分的内在学习动机、更长久的科学探究兴趣、更良好的学习思维品质的课题才具有延伸性和影响力。所以，只有依据学生的兴趣、爱好、条件，选择具有课外延伸性和更强拓展性的课题，研究性学习才会取得更好的效果。

（二）中期检查和指导

这是过程中的一个总结和反馈，也是对学生课题的一个检查督促。在中期汇报的时候，首先，教师应重点关注学生在围绕课题查阅资料的过程中是否全面和深入，比如"话剧《屈原》研究"这一课题，必须查阅的资料至少有郭沫若的《屈原》、《天狗》等作品、《屈原》剧本的评论和《屈原》话剧演出的相关评论、司马迁的《史记·屈原列传》、有关屈原的相关文章和评论、话剧的相关理论知识等等。其次，教师应对一些实践的内容进行指导和检查，指出其中的问题，及时进行修正，比如笔者在指导学生进行《校园戏剧剧本探究》这一课题时发现，学生对校园戏剧进行了问卷调查，问卷调查的本身设计存在一些漏洞，特别是有利于论文论据的一些问题并没有设计在问卷调查中，且调查的人数太少，不符合问卷调查之后数据分析的要求。指出这些问题后，学生进行了修正，并接着调查，收到了良好的效果。最后，教师还必须对课题的进度进行监督，在检查的时候，对一些进度较慢的学生予以督促。

（三）结题指导

高中的研究性学习的结题方式多样，不只论文写作一种。2002 年，上海复旦大学附中特级教师黄玉峰老师执教的研究性学习成果交流课——曹禺及其《雷雨》研究。针对教材中所节选的内容，黄老师让学生在对曹禺及其《雷雨》研究的基础上，以模块的形式，展示了研究成果。整节课既有《雷雨》高潮部分的表演，又有研究课题的课件展示，整堂课都配有音乐，让老师和同学们都沉浸在教师所营造的氛围之中。这样的结题方式就令人难忘。当然，对于大多数研究戏剧部分课题的学生而言，除了排练话剧表演之外，最常用的还有如辩论、答辩、课件展示、演讲等，教师应根据戏剧研究的实际，对学生的结题进行多方位的指导。

三、校园戏剧社

学生社团活动是校园文化的重要组成部分，是校园生机、活力和魅力的重要体现，是培养学生综合素质的重要载体。而校园戏剧社（话剧社）则是高中语文戏剧教学综合实践活动的主要组成部分，也是最能够体现学校人文氛围，展现学生青春风采的社团组织之一。校园戏剧社（话剧社）作为学生自行组织和管理的学生社团，其活动组织一般没有教师的干预，但由于高中生的时间及能力有限，高中的社团组织一般都配有指导教师。笔者根据自己的亲身实践，认为教师对话剧社的指导应注意以下三个方面：

（一）指导话剧社的创立

（1）指导设立章程和计划。所谓没有规矩不能成方圆，话剧社的建立必须要有一定的约束和规范。话剧社章程的设立必须遵循几个原则：一是自由和民主。任何决策，都应该通过社员们的自主选择进行，教师不进行过多的干涉。二是可行和执行。章程需要具有可行性，并能够生效执行。例如话剧社年度计划，就应由全体社员进行酝酿讨论，然后在讨论基础上，教师指导社长、各部门负责人进行设计，最后订出近阶段的计划安排，并呈送学校团委审批。

（2）指导设立话剧社的机构。一般而言，高中话剧社机构的设立是比较简单的，主要是因为高中的话剧演出并不多，其影响力也远远小于大学生的话剧社演出；高中生的话剧多数属于学生的自娱自乐，而大学的话剧社有的已具有半职业的性质；高中生并没有太强的组织意识和领属意识，因此机构的设立应注重实用。

教师在指导设立话剧社机构的过程中，应注意以下三点：一是，机构的设立应根据学校的实际情况，避免人浮于事。特别是作为学校学生的社团组织，设立太多的职位，并不利于社团的高效运转。二是，应特别加强对社长的指导，树立社长的权威，提高社长的办事效率和组织能力，有效快速地展开各部门的活动。三是必须指导学生利用课余时间提高活动效率，从而降低社团活动对学习生活的影响。

（3）指导人员的选拔。社团组织的人员选拔是至关重要的，关系到整个社团组织的命运。特别是社长一职，一个好的话剧社社长就能够支撑一个成功的话剧社。笔者在福建省厦门双十中学六年的话剧社实践中观察发现，社长的人格魅力、组织能力、知识水平、兴趣是话剧社活动能否成功举办的关键。当然，在话剧社的人员选拔中，应注意的是学生社团应由学生自主管理。社长、部门负责人的推选主要由社团成员投票选择。教师在人员选拔时应事前和几个参与竞选的同学谈话，了解他们的思想动态，然后在与现任理事会成员商量的基础上，推选下一届的候选人参加竞选。这样，能够保持整个社团在平稳的情况下运转，不会因为主要负责同学的更换导致社团活动水平的下降。

（二）过程参与

（1）指导平时的活动。话剧社平时的主要活动类型有：主题沙龙、名剧观演沙龙、剧本座谈会、即兴演出、暖身练习等。这些活动的开展并不需要教师全程进行参与和指导。但在社团创立阶段，这些活动都需要通在教师的指导下开展。

首先，无论何种活动，教师应在事前做好备课工作。因为，教师毕竟不是话剧表演的专业人士，而即使是有话剧排练背景或者兴趣的教师也必须在活动前做好相关材料的整理和阅读。特别是经典名剧的观演沙龙，教师应阅读相当数量的评论和研究作为参考，形成观点和理解，以便在沙龙中作为指导或主讲人发言。

其次，沙龙活动应要指定具体的发言人。沙龙活动一般是对某个文本或艺术作品的分析和读解，应提前安排和指导相关的发言人，以免在进行沙龙活动时一些学生因为种种原因不发言而产生尴尬的局面，降低了活动的质量。

最后，即兴演出必须要有主题和计划，不能够过于随意。教师在指导时应注重学生在台上的言语表现、动作表现的技巧和一些走位的规范上。比如在语言表现力上，同样表达一个意思，哪一种的语言表达更符合角色的身份地位，更符合当下的语言环境等。

（2）指导正式演出的排练。话剧社最为重要的活动就是每个学期一至两次的小剧场演出以及学校艺术节和社团展示的大型演出。因此，指导正式的排练也是社团指导教师的重要任务。

除了排练指导，笔者认为还要特别注重三个方面的指导：

一是注重整体的艺术感和细节的挖掘。既然是由教师指导的正式的话剧，就应该较有水平，教师应注重话剧整体的艺术表现和层次，不能满足于低档次地秀一下自我。应注重细节的挖掘，特别是人物的神态表现和动作表现，通过细部的挖掘展现人物形象和人物丰富的内心世界。

二是加强和艺术教师的联系，取得他们的支持和帮助。语文教师的特长是文本分析和审美感受，形体方面的训练及音乐使用往往力所不能及，因此，话剧社的指导教师应当加强与音乐、舞蹈、美术教师的联系，请他们指导话剧排练，提高整个话剧的艺术水平。

三是强调情感体验和交流，重视对日常生活的参悟。在排练中，要让学生自己通过理解和体验建立起话剧世界的价值观，使之培养起和现实世界共通共融的和谐价值体系。抵抗应试教育带来的主体性缺失，构建属于学生自身的审美世界和言语世界。在自我的情感体验和顿悟中，在与他人的交流合作中，逐步发展自我，成就自我。让话剧的排练到演出成为学生个性舒展，才情挥洒，精神成长的人生历程。

（三）人才的培养和训练

1. 导演的培训

话剧社的成长需要学生们的参与和毅力，教师要对话剧社的骨干人员进行培训。对于话剧社团而言，最重要的骨干就是导演。因此，大多数的话剧社团都有专门的导演部门。

在高中校园戏剧创作实践中，指导教师经常充当导演，比如校园文化艺术节中班级校园剧比赛单元，或班级的主题班会活动中的话剧小品演出。导演由教师担任，教师可以直接干涉话剧的内容，使之符合比赛的中心主题，且教师有较大权威，可以较好地控制排练节奏，提高排练效率。但对于校园话剧社团而言，导演一职非由学生担任不可，一方面由于社团是学生自发组织的，有强烈的自主意识和学习兴趣，他们不太希望学校和教师干涉；另一方面则是由于话剧社的活动是常态化的，排练时间零碎，教师也无法抽出太多时间。

因此，话剧社导演的培训十分重要，这保证了话剧演出的质量，保证话剧社团活动能持续开展。

教师对导演的培训主要在三个方面：

一是树立学生导演的权威，便于开展工作。树立导演权威的前提是挑选出好的导演，教师应凭借自己的经验和观察力，鼓励学生群体推荐，遴选出合适的学生导演。但并不是有较强组织能力的学生就适合担任导演，导演还必须有一定的文学修养和艺术修养，必须有较强的文本领悟能力和观察能力。平时的话剧社团活动中，有意无意地让遴选出的学生多承担一些任务，多在公众场合，比如沙龙活动，剧本座谈会等，发言，让他们发出自己的声音，得到学生们的认可。教师具体指导工作时，应尽量避免在公开场合进行，应该私下交流，以维护其权威。

二是加强理论指导，培养戏剧基础。虽然学生导演是业余的，但也应该熟悉必要的戏剧理论知识。正确理念能够保证工作的顺畅和高效，否则只能停留在简单的重复和模仿，而没有自己的特色，舞台整体水平也无法提高。

三是在日常活动中观察、指导，使之能够胜任导演一职。导演权威的树立需要在实践中慢慢形成，导演理论的理解也需要在实践进行。因此，日常的排练活动中，教师在尽可能给予学生导演较多自主空间的情况下，多给学生导演一些小小的提醒和暗示，学生导演才会慢慢成长起来。

2. 演员的培训

真诚质朴是校园戏剧的最大特点，这一时期的学生的特点就是拙于技能而长于率真。演员没有太多专业培训，根据自己对生活、对戏剧的理解，以原生态的方式表现嬉笑怒骂，与观众形成和谐互动的良性观演关系。这就是校园戏剧能够留存至今的重要因素，指导教师要保护好演员原生态的表演方式和他们独特的性格特点。但演员的培训不可缺少，至少要注重以下三个方面的指导：

首先，指导他们观察生活，模仿生活。斯坦尼斯拉夫斯基认为，舞台上的演员应该和角色一样正确地，合乎逻辑地，有顺序地，像活生生的人那样去思想、希望、乞求和行动，这是表演状态的最高境界。学生演员不太可能有专业演员才有的素质和技能，但校园戏剧演员有原生态的表演方式，要指导他们观察生活，模仿生活，从生活中找寻自己或者别人的影子，即使粗糙的表演也能感动观众。

其次，指导他们结合语文学科的课内知识，理解文本和台词。人教版高中语文必修四第一单元就是戏剧单元，学生通过"欣赏话剧剧本"，"把握剧中的主要矛盾冲突，品味个性化的人物语言"，"试着从舞台演出的角度，去推想戏剧的艺术效果"[①]。指导话剧社演员排练的时候，指导教师可以通过这一单元的学习，带领他们理解剧本中的人物形象和台词意味，实现语文知识从课内到课外，从理论到实践的迁移。

最后，指导学生控制情绪。从亚里士多德到黑格尔，无数精神导师都殚精竭虑地研究戏剧，推举戏剧，因为他们知道人类需要宣泄，最有效方式就是戏剧。校园戏剧无疑也承担了这个功能，学生通过校园戏剧的排练、演出、观看，缓解了精神压力，实现自我成长。具体排练时，应当让他们学会控制情绪，学会适当地释放压力，这能帮助学生自我成长。管理好情绪，选择适于自己的减压方式，这是应对现代社会压力倍增的有效手段。

（四）其他指导事项

1. 话剧社学生学习与思想指导

学生社团是学生为增长知识，锻炼能力，丰富和活跃课余文化及生活，自愿组织起来的群众性团体，但话剧社成员的思想、学习、生活不是指导教师的指导范畴，不过，其思想、学习、生活上的表现必定会影响其在话剧表演、创作中的表现，因此，指导教师应该适当地关注成员在这些方面的表现，规范其在话剧社团中的行为。反过来，话剧社的各项活动也能规范和提高成员在其他方面的表现，形成良性循环。

2. 与学校领导、团委的联系

作为学生社团组织，话剧社必须接受学校归口单位校团委的管理和指导。话剧社的各项活动，无论是使用平时的活动场地，还是租借正式演出的配套设施（舞台、灯光、音响设施等），还是对外交流，都必须征得团委的同意，必须向校领导报备，这一方面的工作由指导教师负责才妥当。

[①]人民教育出版社课程教材研究所等编：《普通高中课程标准实验教科书语文4》（必修），人民教育出版社2006年版，第6页。

3. 与外界的交流联系

学生社团的对外交流活动应是社团组织的常态化活动，但由于各方面因素的制约，话剧社与外界的交流甚少，且不说与职业剧团的交流，就是校际之间的交流也比较少。因此，指导教师应努力联系兄弟学校的话剧社团，共同举办校际间的戏剧表演交流活动，增强校园戏剧的影响力，提高社团组织的水平。

四、校园情景剧

校园情景剧剧又称校园心理剧，立足于中国本土文化和国情，吸纳包括心理剧、社会剧、音乐、舞蹈、绘画、书法等国内外表达性艺术的精髓，它由编排好的故事进行表演，观众可以随时对其中的角色或者问题说出自己的看法，甚至可以替换这个角色来解决实际问题。情景剧突破了取材于生活的编排剧情的阶段，进入即兴表演的阶段，这是其区别于一般话剧的重要不同。通过表演，最后形成多角度解决问题的行动方案。具体实践中，校园情景剧主要应用于两个方面：一是主题班会中的问题展示，通过情景剧的形式展示问题，然后由班级学生集体解决，譬如厦门双十中学每学年举行的班级校园心理剧比赛；二是在较正式的情景剧比赛中进行，如 2005—2006 学年厦门市教育局组织首届中小学校园情景剧比赛。

校园情景剧虽然带有较强的心理治疗作用，是班主任实施德育的教育方法，但其中也不乏高中戏剧课外教学实践的部分，带有一般戏剧的特征。下面，笔者就福建省厦门双十中学的校园情景剧实践谈谈在教师指导方面应该注意的问题：

（一）指导前的准备

关于教师指导准备，前面已经专章论述，这里着重结合实践说明指导情景剧需要进行的准备工作。

首先，教师必须了解校园情景剧与专业心理剧的区别，明确校园情景剧的方法、手段、目的，以便在排演过程中较为熟练地应用。

其次，情景剧的主题是预设的，情节和台词都是提前准备的，这是其不同于专业心理剧的地方。但即使预设情节和台词，剧情还是可能在观众讨论环节上发生转折。因此，情景剧的剧本创作必须考虑到演出过程中的变化，拟就应对之策。

再次，情景剧的主题不能脱离学生实际，其主题应该和高中生活相关，不用探讨太多的社会问题，也不宜探讨大而空的人生命题、哲学命题。剧本创作之前，指导教师应该和学生探讨近期同学们身边发生的现象，找出其中共通的问题，然后进行创作。譬如《恰同学少年》解决的是农村与城市孩子的心灵碰撞；《我不是哈利·波特》解决的是自信心的问题。

最后，校园情景剧的排练需要一个较为封闭且安静的空间，较为宽松的时间。教师应在指导前做好打算，让学生游刃有余地进行排练。

（二）指导确定演职人员

校园情景剧的演职人员中最重要的就是主角、导演和辅角。

主角是情景剧中最重要的元素，其他元素都为主角配置，主角必须有揭示问题的期望和勇气。指导教师不应该以自己的眼光来批判角色带给主角的收效，而应考虑角色所表达的主题能否给整个团队甚至整个班级、年段带来启示。这样就不会因为某些学生突出的表现（可能是好的表现，也可能是故意为之的不好的表现）而影响对主角选择的判断。

校园情景剧对辅角的要求可能要超过专业心理剧。有人认为辅角要经过专门训练或者经过主角的挑选，自发地参与，结合导演观察评估并根据剧情综合选择，因为在一个以共同主题为导向的情景演出中，主角可能有合理化的防御而不能很快地释放自己，表达自己真切的想法。事实上，挑选辅角时不必考虑以上理论推断，主角确定以后，自发参与者自动成为辅角。角色互换是校园情景剧中的必要环节，既然互换，主角和辅角的界限也就不那么清晰。演出中，观众也可以进入剧中扮演主角或者辅角解决问题，传统戏剧中的条条框框被打破之后，情景剧的影响和意义可能才会真正体现。

最后，情景剧的导演应起到引导者的作用。校园情景剧不同于一般的校园戏剧，其导演必须是教师，最好能由专职的心理教师来担任导演。在心理教师配备不齐的情况之下，其他具有一定心理学、教育学的教师也可以胜任。教师作为执导者，应努力遵循不替主角说话，也不与主角对话的原则，做一个支持和引导者，让主角借助团队的力量和智慧去处理问题，促进团队成员和观众的自我教育和共同成长。

（三）指导排演过程

与心理剧不同，校园情景剧的演出需要经过准备、暖身、演出、分享、讨论五个过程。这里专门就演出、分享和讨论过程中教师的指导谈自己的认识。

首先，只有好看的故事才会吸引人、感动人。因此，校园情景剧虽然具有较为明显的心理治疗色彩，但也不能忽视其戏剧性。演出时，应通过问题的不同处理方式，人物台词的幽默和有趣，服装和场景设置的新颖等突出和增强演出的感染力和趣味性，让观众身临其境，内心有所触动。

其次，教师应努力放下身段，遵循心理剧的原则，和学生分享自己年少时如何处理这些矛盾和问题的经验，展示走向自我的成熟与进步的过程。分享不仅是教师述说人生故事，还应该鼓励团队成员都进入情境，一起分享。分享的过程也是整个团队进行心理治疗的过程，甚至观众也可以参与分享。当然这可能只适用于小剧场，在封闭的相对较小的空间内进行，私密有助于心理氛围的引导和心理的群体治疗。

再次，讨论阶段若引起争辩，教师要懂得化解，将争辩引导至话题的深入。如果争论不能解决，可暂停讨论，让演员再次进行表演，在表演中继续讨论，这样既不会让讨论偏离文本，又不会让讨论成为毫无意义的争辩。讨论阶段的争辩，如果是有意义的，教师应当进行总结，分析讨论的结果和过程，从中找出问题。

最后，讨论结束之后，教师要进行审视。通过审视探讨情景剧中理论的假设、理论的根据及治疗的契约，让所有参与人员了解整个情景剧的创作过程，驱使他们反思自己是否在演出、分享、讨论过程中恰当的表达了自己的观点。这个过程是理性思考阶段，非常重要。校园情景剧的演出通常省略这个阶段，只有在小型的情景剧表演中，比如班会中的情景剧表演之后，才有可能在班主任的组织下进行。没有审视阶段的校园情景剧不是完整的，应该纠正。

五、教师的参与

教师的参与指教师在学生创作的戏剧中直接扮演角色，或作为引导者，以角色的身份进入戏剧，与学生共同发展或者探索实践的内涵。

（一）参与的意义

1. 教师参与可以增强对戏剧的控制

学生导演在实际排演过程常常无法控制群体和场面，教师的实际参与，特别是出任其中的角色，有助于树立学生导演权威，提高戏剧排演效率，也能及时地掌握排演的情况并进行相应的调整。教师也可通过挑选角色而在剧中起主导作用，比如威权人物，呈现较高姿态的控制者，譬如国王、神、巫师、主任、将帅、董事长、教师，等等，这类角色本身就起到控制剧情的作用，能集中组织管理并维持其他演员的注意力。当然，威权必须用在规范的订立与遵守、平等公正的处决、解释和示范、劝导与鼓励等场合。

2. 教师参与可以帮助学生达到戏剧目标

卡罗·塔琳顿与派翠克·维里欧指出，教师在戏剧中扮演角色可以帮助参与者达到下列学习目标：（1）深入检视他人的观念与论点。（2）整合语言、感觉与思想。（3）增进解决问题与作成决定的能力。（4）扩大经验的范围。（5）研讨、阅读、写作有关戏剧的议题。[①]实际上，我们较难通过一个戏剧中的一个角色达到以上所有的学习目标，甚至对于某些配角而言，一个学习目标也较难达成。但教师参与戏剧可以促成学生深入思考戏剧，检视他人的观念和语言，进而成长。教师参与角色时有意识地对参与学生进行团队协作、时间观念、主题探讨等方面的教育，也将影响学生的人生观、价值观。

3. 教师参与可以融洽师生关系

在传统课堂上，无论使用何种的教学方式，教师的威严都不容打破，教师与

[①]张晓华：《创作性戏剧教学原理与实作》，上海书店出版社 2011 年版，第 49 页。

学生很难在传统课堂上无距离地交谈。绝对的师生平等固然不存在，但在传统课堂上，教师的话语权是无形中形成的，是一种潜意识的规范。所以，在传统课堂上，即使欢声笑语连成一片，也永远掩盖不了你是老师我是学生的基本事实。在综合实践中，角色是平等的，师生关系可以变得宽松而活跃。通过参与排练，教师更易发现学生的创造力和闪光点，学生也通过排练体会到，教师并非高高在上，而是也会嬉笑怒骂的普通人。

（二）参与的角色

教师参与的"角色"不仅仅是话剧中的"角色"，而有更为广义的身份定位。

1. 导 演

教师导演和学生导演所做的事情基本相同，但教师导演的戏剧与学生导演的戏剧有以下不同：一是戏剧各个方面的水平和质量将超过由学生独立排演的戏剧；二是戏剧的情节处理会比较合理，不会突兀，前后照应和情节铺垫都会处理较好；三是戏剧的排练效率较高，排练过程较为顺当，基本不会出现因意见不合导致排练无法进行的情况。当然教师导演也有一些弊端：一是教师个人意志较强，容易产生主观色彩，学生因慑于权威而不敢发表见解；二是教师与学生的时代距离较远，在台词的理解和情节的设计方面都会与现实中学生生活脱节；三是教师导演对角色的安排有比较多的个人主观偏好，可能不利于学生的自主发挥。

2. 编 剧

教师编写剧本的方式往往是对学生的剧本进行改造，加入自己的理解和判断，教师的文字功底要比学生扎实，见过的戏剧作品和文学作品也多于学生，改编内容主要包括：加强剧本中情节的合理转变，增强剧本中人物形象的塑造等，比如，通过舞台提示，修改人物说话的语气、说话时的动作，或人物上下场、场景的变换或其他效果变换等。再比如，通过对旁白或心理独白的修改，提高人物性格转变的可能性，或起到对剧情突转的铺垫，等等。

3. 演 员

教师选择担任的角色类型，由剧本的主题和的目的决定。教师一般担任领导类的正面角色，极少担任弱者或反面角色。绝大多数的戏剧中，教师都担任配角，一般起操控、辅助、引导、促成等作用。

（1）掌权者。这是高姿态的操控者，学生对人物身份都必须存在充分服从的认知。[1]这一类角色通常控制整个活动的进度，对组织进行管理，有生杀予夺的大权。在某些剧中，这一类的角色不明确出现，隐形地控制整个大局。

（2）同行者。这是低姿态的操控者，学生虽然不对其人物身份存在绝对服从的认知，但教师仍然可以通过该角色成为实际控制戏剧进展的主要人物。这个角色身份主要有两个责任：一是共同参与的责任。在发生困难或迷惑时，教师与学生能够并肩战斗，共同应对困难和挑战，这有利于师生间的和谐关系；二是引导的责任。通过平等的参与，教师不像威权者那样高高在上地发号施令，但能够引导学生遵守规则，突破自己的内心障碍，达到精神上的完善与提升。

（3）求助者。这是最低姿态的求助者，通过求助者的角色，让学生反思并成长，对求助者施以援手，或求得某种原谅。教师通过该角色激发学生，让学生自己领悟，并通过提出建设性的意见促使他们去探讨和设想，进一步发现更好的解决办法。这个角色基本上属于激发者或促成者的角色。

（4）混合角色。这是中等姿态的促成者，教师以多种角色身份出现于戏剧当中，有时领导全部角色掌握大局；有时成为众多角色的普通一员，或共同参与问题的解决，或冷眼旁观不发表意见；有时又表现出困惑与苦恼，激发其他角色的思考与应变。这种多重身份人物最为重要的就是起到促成、激发、控制戏剧情绪趋势发展的作用，引领戏剧走向积极健康的方向。但需要特别注意角色身份变化的衔接，以免角色立场不稳，身份混淆不清。

第四节 问题与思考

教师的指导至关重要，但在具体实践中，教师指导学生进行综合实践活动阻力重重，遇到的问题和困难远超过预期。譬如课内与课外知识的联系和衔接如何

---

[1]张晓华：《创作性戏剧教学原理与实作》，上海书店出版社2011年版，第50页。

处理，师生的时间精力如何分配，活动效率如何提高，这些问题不解决，将会极大地影响实践活动的整体效果。

一、课内与课外的联系与衔接问题

既然是综合实践活动，就应该体现课内知识和课外活动之间的互补互促的关系。实际操作中，我们通常会碰到两个问题：一是将课外实践融入课堂，冲击了课堂知识与能力的获取；二是课外活动无法体现课内知识延伸。这两方面不协调好，戏剧教学容易入歧途。

（一）课型创新应体现课堂有效性

有的教师将戏剧的创作表演或模仿作为课堂内容，把需要进行文本分析与解读的剧本欣赏课演变为课堂闹剧，用未经过排练的简单粗糙的表演替代实事求是、理性睿智的分析与思考。这样的课堂不过是低效无聊的表演，但有的却成为公开示范课，让人匪夷所思。

课型创新前应该备好课，在戏剧单元教学前制定出总体方案，将戏剧学习的课型设计为鉴赏导引活动课。教师应提前告知学生，下节课将以表演形式来展示课文的情节，让学生熟悉剧本，分析剧本，表演练习。课堂上，应指导学生通过表演形象地呈现语言材料，让剧本中各种情节情境呈现在课堂上，学生成为情境的主人；表演之后，进行讨论，引导学生分析表演的不足和优势，由此分析剧本语言和人物形象。这样课型创新才有着力点，目的才明确，才能体现教学效果，真正实现有效教学。

（二）课外活动应体现课内知识联系

课外实践活动应是课内教学的补充和延伸，在兼顾学生个性差异与个性发展，培养学生学习兴趣、提高综合能力等方面发挥独特作用。就目前来看，有的课外活动完全是另搞一套，虽然发展了学生的兴趣，但没有体现与课内知识的联系。譬如排练话剧，有的课外活动缺乏教师指导，全是学生自觉自发的行为，这必然无法有意识地体现课内的基础知识联系。有的则纯粹照搬高校校园戏剧的做法，把高中生当做高校的大学生来进行课外实践活动，挤占学生的时间和精力，不利于学生其他方面的发展。笔者认为，真正高效的正确的戏剧教学综合实践活动不仅能够达"培养学生学习兴趣、提高综合能力"的目的，也应该照顾与课内知识的联系。活动要有依据、有计划、有目标、有准备，才能真正创设新环境、解决新问题、激发新思维、培养新能力，从而促进学生全面发展。

二、学校对戏剧的重视与师资问题

不同的学校，对于戏剧的重视是不同的。对戏剧与文学的重视将直接影响学校的艺术与文化氛围、学生的整体素养和未来发展。就笔者目前了解的情况而言，对戏剧重视的学校少之又少，有的学校干脆连戏剧教学也由学生自习，老师根本不教授相关的内容。高考几乎不考察戏剧，老师不教，学生也不学。老师对戏剧不感兴趣，或者没有知识积淀，更无法把握心理剧、音乐剧等需要专业能力的话剧。即使这样，戏剧仍然在一些学校焕发出蓬勃的生命力。比如，厦门地区的很多学校都有艺术社团，话剧社团在其中不可或缺。在2012年厦门中小学艺术节比赛中，我们看到很多有实力的戏剧社团及其戏剧作品，如厦门内厝中心小学的传统木偶戏，厦门音乐学校的南音，厦门双十中学的校园情景剧，这充分展示了学校对戏剧的重视，活跃了学生的课余活动，增强了学生的综合素质和艺术气质，也成为学校的文化积淀。

在戏剧教育极为发达的美国，戏剧是中小学的基础教育课程。一半以上的美国大学都设有戏剧系，他们十之七八的学生都通过选修课程接触过戏剧。其教学目的是培养学生的艺术修养，鼓励所有对表演艺术有兴趣的学生参加。笔者认为，虽然现在很难将戏剧课程提升到学校基础教育课程体系中，但起码可以在以下三个方面足够重视，以期逐步提高学生的文化素质和艺术修养：

首先，努力推进学校校本课程建设，把与戏剧教学相关的校本课程作为学校的特色课程来经营，加大师资和资金方面的投入，成为学校的品牌课程；

其次，宣传学校的话剧社团，加强对学生课外戏剧实践的引导，努力走出去，和兄弟学校的话剧社团多进行交流；

最后，开设戏剧讲座，邀请戏剧专家、学者定期举办丰富多彩的戏剧文化讲座，这也是必不可少的补充。学生从戏剧知识的理论学习到校园戏剧的实践创造；从屏幕上欣赏作品到舞台上观赏作品；从课堂上朗读经典台词到对戏剧人物和作品的分析讨论。他们将身体力行体验戏剧魅力，以实践感受戏剧的创造过程和艺术魅力。

三、教师在指导过程中出现的其他问题

教师在指导戏剧教学综合实践活动过程中还常常碰到一些其他问题。

（一）时间安排

由于面对升学压力，高中生活不可能像大学那样的自由与放松，学生的时间受到制约，以笔者所在的学校而言，学生能够用于话剧排练的时间一周基本上只有两个小时左右，如果是比赛，在征得班主任的同意下，最多能够达到每天一个小时左右。安排好一周两个小时的排练时间就非常重要，指导教师应制定好排练计划，做好准备工作，如地点、多媒体设备、剧本打印等，必须及时控制好现场，加快排练进度，提高排练效率。

（二）参与者出现的意外情况

因为是业余团体，有时候会出现场景太乱导致演员之间走位混乱的情况，或者重要角色缺席而导致无法排练，或者某一角色学生有较高的表演天赋和表演能力，反而占据领导者的角色，成为评论者或者导演，间接影响教师的领导地位等，这些都是对教师综合能力水平的挑战，教师应对这些问题时先要平复情绪，待恢复理智和冷静时再处理，遇到冲突比较激烈的情况，应立即停止表演，解散队伍，进行个别交流，以疏导学生情绪，并适时同班主任联系，进行相应的心理辅导。

（三）学习方面的影响

高中课外活动的最大敌人就是学业压力，很多有天赋的学生都因为学习不好而离开舞台，他们也许有较高的表演能力或表演天赋，也许有较浓厚的表演兴趣，但因为学习不得不放弃综合实践活动。教师应该提高综合实践活动的效率，争取做到少占用学生时间，还应做好辅导工作，教会学生安排好时间和精力，做到学习与活动两不耽误。

第四章 戏剧教学综合实践活动课程的创作要素

戏剧教学综合实践活动课程的关键是学生出于内心的自发创作,在这过程中,学生感受到角色生命和自我生命的成长成熟。"发挥创作力,使参与者在身体、心理、情绪与口语上,均有表达的机会,自发性地学习,以为自己未来人生之所需奠定基础的学习"[1],张晓华教授如是定义"创作性戏剧教学"。在高中戏剧综合实践活动中,戏剧的创作力不仅表现在剧本编写、表演等方面,还表现在导演执导、观众反馈、分享与讨论等方面。讨论戏剧教学综合实践活动课程的创作要素,应从剧本创作、导演执导、角色扮演、观演关系、讨论分享等环节展开。

第一节 剧本创作

剧本创作是高中生文学创作中的一个重要类型。学生的剧本创作多种多样,有原创剧、改编剧,有魔幻剧、童话剧、生活剧、心理剧、历史剧、音乐剧等,剧本创作理念也各不相同。剧本创作是戏剧综合实践活动的先行,有了剧本创作才有导演的执导、演员的表演、观众的欣赏。

一、剧本的类型

剧本的类型多种多样,可以根据剧本的来源、剧本的题材进行分类,以便探究其特点。

---

[1]张晓华:《创作性戏剧教学原理与实作》,上海书店出版社 2011 年版,第 7 页。

（一）以剧本来源划分

根据来源，可以将校园戏剧剧本分为原创剧本和改编剧本。

1. 原创剧本

原创剧本最能体现高中生日常生活和内心的真实状态，反映的是高中生活中最有艺术表现力的，最有生命活力，最能引起学生共鸣的生活状态。

（1）来源于生活，最接地气。原创剧本虽然不乏高于生活的艺术创造，甚至有的充满怪诞的艺术想象，比如魔幻剧，但这些剧本都来源于学生生活最真实的一面。不管是编剧、演员，还是观众，看到校园原创的戏剧作品，都能引发他们最真切的心理共鸣。所以说，校园原创戏剧最接地气。

（2）在生活中发现美，有艺术感染力。高中生活有忙碌枯燥的一面，也有欢笑或痛苦的一面。原创剧本充分汲取生活的滋养，在紧张忙碌的校园生活中找出一抹亮色，以艺术的形式表现。在生活中发现美，创造美，不仅使戏剧充满艺术感染力，也使枯燥的校园生活充满美感。

（3）人物活泼生动，能引起学生共鸣。原创剧本中的人物形象以及人与人的关系都以生活本真的面目出现，剧情和台词反映学生最原始的生活境遇和心理状态。观众不仅能够回归现实生活，也能在共鸣中思索生活的哲理，反思自己的人生状态。

（4）体现集体智慧结晶。大部分原创剧本能反映校园生活中真实的一面，大部分原创剧本都由学生自己创作，因此，对于大多数演员来说，他们对剧本的再创造也拥有话语权。剧本成为集体创造结晶，体现所有参与人员的智慧。

2. 改编剧本

我国杰出的戏剧艺术家焦菊隐说："小说是引起想象的艺术；而戏剧是引起感觉的艺术。"《语文课程标准》要求学生欣赏文学作品时要有情感体验，"提倡多角度的、有创意的阅读，利用阅读期待、阅读反思和批判等环节，拓展思维空间，提高阅读质量"[①]。教学过程中，如果把小说改编为剧本并运用于课堂表演，将有助于调动学生探究小说文本的积极性，提高学生的审美能力和文学鉴赏能力。改

[①]教育部：《义务教育语文课程标准》，人民教育出版社 2011 年版，第 22 页。

编课本剧有如下特点:

(1)改编的艺术水准决定舞台的艺术表现力。由于原著规定了剧情和大部分语言,控制了人物的发展方向和艺术形象。因此,让原著的主题思想及人物形象得到真实的艺术表现,对原著进行再创造,这非常考验编剧的能力,改编不能只是对原著的摘抄而不是创造。比如,曹禺的《家》中觉新和瑞珏洞房花烛夜的"心理戏"就选择"诗的语言"来呈现两人的内心。曹禺聪明地用诗的流动感和诗所具有的"留白"特质来发展他们的关系,给观众留下想象的空间。①

(2)活动参与者应该讨论原著,取得协调一致的意见。一千个人眼里有一千个哈姆雷特,每个人对原著的理解都不尽相同。虽然无论导演还是演员,都应尊重编剧的劳动创造,不能过分地挑剔甚至大规模改动剧本,编剧也应求求理解原著,艺术创造不能太离谱,颠覆原著的主题思想。

(3)改编剧本带有反思与批评,是再创造的艺术结晶。改编剧本是使用想象的艺术空间再现于生活中,给人直观的感受,达到虚象与实象的结合,从而实现阅读的反思与批判,表达自己对原著的理解。因此,改编剧本带有对原著的反思与批评是符合艺术创作原则的,是再创造的艺术结晶。

(二)以剧本题材划分

根据剧本的题材,可以将校园戏剧的剧本分为魔幻剧、历史剧、童话剧、生活剧、音乐剧、心理剧。

1.魔幻剧

近年来,由于受到日本、欧美动漫的影响,cosplay 成为青少年新兴的流行文化。校园中对日本动漫或 cosplay 感兴趣的学生日益增多,甚至出现社团,如动漫社、cosplay 社。此外,随着 JK·罗林的《哈利·波特》、丹·布朗的《达芬奇密码》、何马的《藏地密码》、南派三叔的《盗墓笔记》等魔幻探秘小说的流行,加上穿越小说、穿越电视剧的走红,校园魔幻剧应运而生。

高中生魔幻剧的主要特点有:剧情结构一般带有穿越性质,即使不穿越历史,

---

①黄美序:《戏剧的味道》,山东画报出版社 2009 年版,第 50 页。

也多半设置时空的突然转移;主题思想一般比较浅显,不探讨深刻的人生命题或哲学命题;人物形象比较单一,注重人物造型,正邪分明,难以刻画和挖掘复杂的人性;虽然带有魔幻性质,但都较好地表现坚强、毅力、勇气、自由等主题。

2.历史剧

历史剧以真实的历史人物、历史事件为题材,经过作者艺术加工编写而成。真正的历史剧创作是要对大量的历史资料进行分析、研究,在符合历史真实的基础上,选取典型的富于戏剧性的事件,适当地运用想象、虚构给予丰富和补充,构成戏剧冲突,再现一定历史时期的社会生活风貌或经典历史人物形象。我国话剧史上较为著名的历史剧有郭沫若的《屈原》《蔡文姬》,田汉的《文成公主》、曹禺的《胆剑篇》等。

对于高中生来说,历史剧的改编和创作并不走向对历史的真实还原,而是更趋向于反映历史对现实的意义,对个体人生意义的思考。高中生缺乏专业的历史知识,也没有太多时间对剧中反映的历史进行探究和思考。因此,高中校园历史剧主要有以下特点:取材于课本和历史故事的剧本较为普遍,多截取历史片段,不反映整个时代的背景;历史人物形象为剧情服务,为主题服务,不求还原真实的历史人物;通过故事新编来反映现实中的人生思考;多半有穿越剧情,有时还与魔幻剧结合。

3.童话剧

童话剧是以童话为内容,戏剧为形式创作的故事剧。剧本通过演唱、舞蹈、人物对话等方式,经由舞台加工和舞美设计呈现。

高中童话剧的主要特点是:多从国外故事或电影中挑选素材,如童话剧《爱丽丝梦游仙境》就由同名热门电影改编而成;对童话本身进行适当改编来表达情绪或对人生的思考,并不太注重人物形象的塑造;多种艺术形式同时进行,特别以歌舞为主,甚至以歌舞剧形式出现,如《爱丽丝梦游仙境》排演初衷就是参加校艺术节集体舞大赛;讲求舞美和灯光效果,台词和剧情则居其次。

4.生活剧

校园生活剧以高中在校生活为主要题材,以话剧形式表现高中生在学习、生活、人际交往等方面的思考、困惑、情绪。通过学生的自编、自导、自演,或幽默诙谐，或严肃认真地折射出高中生群体的校园生活现状和心理特征。校园生活剧最能表现高中生最真实的生活状态和心理特征，是高中生活最真实的记录。

此类戏剧语言贴近生活，能引起同学们的共鸣；通常涉及学生的人际关系、学习心理、成长历程、男女生交往等常见热门话题；剧情设置比较简单，主要模式为：问题起始—冲突呈现—矛盾高潮—解决（或未解决）—反思（或困惑）。

5. 音乐剧

音乐剧，早期译称为歌舞剧，是音乐、歌曲、舞蹈、戏剧等综合表现的艺术形式。它以幽默、讽刺、感伤、爱情、愤怒等情感引发剧情，再通过演员的语言、音乐、动作以及固定的演绎传达给观众。校园文化艺术节中经常看到高中生表演的音乐剧，因为音乐剧既涉及集体舞蹈，又有戏剧特征，成为学生们热门的表演形式。

高中校园音乐剧具有以下特点：剧情设置比较简单，多半是改编，原创较少；人物众多，很多配角的作用并不大，有的配角甚至纯粹为了烘托气势和符合比赛标准而设置；以演唱和舞蹈为主，台词较少；对演员的音乐和舞蹈表现要求较高。

6. 心理剧

心理剧是一种治疗方式，是通过进入人们的内在现实，让他们描述这种内在，并以他们看到的情形去运作。透过戏剧行动，将长期埋藏的情境带到表面，以释放情绪压力。通过分享、支持与接纳创造出能掌握的环境，让心灵自然疗愈并进行情绪上的自我修复。严格的心理剧需要专业的心理剧导演进行排演，在高中校园，心理剧以校园情景剧的方式出现，其产生与发展源于我国学校心理健康教育的实际和专业工作发展的需要，通过生动的演出形式，促进高中生的认知学习、情绪表达、情感培育。

高中校园心理剧的特点主要有以下方面：取材于学生校园学习与生活的剧情，主要突出心理等问题的解决，不讲究剧情的曲折与艺术性；剧本有的时候是原创的、事先编排的，有的是即兴演出；涉及心理剧的必要环节：准备、暖身、演出、分享、讨论等五个环节；戏剧性和教育性同时具备，既能解决现实生活中的各种问题，具有教育意义，有剧情和戏剧感染力，让观众身临其境，内心有所触动。

二、剧本的理念

创作理念直接决定创作思路、创作方法、创作步骤，校园戏剧创作应根据创作背景选择创作理念，因此，可将剧本的理念分为主题先行的剧本创作、情感先行的剧本创作和故事先行的剧本创作。

（一）主题先行的剧本创作

清代戏曲理论家李渔在《闲情偶寄》中说："古人作文一篇，定有一篇之主脑，主脑非也，即作者立言之本意。"[1]李渔所谓"主脑"即我们今天所讲之"主题"。

"主题先行"常被文艺家批判，或曰："只要有趣，主题有否无所谓"，或曰："思想倾向、立意主旨是个人见解，无所谓是否明晰"。受"极左"思潮干扰，在中国特定的历史时期和政治背景之下，"主题先行"的作品往往被贴上"政治化""文艺水平低"的标签，但笔者认为主题先行本身并没有错，应该被批判的，是僵化的表现形式，比如写一个英雄，就必须"高大全"，这是表现形式的问题，不是主题先行的问题。高中校园戏剧的具体实践中，"主题先行"反而是校园戏剧创作的常态。在明确的创作主题引领下，选择题材，取舍情节，安排结构，塑造形象，用健康、积极人生观、价值观引导和教育周围的人。

主题先行创作，必须着重注意三个方面：

首先，厘清概念。所谓"主题先行"指对生活中的现象、人物、事件有所感，将其上升为剧本的主题，不是为了政治任务而胡乱拼凑的应景之作。即使是参加带有"主题性质"的校园剧比赛，也应努力在生活中寻找灵感的源泉，找出符合主题思路的创作原型。所以，剧本创作并不排斥主题先行，而追求明晰主题的情况下进行围绕中心的创作。正如爱尔兰著名作家萧伯纳所认为，伟大的作家不仅是给自己或观众娱乐，他还有更多的事要做，他应解释生活。

其次，主题先行的剧本创作更应力求在生活中寻找素材，把现实生活中的感受、看法、见解具体形象地表现出来。高中校园戏剧中经常碰到上级主管部门下

---

[1] （清）李渔著，刘仁译注：《闲情偶寄》，中国纺织出版社 2007 年版，第 201 页。

达的有关现行方针政策的主题比赛，编剧应力求避免为了迎合主题而在生活中"套"素材、"套"人物，对政治口号或方针政策进行机械的、直接的图解和演绎，而非艺术化的、有感而发的创作。

最后，主题先行的剧本创作必须注重主题的挖掘与深入。主题先行的剧本常常是在已经明确的主题背景下，围绕主题进行的艺术创造。因此，主题先行剧本的通病是主题开挖受限，过于局限的剧本理念使剧本陷入单一的主题表现，深刻而复杂的创作主题无法得以伸展。因此，在剧本创作过程中，随着情节的逐步发展，人物形象的塑造，可以根据实际情况对剧本的主题进行进一步挖掘和完善，使之更加深刻与复杂。

（二）情感先行的剧本创作

情感是作者写作的内在驱动力，其是非观、爱憎观与倾向性主导了写作意图与思路。《雷雨》之所以具有强烈的感染力，就与其鲜明的倾向性紧密联系。正如曹禺在1936年所作的《雷雨·序》中所说："隐隐仿佛有一种情感的汹涌的流来推动我，我在反拽着被压抑的愤懑，抨击着中国的家庭和社会。"[1]因此，情感会对剧本创作产生重大的影响，在高中校园的戏剧创作实践中，情感先行的创作现象也经常发生。

高中阶段是学生从少年走向青年，从初中的反叛走向高中的理智的阶段。这一阶段，高中生首先遇到的就是初高中不同的生活与学习方式带来的困扰。在笔者所任教的学校，高中生还要经历从住家到学校寄宿的适应阶段。学习、生活、环境、人际关系都变化了，这些给正在成熟成长的高中生以更多的情绪刺激。

进入高中阶段，随着生理的发育成熟，学生对未来的迷茫与憧憬，对感情的理解与徘徊，对人际关系的重新认识都飞速发展，这一阶段常常是人生中最富有抒情性质与浪漫情调的人生阶段，积累的情感需要宣泄。

丰富多彩的课余生活也为情感先行的创作提供较多的素材。在丰富多彩的课余生活中，人与人之间的联系加强了，情感的碰撞与交流随之产生，不同个性、

---

[1]曹禺：《雷雨》，文化生活出版社1936年版，第1页。

不同思维、不同价值观的同学通过各种形式的课外活动进行交流和互相影响。在这样的成长过程中，情感自然成为游离于其中的最大分子，体现在创作中。

以情感为出发点的剧本创作中必须注意下列问题：

（1）努力挖掘剧本的情感因素并放大，通过演员的表演真实呈现当代高中生的情感困惑，引起观众的强烈共鸣，让学生通过戏剧看到生活中的自己，看到他人的成功和失败，在欣赏和参与的过程中体验成长。

（2）勿把"情感先行"当成"情感空壳"。情感的表达需要借助故事，需要人物的表现。好的戏剧首先要有好的故事，没有故事，情感就失去依托，自然无法引发观众的共鸣，"情感先行"是一种创作冲动，是情感积累的短暂宣泄，但情感本身不是素材，也无法感动观众。

（3）勿把"情感先行"变成"情感滥用"。情感的宣泄与释放是剧本创作的行动起因，不是写作思路或理念，若编剧在写作过程中不能够控制情感，就会弱化剧本的故事性，再多的情感宣泄也只能走入死胡同，既得不到观众的回应，作品也无法拥有长久的生命力。

（三）故事先行的剧本创作

故事先行的剧本创作也称为题材先行的剧本创作，日常生活中，作者通过对生活的感悟和体会，自发地产生创作冲动，借由这个题材生发展开故事。这样的创作源于现实，取材于生活，有很强的生命力，也比较符合一般的创作规律。

故事先行意味着创作冲动由故事引发，但故事只是素材和原型，作者必须以此故事为底本充分展开联想和想象，由故事延伸出"内在意义"，唯有如此，故事本身才有较为长久的艺术生命。编剧必须明了以下问题——故事先行之后要做什么，写这个题材表达什么情绪，与观众分享哪些体会，故事本身有意义，才值得叙说和表演。

从故事原型到剧本人物并不能直接转换，应该对故事本身进行再创造，根据预想的主题思想，延伸故事的创作走向，设计主人公的人生变化，设计戏剧冲突以丰富人物形象，从故事原型到剧本人物还有很长一段路，简单的转换会使人物形象单薄，失去艺术感染力和生命力。

故事产生的枝蔓不能太多，影响主要叙事路线的相关情节应该舍弃。故事原型中那些较为精彩的部分，由于剧本的需要，可能要舍弃一些，如不大胆放弃，则会影响创作主线。

三、剧本的内容

创作剧本，需要一些基本的内容，包括原始素材、类型人物、台词设计、戏剧冲突、戏剧结构等。

（一）选　材

在讨论剧本选材前，先回顾一下中国校园话剧发展的历史。19 世纪末 20 世纪初，中国就有了校园戏剧，它原本只是教会学校进行殖民教育的工具，但中国的学生却将它视为艺术样式。1899 年，上海的圣约翰书院上演了学生自编自演的政治讽刺喜剧《官场丑史》。紧接着，校园戏剧朝着针砭时弊的方向发展，出现一些带有阶级觉醒性质的宣传产物，譬如洪深在清华时期写的《平民惨剧》，又比如天津南开学校的《学非所用》《新少年》。此后，校园戏剧逐步成为政治舞台的话语公器，成为抗战宣传的主要工具。直到 20 世纪 80 年代，校园戏剧再度崛起，如雨后春笋进入人们的视野。

从校园戏剧的产生与发展看，校园戏剧的文本创作核心是表现学生对生活、对人生、对自我的感悟和思考。从出生伊始，校园戏剧就带有这样的特性，承担了这样的责任。虽然内容可以是中外名家的经典作品，也可以是学生生活，甚至可以是戏剧实验和先锋文学的艺术尝试，但归根结底，文本创作都离不开对人生、对身边事物的质疑、反思与觉醒。

就具体的创作实践而言，在高中生校园戏剧实践中，无论是中外经典剧目的演绎，还是原创的作品，都免不了表达这一时期学生的生活状态、理念思想，表现出青春的勃发、人生的困惑、成长的迷茫、艺术的思考。虽然高中生的戏剧表现非常稚嫩，但这并不影响他们的艺术创作热情。在选材上主要表现出以下几方面的特点：

（1）带有梦幻性质。高中生喜欢将现实与魔幻世界相融合，创造出亦真亦幻的多彩世界，力图在这样的世界中将矛盾冲突激化，然后使用非现实的力量进行修正或解决。《末日城堡的传说》《我不是哈利·波特》《夜莺与皇帝》《爱丽丝梦游仙境》等都带有这一特点。

（2）主要表现困惑的产生与问题的解决，这应该是校园戏剧的普遍特点。高中生的阅历有限，他们不太可能反映具有较为深远背景或复杂历史背景的题材。因此，他们多半都将视野放在身边的困惑、迷茫上，通过戏剧冲突的解决来抒发自己对未来的向往。

（3）情节上的削弱与抒情上的加强。情节上的削弱无疑是最大的弊病，高中生生活圈子狭小，情节上的想象与创造非常有限，因此，他们就转向人物内心的刻画与表现，这实际上更增加了表演的难度。过多的抒情表现，也使得舞台的形式大于内容，观众的注意力由情节转向演员自身。

（4）注重集体的表现。高中的校园戏剧更加注重团体的协作，校园心理剧也好，普通小品也罢，集体表现都非常重要，个人表现往往退居其次。虽然有主角、配角之分，但对于每个学生而言，任何一个角色的表演，都对戏剧本身产生重大的影响，他们都会认真对待。

（二）戏剧冲突

选材之后，接下来就要努力展现作品的戏剧冲突。通过戏剧冲突展现人物形象，通过戏剧冲突完成情节演进，通过戏剧冲突抓住观众的内心。戏剧冲突、情感和动作是戏剧的三大要素，没有冲突就没有戏，冲突是戏剧最重要的元素。冲突通过动作来体现，冲突双方为了实现自己的"最高任务"而展开一系列行动，从而构成冲突的起伏、情节的跌宕、情感的变化、性格的发展。

譬如，《恰同学少年》原先设定闫哲和吴晨珏因关系密切引发男女生之间的戏剧冲突，表现校园中男女生交往以及农村与城市学生之间的生活习惯、思维习惯的各种对抗。创作中，编剧发现，仅仅依靠两位角色的戏剧冲突是不够的，于是又设计了第四幕至第六幕，将戏剧冲突激化，宿舍同学的排挤、学习上的困难、流言的兴起综合导致这个品学兼优孩子退缩回家，此时，矛盾到达顶点。很显然，校园戏剧要提供观众希望获得的审美感受，就必须表现不同于其他艺术欣赏形式的直接经验，延伸出有思辨意义的人生思考。照搬发生于现实的故事，表现力度就不够，单纯地创造舞台幻觉或戏剧魔幻也冲击不了观众的内心，根本的解决还是在戏剧冲突上。具体创作中，应在戏剧冲突上把握以下三个方面：

（1）尽可能让情节曲折，情节上的曲折可以弥补学生表演的不足，将观众的注意力集中在情节的变化上，情节的变化也能够突出人物形象。

（2）戏剧冲突应具有延伸性、多义性。戏剧冲突的延伸性是对剧本创作的较高要求，它要求作品并非只在舞台上表现现实幻觉，而是选择校园生活的现实时空，隐喻和象征实际校园或人生中的落差与距离。这种象征不能只是就事论事的校园小品，不能只是校园生活趣事集锦，应当有更加广阔的抒怀和更丰富多义的想象。

（3）戏剧冲突应和心理冲突相呼应。戏剧冲突的情节不仅能和角色本身的心理冲突相适应，还必须和观众的心理冲突相适应。过于跳跃的戏剧冲突，不仅不能展现人物形象，还会导致思维逻辑混乱，在表演上就体现为无法理顺思路和怀疑状态，不清楚的线索贯穿和人物的突然性"大变脸"，直接使戏剧成为无人可以解读的"天书"。

（三）类型人物

戏剧理论家和教育家贝克将剧作中的人物分为三种：一是概念化人物，概念化人物是作者立场的传声筒，作者并不将注意力放在人物的性格描写上；二是类型化人物，这类人可以用某些突出的特征或一组密切相关的特征来概括；第三种为圆整人物，圆整人物具有性格的多侧面和复杂性，容易为人所区分。比如，《雷雨》中的周朴园，从类型化而言，他是一个冷酷狡诈的反动资本家，一个封建家长制的掌权者，一个虚怯伪善的负心人，就圆整而言，对周朴园性格的分析和概括就不能如此简单。

概念化人物是最没有艺术价值的，它不过是机械重复，缺乏生动的刻画和细致的描绘；圆整人物应是艺术创造的最高状态。高中校园戏剧应该避免概念化的人物，但追求圆整又很难。类型化看来是个折中的选择，贝克认为，类型化人物的性格特征有限并且鲜明，这样就易于观众领会和把握；这样的人物容易创造，更容易编写；闹剧和情节剧看重的是情节的戏剧性，哪怕它人物不够个性化，观众仍然会百看不厌，如罗马和伊丽莎白时代的故事及如今的美国大片。

就中国人的叙事传统、审美习惯而言，无论是小说还是戏剧，出现最多的实际上是类型人物。《三国演义》中的"奸雄"曹操，"忠勇"的关羽，鲁迅先生笔下的阿Q，都是类型人物，因为阿Q身上集中体现中国国民性的典型特征，具有普遍意义。因此，类型人物可能是最适于高中生进行剧本创作的。在类型人物的塑造上，再对人物进行圆整化处理。这样，既能避免人物概念化，又能写出人物的个性特点。

具体创作实践中，类型人物主要有四种：

英雄或正面角色——英雄或正面角色可能与求助者或弱者合二为一，表现为英雄的成长。在校园戏剧中，绝对的英雄较少出现，一般而言，都会表现英雄的双重矛盾，进而体现该类型角色的成长。

邪恶势力或对立角色——邪恶势力的出现是为了体现正面角色，但亦不能无限地将邪恶势力或对立角色的问题扩大化、扁平化。应努力找寻他们的内心挣扎与矛盾，体现对立角色中善的一面。

威权者——威权者的出现，有时是为了救助或启发英雄，比如《我不是哈利波特》在前几稿中，女巫就是以威权者的身份出现的。在女巫的启发诱导下，小鑫在内心的矛盾与挣扎中思考，逐步成长起来。

问题角色——这类角色通常以悲剧结局，并不经常出现在校园戏剧中。原因有二：一是高中的校园戏剧多半是以问题的解决或喜剧结尾；二是问题角色落幕收场，高中生较难把握其体现的较为深刻的社会问题。

（四）台词设计

好的剧本亦是好的文学。无论是导演、演员还是观众，都通过台词来欣赏剧本，品尝剧本的"味道"，探寻剧本的灵魂。剧本的台词有文雅与粗俗，阳春白雪和下里巴人之分。高中校园戏剧创作实践中，台词的创作应该遵循五个原则：

突出性格特点，把握人物形象——校园戏剧的剧本创作不同于专业的话剧剧本创作，创作的源泉主要来自于现实生活，塑造的人物形象大多有现实性，往往就是身边的人物。因此，要避免人物的出场与话语千篇一律，禁止使用"官话"或"套话"。应该通过人物类型的把握，突出人物的典型性格。

口语化与优美文字的和谐统一——这是比较难以把握的。根据剧情的特点以及人物形象的特点，人物台词可能会有一定的典型性，比如一个粗鲁的家教不好的同学形象却说出一段优美的文雅的语言，这不符合人物形象。校园戏剧具备一定的宣传教育功能，渲染粗俗的语言，对演员和观众的影响都很不好。

改编剧本的台词的灵活性——改编剧本的台词往往受原著的限制，需要创作者想方设法突破。譬如曹禺的《家》中觉新和瑞珏洞房花烛夜的"心理戏"，剧作家就选择了"诗的语言"来呈现二人的内心独白。"曹禺聪明地用诗的流动感和诗具有的'留白'特质，来发展他们的关系，让读者（观众）有空间去想象。"[1]高中校园戏剧也是如此，学生的想象是天马行空的，改编剧本因此富于独创性。

充分发挥合理的想象——创作台词的时候，学生编剧应该发挥想象力强，想象独特的优势，充分展开联想和想象，预想自己的碰到这种情况时的反应与表达，从而在行动和台词上做出相应的回答。

留有余地的潜台词创作——潜台词的特点是含而不露，留有余地，欲说还休。台词创作时应考虑潜台词的运用，加强对手戏的舞台效应，给观众留有余味。

（五）戏剧结构

戏剧结构是指剧本题材的处理、组织和设置安排。传统的戏剧结构一般包括：

---

[1] 黄美序：《戏剧的味/道》，山东画报出版社 2009 年版，第 50 页。

对事件的处理，如分幕分场；戏剧冲突的组织设置，如戏的开端、进展、高潮、结局；人物关系及人物行动发展的合理安排等。在校园戏剧创作中，戏剧结构的设置与安排不同于一般意义上的戏剧。

1. 一般校园话剧

普通的戏剧使用传统的戏剧组织形式：开端、发展、高潮、结局，矛盾的解决贯穿其中，在发展阶段，人物多次重叠与演进，通过外表与内心的反差，现实与理想的反差等造成对比或悬念，引起新的矛盾冲突。只有一个回合的冲突难以引起观众兴趣，也容易使人物形象扁平化，或者使人物性格转变显得太过迅速，或让人感觉冲突解决太快，导致观剧感受降低。一般的校园话剧难以突破固有的创作思路，只能遵循"表面上反差巨大，但是背后势均力敌"的模式。

2. 小剧场演出的话剧

小剧场演出经常有令人耳目一新的短剧，有的甚至是即兴演出，但往往在戏剧结构上有所创新，譬如反传统的戏剧模式，人物的虚化处理，情境的再现与穿越，"倒带式"的戏剧结构，等等。

3. 校园心理剧

校园心理剧又叫做校园情景剧，探讨和解决心理问题，以问题为主线展开情节，其戏剧结构包括提出问题、分析问题、解决问题、分享感受四部分。在具体的戏剧设置方面，应使用到戏剧准备、暖身、演出、分享、讨论等几个部分。校园心理剧的完整演绎十分复杂且专业，其戏剧结构不要求情节的跌宕起伏，也不要求戏剧结构的创新，而是解决主角的心理问题，以相互交流，学会换位思考，改变不正确的认知，获得安全感和归属感，增强信心和勇气等。

四、剧本的创作步骤

剧本创作是艺术创造活动，其创作步骤不可能有特别固定的范式。学生也好，教师也罢，创作思路和戏剧表达方法都会不同。不同类型的校园戏剧，例如即兴表演的和校园小品，思路也不同。

因戏剧教学的综合实践类型较为多样，有的剧本只停留在文本上，有的剧本创作则已付诸实践。

（一）未付诸表演的剧本创作练习

不是所有的剧本创作都付诸表演，并最终排演成剧，特别是校本课程和研究性学习，因创作剧本是课程或研究课题的内容，所以大部分剧本不会付诸演出。学生个人因兴趣而创作的剧本，与已经排演的剧本无太大区别，只有几点不同：

作为练习的剧本，想象较为奇特、夸张，多数涉及穿越、神话探秘、魔幻题材。因不考虑剧本的实用性，创作时对时空关系的处理比较复杂，一些剧本的矛盾冲突产生于错乱的时空关系。比如《末日城堡的传说》，初稿中城堡主人的归属较为混乱，通过时空穿梭和叙述手法转换来造成悬念。时空关系无法厘清，叙述线索复杂，场景变换太多，无法实际排演，该剧本一度遭到话剧社成员的否决。

作为练习的剧本，创作步骤较为统一，但创作思路受到限制。教师会解读一些经典的剧本，分析创作思路和手法，学生会根据课堂上谈及的技巧进行创作。虽然创作是自由的，但创作技巧还只能模仿。高中生的剧本创作只是兴趣爱好，是自发的行为，甚至是一种游戏。校本课程基于这种兴趣爱好来建构起整个课程的学习动机，无论开设何种主题的戏剧教学校本课程，其目的都不是培养学生成为编剧，学生能通过校本课程的学习，掌握一定的创作技巧，写出一个剧本，不谈剧本的好坏，这已经代表他们综合能力（特别是写作能力）的提高。这将成为他们从事文学创作实践的小小的成就，成为他们言语生命的一部分。

作为练习的剧本，大多以贴近生活的原创剧本为主，改编历史、名人轶事、传记、小说、典故的较少。这是由于学生的阅读积累有限，也是因为取材于真实生活的题材能帮助学生释放情绪，改善心理，达到平衡。

（二）即兴表演的剧本

即兴表演是话剧社团和心理剧治疗中常用的表演形式，也常见于部分以表演创作为主的戏剧校本课程里。即兴表演指不依照剧本，不记忆台词来表现故事或情节。在具体的校园创作实践中，因不需要剧本，甚至不需要计划，即兴表演练习成为创作猜谜活动或故事接龙活动，抑或一场你推我让的尴尬剧。英国戏剧教育家布莱恩·威建议："只需有主题素材与几个不同的角色，便几乎足以适合任何团体作活动所需，在所设范围内，它不以剧本内的规则来限制，而是以各个学习者之努力和经验来参与。"[①]笔者认为，"不以剧本内的规则来限制"并非说明即兴表演不需要主题素材、剧本大纲或叙事线索。参与者的个人经验也要基于基本的叙事大纲，否则每个人的想法不同，走的路线不同，即兴表演只能成为乱糟糟的闹剧。就目前高中生的整体艺术素质和文学素养而言，要做到无需任何剧本进行自主安排活动的创作几乎不可能。即兴表演必须具备下列条件：

（1）主题素材：这里指最原始的"原材料"，主题思想或原始素材。

（2）剧本大纲：基本的叙事结构，包括基本人物、起因与结果。

（3）演员安排：参演人数，角色粗略的安排。

（4）暖身训练：一般的暖身练习如肢体训练、语言训练，或涉及即兴表演中的故事的暖身训练。

笔者根据这几年的校园戏剧创作实践谈谈即兴表演剧本的创作步骤：

（1）话题提出。任何戏剧表演都应有主题（除少部分先锋戏剧），即兴表演中，话题的提出不是预先设置的，不是教师给定的，而由现场的参与者讨论提出。

（2）问题分析。根据提出的话题，运用想象、集体讨论、暖身训练等方法分析问题，发现可能的解决方案，基本达成共识。

（3）大纲。根据讨论的结果，安排出演员并粗略安排，不分男女主角，只设定人物的正反角色，适当预留出一两个同学作为故事中的不确定因素，视排演情况和故事架构适时切入剧中制造新的危机。经过全体人员讨论，商量出该即兴表演的大纲，全员充分熟悉与了解，以免演练时出现不必要的询问、犹豫或中断。

（4）即兴发展。针对主题事件，肢体动作、语言或语音逐步发展，其间不断有不确定的危机因素发生，参与者直接以台词延续故事大纲的方向或解决问题的趋势，最终解决问题，或不解决问题留以悬念。

[①]张晓华：《创作性戏剧教学原理与实作》，上海书店出版社2011年版，第144页。

（三）原创校园戏剧

原创戏剧通常碰到的第一个问题是，主题先行还是题材先行？一般而言，主题先行的创作是被动的、规范的、拘束的，题材先行的创作是主动的、随意的、自由的。主题先行的创作一般是由学校或上级部门规定创作主题思想，如学习"雷锋精神"、纪念"一二·九"运动、"在阳光下成长"等，根据给定的主题思想进行创作；题材先行的创作则是在日常生活中发现好的题材，借由这个题材生发展开进行创作。下面以题材先行剧本创作为例说明，假定已经想到一个取材于真实生活的题材，接下来要做的是：

1. 确定主题

这个题材要表现什么主题？要表达自己的什么观点？或者要和观众分享你的什么体会？这个题材的创作意义在哪里？没有"意义"的题材创作出来也很难打动观众。即使是先锋戏剧，如孟京辉的《我爱×××》以上世纪"60 后"的生活经历为背景，连缀起绚烂多彩的思绪和事件，凝聚了整整一代人的言语、思想、感情，也成为那个特定历史时期的精神记录。它通过极端反情节化的表现形式、独具特色的戏剧语言，运用戏仿元素完成由名著改编到独立原创的精彩蜕变，拉开了"用自己的本子说自己的话"的时代大幕。

2. 表达

这个问题涉及剧本的文本倾向、言语方式、叙事方式、文字意象等，首先应考虑观众——受众是谁，在什么场合演出，如果是小剧场，受众对象热爱戏剧并有一定戏剧基础，叙述方式和文字意象可以更复杂，时空的转换可以更频繁。如果是校园心理剧比赛，受众是同学和评委老师，应该考虑添加心理因素，使用独白、旁白、角色互换等手法。如果是社团内部的演出，受众是社团成员，剧本可以随意，充分表现性情。

3. 决定剧中人物的成分与归属，厘清角色之间的关系

为剧中的人物编写简要的"传记"，以更深入地认识人物，安排他们的言行与相互关系。如果对剧中人物没有清晰的认识，写到哪里算哪里，没有剧本创作经验的学生会淡忘预先准备好的人物路线图，也难以把握有些人物的发展。

4.决定行动（戏剧冲突）的进场与变化

根据题材和主题思想，设计剧本的缘起、变承、冲突、逆转、汇合，草拟出剧情的发展路线图和起伏节奏，其中必须涉及：情节的主线是什么？如何设计"众峰环抱"来烘托"主峰"？虽然不是所有的戏剧都必须有起承转合，必须有鲜明的人物性格。但对于初涉编剧的学生来说，除非天才，开始时的按部就班不会误入歧途，最终覆水难收。如双十中学 2008 届高三原创校园心理剧《我不是哈利·波特》初稿设计时的情节发展路线图（剧情大纲）：

主人公 A 来自农村，在不懈努力之后终于考上 Y 中。却因特殊的出身而在有意无意中遭到同学们的歧视。农村出身使 A 形成敏感而尖锐的心态，总觉得低人一等。虽然本性善良，但却在对角巷魔法商店的女巫店主的怂恿下以自己的幸福换取那些曾经在有意无意中伤害过自己的同学们的不幸，最终害了一直真心实意帮助自己的 E。在最后的危急关头，A 不再计较之前的不快，不遗余力地帮助曾经伤害过自己的同学，补救因为自己的一时迷惑而造成的灾难。在这时，同学们都发现了 A 的好，也反省了自己的过错。

而事实上，那家魔法商店的女巫店主，也是为了帮助那些心理正在成长的孩子而出现。女巫勾起 A 心中恶的一面，却只是为了让 A 明白那些道理。她虽然使用了最激烈的方法，却成功地达到了最好的效果。而事实上，那些灾难其实并没有发生，A 心中那些美好的东西，其实也并没有被女巫换走。

所有发生的一切，当作一场梦也好，唯一不同的，便是 A 变得大方自信，学会了得体的待人接物之道，使得同学们都对他刮目相看，A 与同学们的关系越来越融洽，真真正正融入了这个学校。

5.正式创作

按照设定好的创作大纲，进行具体的剧本创作。创作过程中可能遇到诸如人物关系无法自圆其说、环境设置太简单而失去意义、人物台词设计较为浅白而失去韵味等问题。作者可以根据创作实际进行调整，也可以求助于身边的同学、老师，从他们身上寻找素材来丰富整个故事。

（四）经典作品改编剧本（课本剧）

焦菊隐说："小说是引起想象的艺术；而戏剧是引起感觉的艺术。"《语文课程标准》要求学生欣赏文学作品，要有自己的情感体验，"提倡多角度的、有创意的阅读，利用阅读期待、阅读反思和批判等环节，拓展思维空间，提高阅读质量"①。把小说改编为剧本，运用于实际的戏剧表演，有助于调动学生的积极性，提高学生的审美能力和文学鉴赏能力。改编经典作品（课本剧）可以把想象的艺术空间再现于生活中，给人直观的感受，达到虚象与实象的结合，从而实现阅读反思与批判，提高阅读质量。

经典作品改编成剧本通常遵循以下步骤：

1. 熟悉作品内容，掌握核心理念

要想改编经典作品，首先，必须透彻地了解作品的内容和中心思想，对作品中的人物形象塑造应有自己的认识。不仅了解原作者塑造人物时使用的方法，也要了解作品中矛盾冲突的高潮，画出情节结构示意图或人物冲突关系图。以人教版必修三第一单元第二课《祝福》为例，可以总结以下的情节结构图：

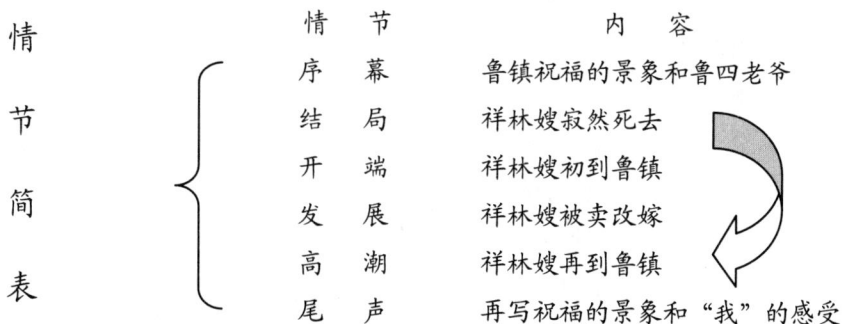

	情　节	内　容
情 节 简 表	序　幕	鲁镇祝福的景象和鲁四老爷
	结　局	祥林嫂寂然死去
	开　端	祥林嫂初到鲁镇
	发　展	祥林嫂被卖改嫁
	高　潮	祥林嫂再到鲁镇
	尾　声	再写祝福的景象和"我"的感受

2. 收集相关材料，用以充实背景或刺激灵感

改编经典作品是再创造的过程，不是对原作品的简单搬运。因此，在熟悉作品内容之后，应进一步查找图片、文献、史料、背景音乐、改编电影、朗读录音

---

①教育部：《义务教育语文课程标准》，人民教育出版社 2011 年版，第 22 页。

等相关资讯，用这些资料建构剧本的时代背景，寻找切入角度，刺激文学灵感。

3.整理人物关系，形成具体的戏剧冲突，确定剧本的思路、结构

改编的关键是抓住作品中人物间最集中、最尖锐的矛盾，围绕这个主要矛盾展开剧情，在众多矛盾焦点中凸显主要矛盾。建构剧本时，应让故事中的危机冲突先置于最前沿，以吸引观众的注意力。而过去的情节、辅助情节、次要人物的出场等，或使其推动情节发展，或作为补充说明，或弃之不用。比如改编《祝福》时，可以选取矛盾的最尖锐部分作为开头：

（冬至，祭祖时节。四婶装好祭品。祥林嫂和阿牛抬桌子至舞台中央，接着祥林嫂准备拿酒杯和筷子。）

四婶（转身，突然喊道）：你放着罢，祥林嫂！

祥林嫂（手正伸出，突然缩手）：我……

四婶（厉声）：你放着！我自己来！

（四婶赶忙过去拿了酒杯、筷子，一并和阿牛摆好烛台，鲁四老爷上，拿香、上香，斜眼看到祥林嫂）

鲁四老爷（嫌恶地）：你怎么还站在这儿，还不去厨房帮一下柳妈？

四婶（低声地）：祥林嫂怎么这样了？倒不如那时不留她。

祥林嫂（头埋得很低）：我……

鲁四老爷（厌恶地，大声地）：还不过去！晦气！

在此基础上，根据小说本身的结构，由旁白倒叙回忆：从祥林嫂初到鲁镇到被婆婆抓回，祥林嫂再到鲁镇的进程来写。这样做的目的是夸大矛盾冲突，只表演其中最有趣或最激烈的部分，其他细节则忽略不计。

4.根据前面工作的基础，进行具体改编

改编中还需要注意以下两点：一是书面语至口语的转变，人物台词口语化不能损坏人物的性格和形象特点，应有所取舍，去粗取精。二是舞台说明应考虑舞台实际，对于高中生来说，舞台设计具有写意性和虚拟性，符合校园内实际舞台的需要。

五、剧本的修改

剧本不是一次成型的，从剧本到实际演出还要经过编剧与导演、演员、后台制作等的磨合，这一过程中，剧本难免会有修改和变动。

（一）情节结构的修改

初学者往往会把情节结构弄得过于复杂，不是没有情节和矛盾冲突，而是矛盾冲突太多，显得混乱而复杂。普通的校园话剧，因时长的关系，难以展现这样庞大复杂的结构。例如《我不是哈利·波特》初稿时，原先设定的剧情为：

主人公 A 来自农村，在不懈努力之后终于考上 Y 中。却因特殊的出生而在有意无意中遭到同学们的歧视。农村的出生使 A 形成敏感而尖锐的心态，总觉得低人一等。虽然本性纯良，但却在对角巷魔法商店的女巫店主的怂恿下以自己的幸福换取了那些曾经在有意无意中伤害过自己的同学们的不幸。最终却害了一直真心实意帮助自己的 E。在最后的危急关头，A 不再计较之前的不快，不遗余力地帮助曾经伤害过自己的同学，补救因为自己的一时迷惑而造成的灾难。在这时，同学们都发现了 A 的好，也反省了自己的过错。

而事实上，那家魔法商店的女巫店主，也是为了帮助那些心理正在成长的孩子而出现。女巫勾起 A 心中恶的一面，却只是为了让 A 明白那些道理。她虽然使用了最激烈的方法，却成功地达到了最好的效果。而事实上，那些灾难并没有发生，A 心中那些美好的东西，其实也并没有被女巫换走。

所有发生的一切，当作一场梦也好，唯一不同的，便是 A 变得大方自信，学会了得体的待人接物之道，使得同学们都对他刮目相看，A 与同学们的关系越来越融洽，真真正正融入了这个学校。

矛盾关系有五对：

主人公自身的矛盾：由农村的出身产生的敏感自卑的心态到自信健康的心态。

主人公 A 与同学 E 之间的矛盾：误解与谅解、真心与假意。

主人公 A 与同学 B、C 之间的矛盾：城乡差距，都市文化和农村闭塞的信息之间的矛盾。

主人公 A 与魔法女巫 D 之间的矛盾：剥夺还是授予，失去还是获取，交换还是不交换。

同学 B、C 自身的矛盾：由最初的瞧不起主人公 A 到接纳和宽容 A 的转变，也实现了自我的成长。

五对矛盾通过七幕剧来表现尚可，加上心理独白、旁白、日记、换场等，共需 50 分钟左右，比赛只给 10 分钟演完全剧。根据实际情况，将剧情结构压缩为：

主人公 A 来自农村，特殊的出身使他受到同学们的歧视，久而久之，成了一个没有自信心的人，更受到班级同学的嘲笑。在睡梦中，他梦见自己到了一个魔法店，他在魔法女巫的帮助下得到自信的魔法。在现实中他利用取得自信的魔法获得成功，取笑他的同学也懂得了该怎样尊重别人。

（二）人物形象的修改

有时，为了突出主要角色，会修改事件，修改配角的戏份，甚至增加辅角的人数以加剧人物矛盾冲突的可信度和白热化，从而推动主人公的心理变化，符合其心理变化的趋势，或让原本较为矛盾的冲突缓和下来，再让一个"激励事件"打破平静，造成"一波未平一波又起"的戏剧效果，戏剧的矛盾冲突达到高潮，促进主角的反思与变化。《我不是哈利·波特》第二稿时，删除同学 E 的角色，主角 A 的心理转变显得有点突兀。编剧修改了一个情节，把原先同学 B、C 偶然发现主人公 A 的日记改为参加合唱比赛，增加了几个配角来制造"不同的声音"，刺激主人公 A 的反思。主人公心理这样转变、矛盾的冲突与解决就顺水推舟了。

编剧一定要重视矛盾解决的过程，丰富和完善人物形象。通常而言，一个回合解决问题会让剧情过于平淡，中国传统戏剧创作讲究"一波三折"也是这个道理。人物之间的矛盾对抗能让剧情充满悬念，让人期待。

（三）人物台词的修改

1. 台词口语化

编剧在创作台词时不可避免会遇到台词书面语化的问题，特别是在改编经典小说的时候。比如改编胡适的《差不多先生传》，原作品虽然用当时所谓的"白话文"，但现在看来，有些还是太书面语了，或是"过时"了，且作为讽刺短剧，对白需要有讽刺的基调，讽刺若要引起观众的共鸣，就必须贴近生活，使用"活语言"来反映现实问题。台湾著名戏剧家黄美序在改编这部短剧时，就"加进当代社会的病态，并将所有的地方名称改为大家较为熟悉、亲切的演出地地名（暂定为台湾），应该更容易和观众产生共鸣"。[1]

老师：福建省在台湾省的哪一边？

学生D：西边。

差不多：不对，在我家门前的池塘里。

（众学生大笑）

学生B：笨蛋，你家门前池塘里只有"莲花"，没有"花莲"。

差不多：哦……可是"莲花"和"花莲"不是差不多吗？

学生D：那"马公"和"公马"也差不多啰？

差不多：是啊，不都是马吗？

老师："马公"是属于澎湖县的一个小岛……

差不多：噢……那……那……[2]

在这个片段中，黄美序特意抖了一个包袱，把台湾的地名——"花莲"和池塘中的"莲花"混同，这是原剧里头没有的，但这么改编比较符合台湾观众的口味，因此在台湾演出能够引起共鸣。若是大陆观众，就不会引起共鸣。台词口语化的时候应注意以下几点：应注重和现实以及地域的联系；口语化不是庸俗化，除剧情的特殊需要外，口语化不应成为秽语的借口；口语不能对剧情的变化和趋势，或人物形象的塑造有影响。

2. 潜台词合理化

潜台词指在话语背后那些没有直接、明白表达出来的意思；或者说，潜台词就是"话中话所含有的意思"。潜台词是人物真实的内心表现，它是人物形象的灵魂。潜台词的合理化指人物对话时，潜台词互相之间产生对应关系，这样的对

---

[1] 黄美序：《戏剧的味/道》，山东画报出版社 2009 年版，第 88 页。

[2] 黄美序：《差不多正传》，《戏剧的味/道》，山东画报出版社 2009 年版，第 92 页。

应关系必须合理，角色通过潜台词互相意会对方的意思，或者通过潜台词的正确或错误的理解采取相对应的行为动作。要善于挖掘潜台词，潜台词挖掘好了，人物的动作也就出来了。找到潜台词，也就找到人物的真正的思想感情，塑造人物的表情、动作、语言等表达方式也就有了依据。

如《雷雨》第二幕：

周朴园：哦，（沉吟）无锡是个好地方。

鲁侍萍：哦，好地方。

这样简单的一句对话，却让周朴园和鲁侍萍回到三十年前的无锡。从"沉吟"可以看出，周朴园似乎回到当年他们产生爱情的地方，所以他说"无锡是个好地方"。这个"好地方"并不是指无锡是景色宜人、人杰地灵，而是指那是他和鲁侍萍唯一的快乐时光。鲁侍萍回答"好地方"，心里似乎也被勾起青春的回忆。周鲁二人的对话看似简单，潜台词里却有对应，情感上产生了共鸣。这说明周朴园对鲁侍萍还是有真实情感的。

在高中阶段，理解潜台词是比较高的要求，它需要对戏剧文学有较深的理解以及对文字有一定的领悟能力。通常情况下，学生的剧本创作多半关注情节的设置，人物形象的处理，较不在意台词的琢磨，尤其是潜台词，而这又恰恰是戏剧的魅力所在。

3. 舞台说明细致化

舞台说明又称舞台提示，是剧作者根据演出需要，提供给导演和演员的说明性文字。舞台说明包括剧中人物表，剧情发生的时间、地点、服装、道具、布景以及人物的表情、动作、上下场等。舞台说明对刻画人物性格和推动、展开戏剧情节发展有一定的作用。高中生还无法完全把握人物形象，理解人物心理状态，细致的舞台说明有助于他们完成这些任务。因此，编剧应提供详细的舞台说明，帮助演员快速进入角色，理解剧本。如《我不是哈利·波特》（节选）：

小鑫（试探地、紧张地）：那我想变成哈利·波特，可以吗？

女巫（微笑地）：哈利·波特？你挺有意思的，人们都要获得财富与利益的魔法，你却要变成哈利·波特，他在我们的世界是个名人，但总是遇到麻烦……有什么理由吗？

　　小鑫（犹豫地想了想）：……如果（顿），如果（再顿），你真能帮我实现的话，我就告诉你，我其实是想让别人看得起我，像哈利.波特一样，有勇气、力量和大家的崇拜！（大声，展现出自己自信的一面）

　　女巫（哈哈大笑）：好了，好了，我明白了。那，你拿什么来与我交换呢？

　　这是第二场的一段对话，编剧要表现小鑫对同学良好关系的渴求，对自信的向往，他希望通过魔法使自己变得强大而不用花费力气。小鑫的心情很复杂，既希望能够得到力量和大家的崇拜，又害怕魔法并不能实现他的愿望，他对女巫充满了怀疑和兴趣。女巫则不断诱导小鑫走入圈套，让小鑫用他最宝贵的东西来交换，豪爽又偏执。这些复杂的心理活动必须通过"试探地、紧张地"、"犹豫地想了想"、"顿"、"再顿"等舞台说明来表现，让参与表演的同学较快地熟悉和了解角色的心理状态。

　　高中生排演话剧的过程中，细致的舞台说明是非常有必要的。当然，过于细致的舞台说明也会造成演员发挥空间小，无法展示自己对剧本的理解，使表演张力略显不足，这就寄希望于导演的权衡与把握了。

第二节　导演执导

　　校园话剧创作实践中，导演执导是其中最为关键的一环。台湾戏剧界知名学者黄美序说："导演是一出戏演出的统帅，戏剧生命工程的总工程师。"[1]校园话剧能否成功主要依靠导演的执导水平。受学生学识、生活经历、时间经历等限制，校园话剧的执导者有可能是教师，也可能是学生，或者混合执导。导演的职责与一般的话剧也不相同。

一、校园话剧导演的重要性

　　导演是校园话剧的灵魂，对整个话剧的成功演出起到不可替代的作用。

　　首先，电影是导演的艺术，舞台是演员的艺术。这既强调导演的重要作用，

---

①黄美序：《戏剧的味/道》，山东画报出版社 2009 年版，第 101 页。

也说明导演对演员的控制削弱了。电影可以重新再来，电影演员就需要听从导演的安排。而话剧舞台上，所有行为都是一次成型的，导演固然可对演员的表演进行带有主观意志的指导，但对于演员而言，舞台上的即兴发挥有了更大的空间。但对于校园剧而言，演员的舞台表演受导演的影响更大。因为校园话剧的导演实际上多由老师充当，这决定了其在表演排练中的强势地位，在校园剧表演中，剧场也是导演的艺术，演员成为导演意志的表现工具。

其次，导演和演员全程参与整个话剧。从剧本的最初创意到排练中每一个细节和每一个道具的使用，都是集体智慧的结晶，体现导演的主观意志。通过导演的权力，对整个话剧产生一致性的影响。只有这样，才能协调各部门之间的行动，使整个作品有统一的思想理念，不至于各部门各行其是而导致排演现场混乱无序。

最后，导演在校园心理剧中的重要作用更为明显。导演是心理剧中的团队领导，是负责对主角进行心理治疗的心理师。心理剧中，导演需要在各个角色之间转换，"因此，在训练过程中，导演除了需要有担任主角的经验，愿意一次一次将自己生命课题拿出来处理之外，更需要在不同的角色中演出，增加自己的体会以及扩大自己对各个角色的认识。比起传统的治疗师或团体领导者，心理剧导演需要具备更多的能力与技巧，以便协助主角去经历和完成许多与他生命课题相关的角色扮演"[1]。

二、校园话剧导演的类型

从导演的来源来划分导演类型，一般有以下四种。

（一）由教师直接承担

学校的心理剧或者比赛话剧常由教师直接担任导演，教师的影响主要表现在三个方面：一是话剧的编排较有逻辑性，符合大众的审美趣味；二是话剧的思想

---

[1]邓旭阳、桑志芹、费俊峰、石红编著：《心理剧与情景剧理论与实践》，化学工业出版社2009年版，第4页。

情趣较为高远，有很强的教育意义；三是话剧的韵味和教师个人的气质与性格息息相关，教师的主观意志很强地表现在剧中。有文艺青年范儿的教师就容易编排出文学气息浓郁的话剧，乐观开朗的教师则容易编排出幽默风趣的话剧。

（二）由话剧社的骨干承担

这主要出现在话剧社面向社团外部的表演中，此类话剧有如下特点：一是担任话剧社骨干的导演有一定的戏剧知识和戏剧表演经历，对经典话剧的认知较深，因而执导时受经典话剧的影响较大；二是话剧的思维较为宽广，跳跃性强，编排的剧本出现魔幻色彩的部分较多；三是导演的控制性不强，演员的表现能力得到较大的发挥。

（三）由各班的文艺负责人承担

这主要出现在校文艺节或者某些带有比赛性质的晚会中，此类话剧有如下特点：一是编排的话剧有很强的艺术性，特别注重音乐的参与，比如背景音乐、歌唱元素的添加等；二是话剧比较贴近学生现实，能够引起学生的共鸣，特别是本班学生的强烈共鸣，但不是特别具有普遍意义，话剧的表现的视角可能较为狭窄；三是导演的控制能力较差，整个话剧作品的形成都是集体智慧的结晶。无论是编剧还是导演还是演员的能力，都得到发展。

（四）由学生推选的负责人承担

这类话剧主要出现在心理剧团体或者话剧社的即兴表演中，有如下特点：一是剧本编排较为随意，逻辑性和艺术性不强，甚至没有剧本，只有简单的故事路线图；二是无论是导演还是演员都较为放松，较为随意，即兴表演的成分较多；三是导演起到的是引导和组织管理的作用，在剧的走向和艺术指导上的作用不太明显。

三、校园话剧导演的职责

明确校园话剧中导演的职责有助于导演的执导，校园话剧导演的职责与一般话剧导演不太相同，主要有以下八个方面。

（一）对团队进行暖身

暖身指的是在话剧排练和演出前的准备，一般分为两种：一种是心理上的暖身，主要包括建立团队的信任感和凝聚力、增强团队成员之间的亲密度、鼓励自发性的行为、角色的快速定位等；一种是身体上的暖身，主要通过音乐、舞蹈、即兴小品、游戏、身体运动等非语言练习的方法让团队成员尽快进入角色。学校话剧社的专场演出开始之前，往往也使用简单的幽默小品进行暖场，为观众的欣赏进行预热。

话剧排练和演出阶段，导演必须不断开展各项暖身活动，主要目的有三个：一是加强成员之间的互相信任和理解，特别是情感上的交流，增强成员之间的亲密度和信任感；二是使角色进入情境，使其通过相对应的角色位置进入相对应的言说语境，增强其言说生命的独立性；三是在排练阶段的暖身活动有助于成员尽快地结束上一阶段排演的心理状态，为下一阶段的练习提供心理上的休息与准备。这不仅有利于成员在心理和身体方面的休息，也有助于成员的注意力的集中。

（二）导演理念的形成

到了实际排演阶段，导演的意义和作用就明显地凸现出来。但就目前情况看，校园话剧导演对话剧本身的认识非常贫乏，仅以操作者自居，导演观念上却跟不上。导演理念的形成至少具备以下三个因素：一是导演对剧本有独特的阐释；二是导演应根据受众的情况适当改动剧本；三是导演应坚定经过讨论后的理念，不轻易修改。下面以福建省厦门双十中学校园话剧社 2010 级社长林定国导演《末日城堡的传说》的过程为例说明。

1. 在解读剧本的过程中，我发现剧本对人偶的情感掌握的不到位。在原剧本的第一幕，人偶的出现并没有开始的独白。而是直接由傀儡师（Vctor）打开箱子之后，通过和人偶（Rin）的逐步接触和感化才产生情感的。这样看起来似乎很符合逻辑了。但在杀公主（Viney）的时候，人偶（Rin）表现出了无比丰富的情感。这种情感的突然变化显然不符合人物发展的规律。于是在和编剧以及演员们商量之后，我决定将人偶（Rin）设定成是吸血鬼受惩罚变成的。这样不仅符合全剧的逻辑，而且增强了戏剧性，让人偶（Rin）的形象变得更加丰满而复杂，其心理斗争和悲剧命运都得以展现。

2.对于剧本的终极意义的理解，我以为不能简简单单地对剧中人物进行评价定性。这并不符合我对话剧的理解。我认为只有将人物复杂的心态进行表现，并通过舞台动作呈现出来，才是符合我对话剧的理解。因此，在本剧的终极意义的讨论上，我认为应该将人物的内心世界做较好的处理和展示，让它成为一个探索人生意义的作品，而不是传统意义上的单纯的悲剧或喜剧。

3.我对剧本终极意义的理解是：生命，是一个只有一次的过程。有人一生追求权力，有人一生追求金钱，而有人一生追求光明。倘若在心中，一心一意地追寻一个最美丽的事物，无论是光明还是希望，那便是心底一直所向往的。我们的世界在灰色的城市中，我们都是被关在笼子中不断徘徊的鱼，漫无目的地游荡着。出生，成长，学习，工作，结婚，生子，养老，或许一生就这样普普通通的过去了。我们是忙碌的，抑或称之为"盲碌"，因为我们不知道自己在为什么而忙碌，我们没有目标，活着也找不到属于自己生命的意义。这个剧本，是关于生命意义的剧本。每个人有不同的人生目标，每个人也有不同的对自己的人生的意义的定义。剧中的人物是这样，即使是阴暗，又或者是光明，他们都沿着自己的目标走着，诠释着属于自己的人生意义。

从这个反思可以看出，导演花了较大的工夫来思考剧本，使这个无论是艺术表现还是意义探讨都表现平庸的剧本能够在学校小剧场演出中取得成功。

（三）把握话剧的情感导向和价值观导向

《普通高中语文课程标准》（实验稿）也指出："高中语文课程必须充分发挥

自身的优势，使学生通过优秀文化的浸染，塑造热爱祖国和中华文明、献身人类进步事业的精神品格，形成健康美好的情感和奋发向上的人生态度；应增进课程内容与社会发展、科技进步和学生成长的联系，引导学生积极参与实践活动，学习认识社会、认识自我、规划人生，在促进学生走向自立的教育中产生重要的作用。"[1]相对于旧的教学体系，新课程中加强了"情感态度与价值观"这一重要维度。培养学生高尚的道德情操和健康的审美情趣，形成正确的价值观和积极的人生态度是语文课程的重要内容。

作为高中语文课外教学的实践活动，校园话剧的基本要求与语文课程相同。《普通高中语文课程标准》中明确要"引导学生积极参与实践活动，学习认识社会、认识自我、规划人生"[2]，校园戏剧的导演不仅要把握好艺术性，使其具有较高的艺术水准，也要把握思想性，力求引起学生的情感共鸣。让学生在排演话剧、欣赏话剧的过程中，既有美的感受，又有情感的熏陶，理想的指引。话剧本身要求导演把握好话剧的情感和价值观导向。

1.发现和选择符合当代中学生实际并能引起其共鸣的剧本

在厦门双十中学戏剧综合实践活动中，我们发现，学生群体中不乏有自主创作、热爱写作的学生。他们利用课余时间创作了不少小说和剧本，每年校文化艺术节的校园戏剧比赛，学生更是绞尽脑汁，为班级荣誉创作话剧，每年仅高一高二两个年级就有近40个剧本参赛（还不包括在班级中淘汰的剧本）。这些剧本总体的艺术价值和思想品味良莠不齐，有些剧本宣扬社会不良现象，使用不健康的网络语言，渲染悲观厌世情绪，受奇幻网络小说不良的情感和价值导向影响。因此，导演应选择好剧本，纠正剧本中的不良倾向。

2.正确处理排演过程中的不良情绪

演员进入角色后，可能出现犹豫、分心或焦虑的情况，导演应及时给与鼓励或建议，或立即停止排练，用肢体接触如拍拍肩膀、拥抱等进行抚慰。

3.心理剧排练时应特别注意保护主角

心理剧的导演应重点保护主角，"治疗者永远要担负起保护当事人在治疗过程

---

[1]教育部：《普通高中语文课程标准》（实验稿），人民教育出版社2003年版，第2页。

[2]教育部：《普通高中语文课程标准》（实验稿），人民教育出版社2003年版，第2页。

中不会受到心理伤害的责任，担当心理剧导演更是如此。心理剧的主角在团体中袒露自己成长过程中的痛苦与隐私时，导演需要让主角得到更多的正面信息，以减少对主角的伤害。在剧场中，导演有责任不让批评与不谅解的声音出现"[1]。

（四）甄选演员、协调和处理各种人际关系

导演了解全戏的进展和人物后，就可以挑选演员。演员的甄选一定要导演亲自进行，因为这关系到导演创作思维的贯彻和演员之间关系的处理。

高中校园话剧甄选演员的方式通常有两种：一是由学生自主报名，再由导演甄选；二是由导演根据对剧本的研究直接指定人选。

甄选演员还应该注意以下三点：

1.唯才是举，勿任人唯亲

校园话剧实践常遇到这种情况：学生导演为了顾及朋友面子选择与亲近的人饰演主要角色，而不是站在角色和演员本身的角度客观地进行甄选，排演的效果往往不好。因此，导演一定要有全局观念，不能因为爱面子导致整个戏剧的排练质量下降，演员之间的关系紧张。

2.应突出演员对饰演角色的感悟能力和可塑性，不苛求其表演水平

校园话剧的导演和演员都未接受过系统专业的训练，应着重考察演员的表演态度是否端正，演员对角色的认知和感悟力是否到位，表演水平则退居其次。

3.甄选时，最好有指导教师在场监督指导

鉴于学生导演的处世经历和水平有限，若导演为学生时，指导教师应在旁予以监督指导。

甄选结束后，进入排练阶段，导演还需要协调和处理好各种人事关系：

1.协调和处理导演和编剧之间的关系

文本相同，导演和编剧的解读不同，解读过程中难免出现冲突。导演应该尊重编剧的创作思路，不要过度地改变其创作初衷与核心思想。导演应和编剧多交

---

[1]邓旭阳、桑志芹、费俊峰、石红编著：《心理剧与情景剧理论与实践》，化学工业出版社2009年版，第4页。

流沟通，对剧本进行合理化改编。排演应邀请编剧参加，以获得其支持和帮助。

2.协调和处理导演、老师、学校之间的关系

高中校园戏剧的导演多数由学生担任，学生导演必须努力处理好和老师、学校的关系。首先，导演必须争取指导老师的全力支持，在老师的指导下开展工作。其次，导演要根据学校的要求准备适合当下活动需要的话剧，对于话剧社的排演来说，这尤为重要。如校园文化艺术节和校"学雷锋"宣传活动所准备的话剧演出就应有区别。最后，导演应努力争取学校方面在场地、道具、服装、灯光音响甚至是资金的支持。

3.协调和处理导演与演员以及演员之间的关系

这应该是导演协调各种关系中最为紧要也是最难的一种，这个关系处理不好，戏剧的质量和水准会大大降低，甚至可能无法演出。导演应努力做好以下四点：甄选演员时就应该客观，实事求是，邀请指导老师或者相关的权威专家在场指导；排练过程中应尊重演员对剧本的看法，甚至可以为此修改台词和表演细节；排练中应不断给予演员鼓励和赞美，激发演员的自信和表演动力；演员之间的矛盾应通过沟通的方式解决，或向指导老师寻求帮助，不能掩饰矛盾，否则矛盾爆发将很难妥善处理。

（五）设计场景、背景音乐、道具

场景、背景音乐、道具的设计本应由专门的道具组负责，但囿于校园话剧本身的局限性，这项工作有时也由导演亲自完成，或在导演的指导下完成。

在校园话剧的实践中，背景音乐的重要性要远远超过场景和道具。这一方面是因为学生对音乐的感性认知较为丰富，流行音乐在学生群体中的影响力较大，另一方面是因为音乐的准备和创作比较容易。但音乐与话剧的有机结合，其在校园音乐剧中的实践情况比较复杂，这里不展开讨论。

场景设计和道具创作的主要原则是简易和写意。简易是基于校园话剧本身的局限而妥协，校园话剧是很不固定的集体活动，即使是已被学校承认和重视的学生话剧社团，也经常因为学校的其他各项活动而不能正常开展社团活动。因此对

场景和道具的设计就不能要求太高，简易而能够被观众理解最好。写意主要是就场景而言，一张课桌、两张椅子、几本课本就是在教室；几声鸟的鸣叫就是在公园，等等。写意的场景创作一则考验创作团队的想象力和创造力，二则便利校园话剧的流行和推广，不需要大费周章地租借专用场地和各种器械。

（六）平等而权威的"二度创造者"

导演天然就是"二度创造者"，根据演员的反应适当修改剧本，有人说导演是"解释的艺术家"，也有人说导演是"拍摄文本的创作者"。校园话剧实践中，导演的二度创造必须注意以下三点。

首先，"二度创作"应是在"一度创作"的基础上，经过对作品的分析和感受而产生导演构思，其创作构思应该如实反映"一度创作"。无论导演的想象力多么丰富，才思多么敏锐，导演的艺术创造永远要受一度创作的制约。

其次，应强调"平等"和"权威"。校园话剧的编剧、演员和导演是同学关系和师生关系，"平等"地对剧本进行深入探讨并进行"二度创作"非常重要，一方面，"平等"是现代校园同学关系、师生关系的主题；另一方面，在校园心理剧中，"平等"的交谈极有利于心理问题的解决。

最后，要注意导演"二度创作"的权威性。作为导演，无论是教师还是学生，对作品的"二度创作"有最终的决定权，由他负责在纷繁多元的剧本解读中寻找确定的创作思维。

（七）协助各种角色的扮演

导演负责掌握全局，他对剧本要有自己的独特深入的理解，其创作过程就是一个了解人、发现人、创造人的过程。因此，有人说，导演是演员的镜子，他既要对剧本中的"人"（角色）有自己的分析和安排，对剧本外的"人"（演员）也应有自己的理解和发现。在两个"人"合二为一的过程中，不仅演员的创作激情和潜能得以发挥，导演的创作思维也得到贯彻。

首先，为了协助各种角色，导演对角色的理解必须到位：一是对剧本中角色的性格以及微妙的心理状态的把握；二是能够设身处地地为这个角色考虑剧中处境，提出相应的指导意见。

其次，为分配和挖掘角色，导演要观察、分析、掌握成员的性格脾气、内心活动以至潜在意识、创造能力，这样的观察力要比组织能力要重要得多。能力较强的教师或者学生有时不一定是较好的校园剧的导演。

最后，校园话剧的导演不是学生就是老师，和身边演员的关系都比较微妙。既要处理和演员之间的关系，又要恰到好处地指点别人而不伤他人的自尊心，这是校园话剧导演执导水平另一侧面的体现。

（八）拟定工作计划和排练时间表

校园戏剧的导演要对演出内容进行整体的规划、组织、指导，正式演出时，导演已无临场指挥控制的机会了，不能像电影、电视剧甚至是乐队指挥那样中途停止活动，进行重新的调整布置，因此，导演一开始就必须做好万全的准备，制定好缜密、切实可行的计划，严格执行计划。

台湾知名导演丁洪哲认为，导演计划，就是导演对将要建立在舞台上的戏剧表现方式的构想和草图，活跃于导演脑海中的全剧形象应该是有步骤、前后呼应贯通、上下连贯的。

1.计划应具体全面

舞台表现牵涉的各个方面比较多，如剧本讨论、演员甄选、布景、音效、灯光、摄影、服装、道具，还包括排练时间和场地，甚至要考虑学校舞台的使用安排，这些都必须在排演之前联系和考虑。无论是比较正式的演出还是话剧社临时的小型即兴暖身练习，只要关涉到舞台表演，作为负责人都必须做好计划安排，否则，排演过程必定是混乱和无效率的。

2.计划应切实可行

戏剧的排演牵涉内容太多，校园条件有限，各个方面都需要协调，比如排练时间，可能高一、高二年级在下午的第三、四节课的安排不同，有的同学要上竞赛课，有的又要去参加校合唱队的排练，导演必须做好事前的协调工作，才能在制定排演计划的时候能够更有针对性。

3.计划应进行讨论

导演计划不是导演个人能独立完成的，特别是校园戏剧，导演无论是学生还是教师，都不可能依靠个人完成。导演应应认真研读剧本，形成自己的理解，然后和演员们进一步讨论布景、灯光、音效、服装、道具……达成共识。

4.计划应严格执行

导演计划制定完毕，必须制定出排练时间表，发给每个参与活动的同学。从第一次排练开始就应该认真执行，很多同学都是凭借兴趣来参与活动，严格执行计划才不会浪费集体的时间，提高排演的效率。

表 4-1《末日城堡的传说》排练时间表

日期、开始时	场次	场景	人物/演员	排练重点	备注
2011.11.10 17:40-18:20 2011.11.11 17:40-18:20	选角色 制定排 练计划		所有话剧社 成员	甄选主角 讨论制定 导演计划	
2011.11.12 13:00-17:30	场一		傀儡师/林育招 人偶/傅雅萍 旁白/朱泽晖	基本走位 动作节奏	
2011.11.13 13:00-17:30	场二	巫师的 镜像城堡	傀儡师/林育招 人偶/傅雅萍 旁白/朱泽晖 巫师/刘芳怡	基本走位	
2011.11.14 12:45-13:40 17:30-18:20	场三	公主房间	傀儡师/林育招 人偶/傅雅萍 旁白/朱泽晖 公主/刘楚乔	基本走位 动作节奏	
2011.11.15 12:45-13:40 17:30-18:20	场四	末日 城堡宫殿	傀儡师/林育招 人偶/傅雅萍 旁白/朱泽晖 巫师/刘芳怡 女王/胡子悦 将军/林定国 将军2/林立玮	基本走位	

续表

2011.11.16 12:45-13:40 17:30-18:20	通排		全体 演职人员	基本走位 动作节奏	开始丢本、 道具、 音乐音效
2011.11.17 12:45-13:40 17:30-18:20	场五		傀儡师/林育招 人偶/傅雅萍 将军/林定国	基本走位 动作节奏	道具
2011.11.18 12:45-13:40 17:30-18:20	场六	末日城堡 宫殿外	傀儡师/林育招 人偶/傅雅萍 巫师/刘芳怡 女王/胡子悦 将军/林定国 将军2/林立玮 小兵/林雪岩		
2011.11.19 13:00-17:30	通排		全体演职人员	动作节奏	正式丢本
2011.11.20 13:00-17:30	场七	巫师的 镜像城堡	巫师/刘芳怡 将军2/林立玮 傀儡师/林育招	基本走位	
2011.11.24 12:45-13:40 17:30-18:20	场八	地下城堡	傀儡师/林育招 人偶/傅雅萍		
2011.12.02 12:45-13:40 17:30-18:20	尾声	末日城堡 宫殿外	傀儡师/林育招 人偶/傅雅萍	感情	服装、 道具准备
2011.12.03 10:00-17:40			全体演职人员		外出采购 服装、道具

续表

2011.12.04 13:00-17:40	细部选段加强排练	道具、 音乐音效
2011.12.05 17:30-19:00	进演出剧场技术排练	道具、 音乐音效
2011.12.06 17:30-19:00	进演出剧场技术排练	道具、 音乐音效
2011.12.07 17:50-19:00	彩排	灯光、 音乐音效
2011.12.08 17:50-18:20	正式公演	讨论、 反思

第三节 角色扮演

高中校园话剧实践活动的角色扮演不仅具有一般话剧的角色扮演功能，还具有心理治疗的作用[①]，下文着重讨论角色扮演的重要意义、演员因素、辅助因素、呈现方式。

一、角色扮演的重要意义

扮演角色不仅能锻炼学生各方面的能力，还能对学生的角色生成、人生体悟、心理治疗产生重要的作用。

（一）角色生成

校园戏剧的最大意义并不在于戏剧角色扮演是否成功，戏剧是否成为经典作品，校园戏剧不是专业的，不以赢利和艺术追求为目的。校园戏剧虽然关注学生

[①]邓旭阳、桑志芹、费俊峰、石红编著:《心理剧与情景剧理论与实践》，化学工业出版社2009年版，第12页。

的角色扮演，但更要让每个学生（无论演员还是观众，只要参与）在排演和欣赏的过程中得到感悟，以角色生成的状态改善人性，丰富人生，实现或逼近在社会、生活中的角色完成。

张生泉在《教育戏剧与角色生成》一文中指出："孩子从小到大，不仅要与兄弟姐妹交流、与父母长辈交流，还要与周边等一切熟悉和不熟悉的人交流，这个交流不仅用语言，而且还用肢体、物件等其他可以表达自己情感和内心活动的手段，在这样的辩证过程中，孕育的角色是孩子有独立和清醒的自我意识的成长，萌芽的角色是孩子从大到大、从弱到强、从被动到主动、从消极到积极的自我意识和社会意识的交融、共生。"[①]

角色扮演有助于学生各个方面的角色生成，通过戏剧教育，形成"自我教育"意识，让受教者从自在走向自觉，由无为走向有为。

（二）人生预演

人生就是一场永不谢幕的大戏，每个人都扮演着复杂的角色。纽约大学的戏剧学教授理查·谢克纳认为，表演是恢复和解放人类天性，塑造人类自我的重要手段。戏剧走向社会，走向校园，塑造自我的过程就成为学生自我预演的过程。

欧美多数国家都把教育戏剧作为普通教育的重要组成部分，美国从幼儿园就开设教育戏剧课程，延续到小学、中学直至贯穿到大学、研究生，形成系统的、逐级递进的、金字塔形的教育戏剧体系。学生从幼儿开始接受假定的人生训练，这种由戏剧营造的假定仪式在不经意间塑造学生的处世行为方式和言语表达方式，最终形成戏剧舞台上的"人生预演"。

美国心理学家凯利的研究发现，演员在角色扮演中精心学习的行为方式和语言方式可以在现实生活中表现出来，大量的表演训练会使表演者的语言和行为变流畅。假定的虚拟人生训练会借由现实世界和戏剧世界的灵魂联系，培养和提高人生中可能遭遇的各种环境的认知能力。角色扮演形成的学生的自我塑造——人生预演模式就是角色生成理论的进一步发展，它在进一步地昭示我们戏剧教学的

[①]张生泉主编：《教育戏剧的探索与实践》，中国戏剧出版社2010年版，第65页。

实践活动能够对一个孩子的人生产生非常巨大的影响。

（三）内省自悟

角色给学生一个假定性的人生，其在戏剧世界里实现了现实生活中某些不能实现的自我需求。这种需求必须不断地寻找自我观照的对象，不断寻找适切的媒体和平台，戏剧舞台恰恰成为他们实现自我需求的媒介，自我则成为他们联系现实和戏剧世界重要的联系人。

在角色扮演中，内省自悟成为常态，只有不断内省自悟才能表演好，只有不断地挖掘潜能才能更好地展现自我。戏剧表演训练促使学生认识自己，使其变得更加成熟稳重。

（四）心理治疗

角色扮演极其有助于心理治疗，心理剧创始人莫雷诺发现，人可以通过其生活中所有的时期和维度来掌握角色这个概念，并且，通过角色扮演来衡量个人的角色行为，这就是角色检测。角色检测是一种人格检测的形式，它通过区分个体的心理年龄和实际年龄来了解个体的经历。尽管角色检测有局限，但仍然优于其他的人格检测，因为角色检测是具体的，可观察的。

角色扮演主要通过角色系统来进行，导演协助主角看到自己的角色群中，哪些角色是足够的，哪些角色是过度的，哪些角色是缺失的。因此，在心理剧中经常通过角色扮演来扩大人生的角色目录，通过角色训练帮助主角打破原有的行为习惯和应对方式。

莫雷诺发现，创造力及自发性形成了其心理剧理论的哲学观，自发和创定是莫雷诺心理剧的精华所在。而自发性则要通过角色扮演来形成。譬如在传统的心理剧表演中，场景都是自发的，观众也参与到戏剧的表演中，他们既是演员，也是观众，还是导演，在这样的剧场里面，自发性不仅仅会被发现，被检测，甚至可以被训练。而这就成为了莫雷诺进行心理治疗的理论动因。

二、角色扮演的演员因素

角色扮演的演员因素主要包括演员的类型、演员的遴选、演员的准备、演员的表演和演员的训练。

（一）演员的类型

1. 普通话剧演员

普通话话剧演员在校园戏剧中经常见到，主要在一般校园话剧、情景剧中表演。对这类学生演员的要求不高，只要对校园戏剧表演有兴趣即可，进行角色扮演的时候能够按照导演的要求进行扮演即可。他们甚至可以是任何一位学生，在需要进行表演的时候，比如在班级的校园剧比赛、班级班会戏剧表演、校园文化艺术节文艺汇演等情况下，就能够组织起来。

2. 歌舞剧演员

高中校园戏剧中，歌舞剧占有一定比例。歌舞剧演员必须经过选拔，多选择那些有基本形体素质的学生。歌舞剧或音乐剧的演员表演需要团体训练，在训练和表演中，学生将得到歌舞艺术和表演艺术的双重熏陶。由于所选拔的学生演员不是专业歌舞演员，训练的重点应该放在"剧"意味的表达，而不是舞蹈技巧的体现，歌舞剧演员更侧重舞蹈情绪的渲染与表达，而非舞蹈技巧的展示。

3. 心理剧演员

心理剧强调通过生活场景的再现或重新体验，分享其中的"思想、情感、梦境以及人际关系"[①]。心理剧演员一般是在心理剧团体中逐步形成，根据团体在一个共同的、相关的议题中，挖掘对角色有兴趣的"点"，一起探讨和推选出来的。心理剧的演员分为主角和辅角，主角最重要，辅角则是除主角外的所有成员，包括由主角选出的所有角色与旁观的成员。

---

①邓旭阳、桑志芹、费俊峰、石红编著：《心理剧与情景剧理论与实践》，化学工业出版社2009年版，第2页。

（二）演员的遴选

1．演员的选拔

演员的选拔可根据不同的情况进行，分为话剧社团的队员的选拔，一般话剧比赛演员的选拔以及心理剧演员的选拔。

（1）话剧社团队员的选拔。话剧社团队员的选拔是学校话剧社每年纳新的重头戏。作为一所有戏剧传统的学校，每年的纳新都吸引了很多新高一的学生。他们带着对戏剧的憧憬、好奇和期待，希望进入戏剧艺术的殿堂一窥究竟。但话剧活动并不大众化，选拔话剧社演员有一定的规范。通常，话剧社的成员必须具备以下条件：对戏剧的兴趣甚至是热爱，愿意花时间和精力欣赏、体验戏剧；具备基本的文学素养，有一定的解读剧本能力；具备一定的表演能力、组织管理能力；有创造精神和创作特长，诸如剧本创作、道具制作、宣传海报制作、灯光控制、音效制作等。

（2）一般话剧比赛演员的选拔。在高中，话剧演员一般都由各班级选出。选拔比较随意，多半由同学互相推荐，再由教师选择，然后对剧本的台词进行试扮演，最终选出符合的角色。

（3）心理剧演员的选拔。心理剧演员的选拔具有专业性和隐秘性的特点。通常而言，选拔将根据心理治疗团队对某一共同关注的议题，由队员自荐或他人推荐的方式进行，以解决学生的心理问题或集中的心理问题。

2．角色的分配

无论何种情境，角色分配的基本原则就是角色的选择与担任都尽可能地与情境中的人物形象相接近。角色分配要综合考虑演员是否符合剧中的人物外形、性格、年龄、性别、声音、表演能力，高中校园戏剧一般不明确所谓"主角"、"配角"，就算有，也尽可能地多安排配角的戏份，淡化主角配角区别，以免造成不适当的心理情绪。

重大的比赛，重要角色，还应该安排 AB 角色组。一方面可以切磋讨论，提高表演的水平；一方面也能保障演出，万一 A 角生病或临时有事不能参加比赛，立刻就由 B 角接替上场。AB 角色组都应该安排均等的表演机会，以免因为演多演少而引起不愉快。

在心理剧中，主角与辅角的分配是比较明确的。主角是心理剧的主要人物，也是心理剧团体的焦点；主角个人的经验将会成为团体的中心焦点。辅角由主角在团体成员中挑选的，辅角必须用"专注、同理"的态度配合当时的情境，激发主角内心在此情境下的挣扎与矛盾。校园心理剧实践中，主角和辅角的选择并不那么严格，但仍然依照一定的心理剧标准来进行。

（三）演员的准备

无论何种舞台，何种表演，演员都要准备。资深演员也好，"菜鸟"也罢，没有做好准备，角色不会成功。即使是即兴戏剧，也要求演员做好充分的准备工作。演员的准备工作大致有以下四个方面：

1.研读剧本

演员接到剧本后，首先把握剧本的整体，这点和导演相似。但演员更侧重于角色分析，分析扮演角色的人物形象、该角色在剧中的地位、该角色与其他角色的关系。

（1）分析人物在剧中的形象，确认该角色在事件中的地位，尤其是在故事关键转折点时所起的作用。此外，还应该画出剧本的人物关系谱，梳理自己所扮演的角色与其他角色之间的关系。

（2）在做完以上分析之后，还可以写一个该角色的人物小传来确认和加深自己的理解。人物小传不仅有该人物的生平与事迹，还应该包括人物产生行动的缘由、意义以及最终的行动效果：成功还是失败。

（3）试朗读剧本，通过对角色的分析、理解，演员开始试朗诵剧本台词，让自己逐步进入故事情境和人物情绪中，初步体会角色的心理状态。由于没有对手进行对应的排演，这样的试朗读还能激发演员的想象力和创造力，初步实现了演员对剧本的二度创造。

2.制作演员本

演员对剧本的二度创造最早体现在演员本上，这是演员进行角色扮演时必须进行的步骤。

（1）走位及路线。演员本的制作与排练同时进行，排练的同时，演员根据角色的位置及与其他演员的相对位置，在剧本上做记号。整幕结束后，用路线图画出这些走位，以便分析整出戏的行动路线。

（2）动作。演员的主要情态和动作都有舞台说明，但并不完整，这就需要演员在排练的时候适当地补充对动作细节、情态细节、手势、姿态的说明。

（3）潜台词。把握好角色的潜台词非常重要，潜台词的分析也和课内知识相挂钩，演员应在了解熟悉自己的角色台词，写出部分台词的言外之意，以利于对角色形象的揣摩。

（4）语气和语调。分析得出潜台词后，演员还应该在演员本上清楚地表明台词的语速、停顿、语气、语调，语速是急促还是平缓，停顿还是连贯，命令语气还是祈使语气，上升语调还是下降语调，通过细致的语言分析语义，获得不同的语言效果。

3.彩排时的准备

一般而言，除即兴戏剧和部分心理剧，正式的比赛和演出都应该进行彩排，尤其是面对陌生的舞台时。

（1）最重要的是演员的走位。无论是熟悉的还是陌生的舞台，彩排最重要的内容就是重新进行走位。不仅确定自己的走位，还要注意和其他演员的相对位置，确保不因为偏台导致演出效果下降。

（2）彩排时应确认自己的道具和服装是否准备好，上台走位时，穿着表演服装，使用表演时的道具。

（3）再次与导演以及其他演员核对舞台的灯光、音响以及幕与幕之间的衔接。确保在正式演出时，整场戏能够顺利进行。

4.排演前的暖身

排演前的暖身非常重要，即兴戏剧和心理剧就更依赖于排演前的暖身训练。暖身的目的一方面使参与排演的人尽快进入角色，集中注意力，另一方面激发演员和导演的表演思维，进行创造性的表演。

（四）演员的表演

1.演员的表演要点

表演中应着重注意以下四个方面：

（1）对话方式与语气。表演中，演员应思考以下问题：应该在什么时机接台词；是在对方完全说完之后立刻接台词，还是没说完就接，还是应该在说完一段时间以后再接；这样做的目的是什么；接住台词之后应该如何表达；站着说还是坐着说；侧着还是正面对着还是背对着；以什么样的语气说；何处应该停顿；语调是升还是降；是拖长语调还是干脆利落；等等。

（2）动作与表情。动作与表情应该与台词相一致，演员应该认真分析以下问题：此时此刻角色的心理状态，是悲是喜；是惊是怒；台词是否有言外之意；这个言外之意应该用什么样的动作或神情来表达？譬如在《雷雨》周鲁相认的情节中，周朴园有 7 处"哦"，分别有不同的意味，其中一个"哦"字还配上"汗涔涔地"的舞台说明。如何表现这个"汗涔涔地"，拿手帕擦额头还是用扇子扇？演员的整个面部表情和身体姿态应该和此时的情境相适应。

（3）走位与路线。走位在准备时就已经弄清楚了，表演时还应该注意行动线和心理线的统一，明了行动的贯穿线索与心理路线，最终使内部动作与外部动作一贯，行动路线和心理路线一致。

（4）道具运用。道具应配合演员的行动，最大限度地发挥道具的作用。

2.演员的表演状态

（1）以真诚的感受去获得。真诚质朴是校园戏剧最大的特点，也是演员表演状态的最大特点。它的意义在于，演员不重视表演技巧却忠于内心，在未知的状态下从自我出发进行舞台想象，让所有参与者都获得源于生活真实却又高于生活的情感宣泄。黑格尔认为，戏剧人物必须浑身有生气，是心情和性格与动作和目的都互相协调的定型的整体。其表演的关键并不在于特殊性格的广度，而在把一切都融贯成为一个整体的那种深入渗透到一切的个性，实际上这个整体就是个性本身。从整体看，诸多演员的个性形成校园喜剧的整体状态，校园戏剧的演员们用自己对戏剧的最初感受来形成表演风格，他们未接受过表演技能的专业训练，因此也少了许多约束，始终在真诚的状态中进行表演。

（2）以自发与信念去获得。校园戏剧的演员完全处于自发状态，表演者唯一的心理依据是想当然，"许多角色的担当是出于演员自己的对人物的深深的喜爱和感动，文学形象在个人脑海中的约定俗成成为创造人物形象的行动来源"[①]。自发状态的表演使演员沉浸在自我净化、自我发展、自我教育的气氛中，他不是为了创作和演出具体的作品，而是在参与中满足更高形式的人生需求。在这样的自发状态中，演员滋生完成角色的信念，这种信念感来自与自己气质相近的人物的生命碰撞。

（3）以观众的共鸣去获得。斯坦尼斯拉夫斯基曾说："在舞台上，要在角色的生活环境中，和角色完全一样正确地，合乎逻辑地，有顺序地，像活生生的人那样去思想、希望、企求和行动。"[②]在校园戏剧中，很多角色本来就源于生活，就是演员身边活生生的例子或自身的投影。观众从表演中体验到戏剧规定情境中的生活和情感，为表演所折服，深受感动。在剧场里，演员和观众为着共同参与完整的戏剧仪式而欢呼，他们在戏剧中共同完成审美，还在团体中满足多重的人生需求，将集体性的社会活动变成宣泄心理的手段，彻底改变"学校是传授知识的场所"的传统观念，演员和观众在情感共振中暂时从生活中解脱。

（五）演员的训练

角色扮演指"由参与者将自身投注于一个虚构的情况与假定的态度里。而此态度一般多由教师指示或建议，而非由儿童于戏剧的情况中去挖掘"[③]，因此，角色扮演的关键并不在于演技，重要的在于演员能够呈现出戏剧所需的特质，演出真实的自我，演出让观众内心为之一振的东西。

1. 根据训练情境划分训练要点

（1）话剧社社员训练。话剧社团由有共同兴趣的学生组成，通过参与戏剧创

[①]桂迎编著：《校园戏剧》，浙江大学出版社 2005 年版，第 66 页。

[②]（俄）斯坦尼斯拉夫斯基著，林陵、史敏徒译：《斯坦尼斯拉夫斯基全集》（第二卷），中国电影出版社 1959 年版，第 28 页。

[③]张晓华：《创作性戏剧教学原理与实作》，上海书店出版社 2011 年版，第 123 页。

造和戏剧欣赏获得直接的积极的审美愉悦，其目的是释放学业压力，体验集体智慧，完成审美历程，获得自我价值。因此，话剧社团的训练是最不正式的，甚至没有教师的指导。训练松散，没有严整的计划，训练效果较差，但话剧社团的训练融洽了社员之间的感情，培养了社员的戏剧兴趣，提高了戏剧欣赏的水平。

（2）校本课程训练。校本课程的训练不同于话剧社团的训练，课程性质决定了其训练应该在教师指导下，以课时为单位，带有科学性和计划性，是半专业性质的训练。训练既培养学生对戏剧的兴趣，也让学生掌握戏剧专业技能，具备演员的基本素质。校本课程的角色扮演训练至少应该包括注意力训练、想象力训练、形体训练、台词训练。

（3）比赛训练。在高中，相当部分的戏剧实践是各种类别和级别的戏剧比赛，如学校艺术节戏剧比赛、以班级为单位的校园话剧比赛或心理剧比赛。这些比赛受功利性目的的影响，比赛训练一般不进行形体训练、注意力训练，而是直接进行比赛内容的相关练习，甚至由于学生时间和精力有限，连活动前的暖身准备都被忽略。这是不可取的，比赛训练确实应该以与比赛剧本的相关的台词或走位训练为主，适当进行基础训练和暖身练习，磨刀不误砍柴工。

（4）心理剧训练。心理剧的训练不同于其他任何训练，心理剧的训练情境首先应该是私密的，其训练更接近于即兴表演。在 20 世纪 30 年代中期，莫雷诺就总结出角色训练技巧，广泛应用于行为疗法中。心理剧的训练不仅仅能够让成员将已知情绪表达和释放出来，还能将潜意识中的情绪或积累情绪进行认知和释放，改善和提高演员的能力和技巧，使之得到更有效的心理治疗。

2.根据训练项目划分训练要点

（1）注意力训练。角色扮演将生活真实转为艺术真实，利用演员的身体进行艺术材料的加工与还原，演员的创作在假定和虚构的条件下进行，但要求投入表演，在完全集中的情况下达到虚拟与真实的合二为一。演员往往受表演情境的影响，如环境的变化、观众的互动、自身心态的波动，而导致注意力不集中。排练前真实的生活，如写作业、读书、上课等，也会影响演员的精力，使其注意力无法集中，因此注意力训练是所有训练的伊始，属于暖身活动。注意力训练应该注意以下三点：注意力训练不只在训练伊始进行，排练过程中如果发生绝大多数演员注意力分散的情况，如某个人在排练时引起全体哄堂大笑，也可以进行注意力训练；注意力训练不必太长，以免冲淡后面的训练；注意力训练结束后不宜再进行较为吵闹的暖身活动。

（2）想象力训练。角色扮演的假定性要求演员在虚构的规定的戏剧情境中发生真实的强烈的戏剧情感。斯坦尼斯拉夫斯基说："我们处在舞台上的每一个瞬间，都应该充满着一种信念，即相信所体验的情感的真实和进行着的动作的真实，这就是一个演员在舞台上必须具有的内心的真实以及对这种真实的纯真信念。"[①]这种真实的信念最终依靠演员的想象去完成，当然这种想象的基础与本质仍然指向生活的真实经历。进行想象力训练有三点要求：要求演员先问自己"假如我碰到这样的情景，我要怎么做"，在假定的条件下完成虚拟到真实，真实到虚拟的转换；想象力训练一定要有行动的目的和依据，毫无根据的想象力训练就像空中楼阁，会引起混乱；除了对现实生活的想象力和思维的训练之外，还应该进行抽象事物的想象力训练。通过对抽象事物的想象力训练，进一步演员对各种物体的细致观察和联想，最大限度地开发演员的想象力，并以积极饱满的热情最大限度地运用肢体的各个部分进行各种肢体造型和运动的尝试。

（3）表现力训练。启发和培养演员的表现性思维是和训练演员的表现性创作能力紧密联系在一起的。无论何种表演情境，表现力都不可缺少，所以演员要花很多力气在表现力训练上。表现力训练应该注意以下三点：表现力的训练中有必要将形体、声音和表情的体验视为一个整体而进行有机结合的训练。表现力是整体性的，由声音、动作、表情等一系列表现构成，表现力训练必须整合所有的体验；有机结合提高外部表现力和内心体验，使演员不错误地片面追求外部表现形式。内心的体验是外部表现力的灵魂，没有内心体验，外部表现就无力；强调真实性，不虚假做作。表现力训练应贴近生活，强调超越生活真实的"本色"表演。

（4）形体训练。学表演，语音和肢体训练是最基本的。上海戏剧学院教授张生泉指出："一个好的演员，肯定在语音和肢体训练的同时，意念、理念乃至思想

等精神表现的不同方面都受到启迪、得到开发。"①形体等基本功的训练不仅能够使帮助演员提高戏剧表演能力，还能够帮助学生培养意志品质，提高思想修养。对表演训练而言，形体训练是基本功，有结构、有计划、有目标的形体训练是打造舞台感的主要手段。形体训练的主要目的是培养演员明确的肢体控制与肢体表达的能力，通过剧情的变化、音乐的配合、道具的应用，借由个人或团体的互动，适当地表现出舞台的空间概念、情绪与需求、情节的发展。形体训练应注意以下三个方面：形体训练可以作为每次排练的暖身活动，改善排练时的效果，亦可以作为注意力训练中的一种；校园戏剧的形体训练不要求专业，但必不可少。导演或指导教师应了解形体训练的基本方法和形式；形体训练应根据演员的实际，因材施教，不用太严格。训练时间应该适中，不要让演员太累。

三、角色扮演的辅助因素

角色扮演的成功不仅仅需要导演高水平的执导、演员刻苦的排练和个人体悟，还需要灯光、道具、服装等的辅助作用。

（一）灯光

灯光的使用要求主要是依据表演的场地而定，譬如操场的露天表演就不大可能有太多灯光方面的要求，如果在音乐厅表演，灯光可以发挥一定的功效。舞台灯光的使用要配合戏剧的情境，通过调节亮度、角度、色调、频率等来营造氛围。灯光是活动的，有生命力的，也是一个"演员"。灯光的处理有三个原则：不要故弄玄虚，随意变化，灯光的变化要有明确的动机；光源可以多样，不一定来自于舞台外，也可以控制在舞台内部，譬如蜡烛、手电筒、手机的荧屏光；灯光的处理应该和表演的整体统一，演员的情绪、台词，情境的气氛等都要搭配。导演在进行导演本的准备、演员在进行演员本的准备时，都应该有关于灯光的相应记录。

---

①张生泉主编：《教育戏剧的探索与实践》，中国戏剧出版社2010年版，第71页。

（二）道具

道具是演剧或摄制电影时表演用的器物,可以分为大道具(如桌、椅、屏风等)、小道具(如杯、壶、文具等)、装饰道具(如镜框、书画、古玩等)、随身道具(如眼镜、烟盒、扇子等)。对大道具的使用应着重视大道具与自己的位置以及活动时的走位关系,大道具的使用应该灵活且易于搬运。小道具则主要用于体现和强化演员的动作以及表情。对大道具的最妥善的安排是:"能够充分地应用整个表演区,以利于演员的表演为主,不但要使演员的活动自然灵活有依据,又让演员在其间有最方便的移动路线。"[①]

（三）服装造型

高中校园戏剧多半呈现学生的生活现状,多数情况下,服装与造型并不特别讲究,只有排演童话剧、历史剧、音乐剧时才会特别重视,魔幻剧中,服装和造型会有特殊考虑。服装造型要考虑下面几个方面的问题:服装与造型必须和角色扮演的人物形象相符合,这就要求透彻理解剧中的人物及其形象,必须考虑角色的年龄、职业、季节、环境、颜色,等等;服装与造型也必须和舞台设计以及灯光综合考虑,以免因为灯光或布景的关系导致颜色混搭奇怪或颜色相近辨别不清等,必须综合协调以得到统一完美的表现;服装还应考虑到演员的身材,更换服装的时间等因素,以免不合身导致出现其他状况,或因更换不及时造成演出事故;服装造型主要由学生进行设计,提交导演组讨论。原则上能够自行设计解决最好,不行再考虑租用或购买。

（四）音乐音效

校园戏剧中常使用音乐,一方面,学生较乐意接受音乐,无论演员还是观众,对音乐的认同感和接受能力水平大致相当;另一方面,音乐的整体表现能够增强舞台的艺术魅力,有较好的渲染情境的作用,使用起来也比较容易。在一般情况

[①]张晓华:《创作性戏剧教学原理与实作》,上海书店出版社2011年版,第254页。

人偶
Ren

小兵
Lugh

偶偶师
Victor

女巫
Akira

将军
Roman

副将
Tuki

公主
Vivey

女王
Ren

《末日城堡的传说》服装造型设计简图

下，音乐和音效的使用应该和开幕、换场、气氛、强调或突出人物的环境等相关，也可以用来表现剧中的天气、演员的工作、人物的心理反应等。音乐和音效的使用应该注意以下四点：音乐和音效的使用应该从研究剧本开始，任何音效的构成都应该有明确的设计构想和理念，不能过分使用；在某些情况下，可以使用音乐代替演员的动作和台词表现，这需要较强的联想和想象能力，导演在排练过程中应记下这种瞬间的灵感；除了专门的音乐剧外，任何情况下，音乐和音效都不能喧宾夺主；音乐音效最高级别的功能是达到"标点"（punctuations）的作用，"如文章中的惊叹号、问好，创造出台词外的另一种话语，像是一个隐形人物，暗示出戏剧中语言所不能表达的另种言外之意"①。

（五）舞台设计

高中校园话剧的舞台设计应简约，一者因为高中校园戏剧多半以社团的性质存在，经费有限；二者学校也缺乏专业进行舞台设计的制作群，学生的精力和时间有限。但简约不是简单，更不是简陋，它要求用最简的方式求得最相似的感觉。校园戏剧的舞台设计以舞台的布景设置为主，大多数布景因为考虑换场时间少而会简化背景。舞台设计的目的是真实地表现角色扮演的情境，营造剧场的环境气氛，更好地为角色扮演服务。

《我不是哈利·波特》舞台设计简案

经剧组同学和老师讨论，需进行以下的舞台背景设计：

一、黑板以及窗户。使用喷绘。共需要三幅。一幅是教室后黑板，上方是绿色黑板以及有板报（板报内容与"成长"相关）。下方是立体的课桌。大概设计两排的立体课桌的画面。整个板块的视角是从教室中央的位置看教室后面。第二幅是左边的窗户，设计一个靠走廊的窗户喷绘。要求这个窗户在喷绘后窗户镂空，能够让光线照进来。第三幅是右边的窗户。样子和左边一样，但不镂空。具体尺寸待演员走位完确定。

二、书柜和书。书柜要两个，一个高两米三左右，一米五宽，一个一米八左右，一米五宽，镂空，原木色。放上一些书、三个盆栽。实验器皿。

三、舞台用喷雾机。

---

① 黄美序：《戏剧的味道》，山东画报出版社 2009 年版，第 148 页。

四、薄纱幔。淡紫色，透光。长度宽度和书柜的一样，即，一个高两米三左右，一米五宽，一个一米八左右，一米五宽。

五、木架门。用木头构架一个假门，上面定好门帘，门帘也用淡紫色的薄纱幔。门的长度为两米，宽为一米。

四、角色扮演的呈现方式

戏剧表演是戏剧的存在方式，格洛托夫斯基说："剧本本身不是戏剧，只有通过演员使用剧本，剧本才变成戏剧。"校园戏剧通过角色在舞台的扮演，以剧中的舞台动作、舞台语言、形体造型创造出戏剧舞台形象，将独具匠心的戏剧表现形式和富有想象力的戏剧内容以及真实自然的戏剧表演有机融合，构成美妙的艺术时空。具体实践中，校园戏剧的角色扮演往往受剧本呈现内容，导演理念，演员的人生阅历，表演力、资金和场地等因素的制约，呈现出与其他戏剧形式不同的特点。

（一）自由化

校园文艺活动具有非商业性和自足性的特点。在高中校园里，创造者和欣赏者其实都不缺乏，自娱自乐在某种程度上成为学生进行创作的内驱力。因而，即使资金、场地、时间有限，校园戏剧创作依然兴盛。

自由化的角色扮演方式更加强调演员个体的创造性发展，它最大限度地激发了演员的潜能，扩展演员心灵的自由，获得不同于现实的人生，这种自由化的表演状态和呈现方式只可能密集出现在高中校园戏剧综合实践活动中，非功利才能解脱羁绊，成就自由。自由不是无限度的，它受戏剧本身的约束。自由应该源于创作者内心深处，在角色扮演中自由则体现为演出的不稳定性和角色的同中趋异。在导演可控的范围内，校园戏剧的自由能够最大地发挥，这样的校园戏剧往往能收到意想不到的效果。譬如，笔者在执导《恰同学少年》时，让演员根据自己对该剧角色的理解，对角色进行适度发挥，表演者可以不受剧本台词的约束。如此，学生的表演热情更高了，几次小剧场演出都得到比原先固定剧本更好的效果。

（二）简约化

校园戏剧受诸多因素制约，其角色扮演往往具有简约化的特征。没有足够的资金进行场景布置和演员的道具准备，演员必须通过台词和动作来体现，这实际上是中国传统戏剧表演的虚拟化特点。在传统戏剧中，演员通过唱念做打，在表演中产生布景，呼风唤雨，甚至制造人物，冲破了几乎所有现实与超现实、时间与空间的障碍，以虚拟的表演程式让演员和观众都自觉地沉浸于共同的想象世界中。角色扮演的简约化并不是削弱角色的表演，反而是在简约化的表演中反映更为广阔的表现内容。观众的兴趣不在于布景的转变和恢宏盛大的气势，而在于演员的表演技巧和表演形式。通过演员的角色扮演紧紧抓住观众的内心就成为校园戏剧成功的重要因素。角色扮演的简约化特点主要表现在以下三个方面：

1.剧本较短，演出基本不超过一个小时

高中生学业负担较重，不能分担较多的精力进行较长剧本的原创和改编，对于大多数高中生而言，戏剧的目的不是为了达到真正剧场演出的严格要求，他们更需求体验和发泄。无论是剧本创作还是排练演出，都不太可能投入太多的精力和时间。

2.场地灵活

对于较简单的剧本而言，排练就不需要太大的场地和舞台灯光、音响的配合。重要的是演员台词的锤炼和表演力的提升。有的小剧场演出宣传基本上是靠话剧社的学生口耳相传。因此，高中生校园话剧基本上都在小规模的场地上排演，譬如班级教室，阶梯教室，甚至露天。这反而能够给角色扮演更多的锻炼和与观众交流的机会。

3.服装、道具、化妆简单

高中生的话剧实践如此，大部分高校的话剧社也如此，有的剧社演出所用的道具竟然都是从捡来的。譬如著名的浙江大学黑白剧社的舞台设置从来都是尊崇以一驾万的表现风格的多义性道具。[①]高中校园戏剧也多是如此，一方面，高中生的话剧表现现实生活场景居多，使用复杂道具的场景较少；另一方面由于校园戏

[①]桂迎编著：《校园戏剧》，浙江大学出版社 2005 年版，第 79 页。

剧业余化的特点，不太可能为了一出几十分钟甚至几分钟的戏去准备较高规格的服装、道具。至于化妆，除非是较为正规的演出或比赛，平时的小剧场演出几乎用不上化妆。因此，角色扮演的其实更加"本色"，更考验演员的表演能力。

（三）本色化

孟京辉说："业余的东西不仅具有植根于时代的创造性，富有人性的朴素的得意忘形，还具有不拘一格，不装傻充楞，不自作多情，不洋洋得意的天真，更具有创造新形式，新思维，新观念的巨大潜力。"[1]孟京辉指出校园戏剧最大的特点：真诚朴实。真诚朴实往往蕴涵着更强大的创造力和怀疑精神，它不过分依赖于票房，有时甚至不依赖观众，在适度的"幻想"中创造属于校园青春的独特意境，在最本源的真实表演中，对学习、生活、情感作出广泛的形象概括与抽象化。这些，在角色扮演中则表现为本色化。清代徐大椿在《乐府传声》中这样说："至其体则全与诗词各别，取直而不取曲，取俚而不取文，取显而不取隐，盖此乃古人之言语，使愚夫愚妇共见共闻，非文人学士自吟自咏之作也。"[2]因此，校园戏剧中角色的扮演也遵循这样本色化的特点。

角色扮演的本色化特征首先表现在演员的自发意识。心理剧创始人莫雷诺对自发的定义是："对旧情境的新反应；对新情境的适当反应；对新旧情境组合的适当反应。"[3]因此，自发并不只发生在角色扮演时，而是与生俱来的，随时随地的，与环境产生互动的创造性能力。这种自发性在角色扮演中往往是一种自然而然的反应，在心理剧和即兴戏剧的表演中体现更为明显。莫雷诺在进行心理剧的实验时，他的目标就是建造即兴表演真实人生经验的剧场。当然，在有剧本的表演中，演员虽然受剧本钳制，但情态、应激动作、临场表现上仍然有较多的自发反应空间。同样的角色由不同的演员表演有不同的感受，同一演员在不同的时候表现也不尽相同。校园戏剧的演员都是学生，他们更难在艺术上控制这种与生俱来的自

---

[1]孟京辉编著：《先锋戏剧档案》，作家出版社2011年版，第413页。
[2]庄永平：徐大椿：《〈乐府传声〉研究》，《天津音乐学院学报》2011年第4期。
[3]邓旭阳、桑志芹、费俊峰、石红编著：《心理剧与情景剧理论与实践》，化学工业出版社2009年版，第22页。

发意识，虽然这也造成角色的情绪化和发挥的不稳定性，但却在另一个层面上构筑更真实和丰富的戏剧人生。

角色扮演的本色化特征还体现在演员的自我意识上，莫雷诺认为角色实际且具体地存在于自我中，因此演员的自我意识就通过戏剧行为体现并认定，正如莫雷诺所认为的："若要研究一个人，就从他所扮演的各个角色入手。"[①]演员的自我意识一般都包括集体的成分和个人的成分。进行表演时，集体成分与个人成分会产生叠加，将这样的叠加外显后被导演和观众所见证，引起更大范围的自省。这样一来，戏剧的精神享受不仅来自剧作本身或者舞台空间和吸引你全部注意力的演员表演，更来自台下你周围鸦雀无声的观众，来自于他们与表演者心灵相通的默契。校园戏剧受各方面因素的限制，舞台场景单一朴素，舞台调度较少，只通过演员的语言叙述和形体表演勾勒一切，期间场景的变化靠灯光起落和音乐音响来处理，在这种情况下，演员的自我意识被无形放大，成为剧场的焦点，角色扮演的本色化特征也就更加显现。

第四节 观演关系

话剧区别于影视的独特魅力在于演员和观众的直接交流，演员和观众的距离较近，有直接交流的机会。在近距离的观看和同呼吸的剧场气氛中，观众无形中认同了演员在表演时的艺术品位。校园戏剧的观演关系是否融洽很大程度上就是对校园戏剧效果的检验。正因如此，我们研究校园戏剧的观演关系也就有了更重要的现实意义。

一、校园戏剧的观众特点

在校园戏剧的实践活动中，观众的审美需求和审美取向、审美品位也许能够决定校园戏剧的剧本主题趋向、演员表演的呈现方式。笔者通过对福建厦门双十

[①]邓旭阳、桑志芹、费俊峰、石红编著：《心理剧与情景剧理论与实践》，化学工业出版社2009年版，第28页。

中学的问卷调查以及平时的校园戏剧实践观察，认为校园戏剧的观众在审美品位上存在以下三个方面的特点：

（一）对身边的事件比较感兴趣，认同公共话语体系

由于学生的生活空间有限，特别是寄宿制的学校，学生的私人活动空间受到压制，公共的生活空间得到延展，因而学生对于流行的公共事件和公共话语体系就有一种强烈的共鸣。着眼于身边事件和生活现象的困惑和难题往往更能引起学生的普遍思考。《我不是哈利·波特》之所以得到学生的喜爱，就在于它使用了时下的流行话语，反映和解决了学生常见的心理问题。

（二）对流行文化的喜爱

对流行文化的喜爱是处于青春期学生的共同特点。学生编剧和导演受魔幻剧、歌舞剧、童话剧、散文诗剧、流行文学、流行文化形成的审美趋势的推动而创作出相应的作品。日本动漫、美国好莱坞大片、韩国歌星、郭敬明与韩寒的文学作品、穿越清宫剧等都对高中生产生较大的影响。流行文化以其华丽的外表、声情并茂的形式无所不往地渗透进校园，迅速占领校园文化高地。文学经典难觅芳踪，言情武侠大行其道；诗词歌赋销声匿迹，流行歌曲却日渐泛滥。学生被流行文化所同化，爱好转变，言行举止时时处处可见流行文化的踪迹。在这种情况下，观众的口味显得复杂多变，如何保证良好的观演关系却又不庸俗化，如何让高中校园戏剧贴近学生生活又不被流行文化所左右，如何把握阳春白雪和下里巴人的关系？这些都成为现代高中校园戏剧亟待解决的现实问题。

（三）多元文化形成多元需求

在消费时代，消费者是上帝的观念虽然不根深蒂固，但也成为多数人的共识。在此影响下，校园戏剧的表演就不可能不考虑观众的感受和接受程度。校园话剧社团的演出，既要表现导演和编剧的个人理念和特点，也要考虑观众的反应。参与者都希望自己对艺术、人生、现实的看法、观点以及表达方式能够得到他人的

承认和赞美，这些人和创作者处于同一层次、水平上，甚至就是创作者的同学、同桌。在这一心理驱动下，由于观众的口味各不相同，多元的文化熏陶形成多元的审美需求，形成校园情景剧、歌舞剧、童话剧、改编历史剧、魔幻剧等多元的戏剧类型，戏剧内容也多元化，譬如学习生活问题、男女生关系问题、心理压力问题、流行现象问题。

二、观演关系的重要性

法国著名戏剧家萨赛曾说："观众的存在是戏剧的本质。"戏剧理论家戈罗多夫斯基也说："逐渐去掉证明是多余的东西之后，我们发现，没有化妆，没有戏装，没有绘制舞台布景的透视法，没有一块独立的表演区（舞台），没有灯光和音响效果等等，戏剧是能够存在的。但是，没有演员和观众之间感性的、直接的、'活生生的'交流它便不能存在。当然这是一条古老的戏剧真理，但是，当在实践中加以严格检验时，它就动摇了我们对戏剧的通常观念。"[1]事实上，在高中校园戏剧的具体实践中，演员和观众的界限很不明显。校园戏剧的传播范围有限，演员都是身边的同学，校园戏剧的观演关系实际上就是校园人际关系的艺术化体现。

（一）承载校园戏剧的重要基础

英国戏剧家彼得·布鲁克曾描绘了一幅图景："我可以选取任何一个空间，称它为空荡的舞台。一个人在别人的注视之下走过这个空间，这就足以构成一幕戏剧了。"[2]只要演员、空间、观众存在，戏剧也就存在。同比，高中的校园生活，特别是寄宿制学校的校园生活，就是戏剧的另一种世俗表达。朱光潜在1947年发表文章《看戏与演戏——两种人生理想》说，世界就是一个戏台，人生就是一部戏剧，"看戏"与"演戏"就是两种基本的人生理想，看戏是"知"，演戏是"行"。"知行合一"就是一部戏剧。

与专业戏剧不同，校园戏剧的形态和戏剧语言运用不拘一格，以独有的天马

---

[1] 马海燕：《试论导演和观众》，《戏曲艺术》2001年第3期。
[2] 桂迎编著：《校园戏剧》，浙江大学出版社2005年版，第63页。

行空的想象力和创造力呈现独特艺术品质。校园戏剧比专业戏剧更加纯粹和自然，不受金钱与名气的干扰，虽然演员和观众需要调整和磨合，但它不需要片面地迎合观众与市场，观众身边就是导演、编剧、演员，他们由观众而来，最接地气，与观众的关系最为密切。

当然，戏剧和生活是两码事，无节制地混淆观众与民众、现实与虚拟、舞台与生活，只能降低戏剧的审美品位，消弭戏剧的艺术魅力，戏剧的本质因为观演关系的混淆与趋同而消失，戏剧也就遭到灭顶之灾。

（二）演出成功与否的唯一标准

在我们看到的所有戏剧中，有一点不能否认的，成功演出的话剧必定有良好的观演关系。良好的观演关系并不是屈服于观众的审美趣味和审美习惯，而是表现在与观众的良性互动上。常年投身校园戏剧研究的浙江大学人文学院艺术系桂迎老师认为"校园戏剧成功的观演关系是观众与演员在戏剧表演过程中对于想象力和表现力的认同和融会，它的意义是在观演关系的不断培养、适应、调整、完善中找到并且创造观演关系和谐交流的精神共享空间。"[①]面对着有相同知识水平和审美层次的校园戏剧文化的参与者，面对着有共同审美需求和审美心理的演员和观众，校园戏剧在审美接受空间，观众的期待视野上呈现着异常开阔的现状。校园戏剧的演出是否成功最重要的不是看这个戏剧有多少人看，有多少人参与，老师的评价如何，而是看在演出过程中观众是否能够和演员一起感受剧本带来的心灵沐浴，形成心理默契。在校园戏剧的舞台上，无论剧场是安静还是喧闹，导演与演员所营造的应该是一种氛围，这种氛围流淌着作者对社会和人生的种种思考，即使是没有强调的生活表现也能够给予观众在台下细细的解读，安静的思考。

回归戏剧的本源，坚定属于戏剧亘古不变的关系：演与观。校园戏剧就是这么纯粹，它不受到其他因素的影响，愉悦的观演关系，良性的观演互动是判别校园戏剧演出成功的唯一标准。

[①]桂迎编著：《校园戏剧》，浙江大学出版社 2005 年版，第 69 页。

（三）审美需求的共同获得

戏剧与人生紧密联系,涉世未深的高中生可以通过校园戏剧这个小小的舞台,对人生进行模拟,预演自己的人生,在人生预演中满足这个年龄阶段的审美需求。通过欣赏表演,观众也获得人生的"反观察"。这种观察通过具体的舞台整体艺术形象作用于主观情感,成为一种富有艺术情趣的观演模式。通过舞台,戏剧的参与者——演员、观众共同满足了审美需求。

持续不断地对校园戏剧的实践观察,可以发现,校园戏剧也好,书法绘画艺术也罢,校园内的艺术文化不仅仅是学生展现才艺、提高审美品位的舞台,也是满足审美需求的生活方式。不是所有学生都能进行表演和创作,但所有学生都需要艺术熏陶。艺术营造了与实际生活有一定距离的理想空间,这个空间是人逃遁、休养生息的地方,用以寄托情感、安放灵魂。

三、观演关系的特点

高中校园戏剧的观演关系呈现出与其他戏剧不同的特点,主要包括游戏精神、幽默感、参与精神、平等观念。

（一）游戏精神

校园戏剧的游戏精神是与生俱来的,从现阶段校园具体情况看,学业压力大,校园生活相对枯燥,学生希望在参与校园文化建设,培养艺术修养、特长,也希望在活动中释放心灵,缓解压力。因此,校园戏剧实践活动不应以专业和严肃的形象出现,专业与严谨,程序和规范只能是基于轻松、愉悦的排演、活动中慢慢有所渗透。无论编剧还是导演、演员,包括指导教师,都渴望在活动中暂时忘记现实生活中的纷纷扰扰,得到快乐和愉悦。游戏的表演精神能够提供演员和观众之间易于交流的稳定架构,使他们达到舒缓情绪、建立相互关系、愉快的经历并增进了团体自我控制水准的效果。无论是在排练还是在正式演出中,游戏的表演精神就像一种良性的情绪注入到戏剧当中,使得校园戏剧产生不同于专业戏剧那样严谨、专业，但却天马行空、感性、自然纯粹。演员和观众在充满想象与乐趣的氛围中，重新构筑了属于他们自己的心理共享空间，达成了观演之间的审美共识。

当然，游戏不是戏剧的全部。黑格尔曾说："艺术并不是一种单纯的娱乐、效应或游戏的勾当，而是要把精神从有限世界的内容和形式的束缚中解放出来，要使绝对真理显现和寄托于感性现象，总之要展现真理。"[①]戏剧动作不仅要让观众"悦耳悦目"，还要让观众"悦神悦志"，在它给观众的"新的体验"中，不仅应有感官的享受，还要有真的启迪，善的感悟和美的陶冶。

（二）幽默感

幽默感是一种不可多得的能力，人们喜欢和有幽默感的人交往。幽默感不仅仅是一种态度，更是一种人生的积累，困境的磨练，豁达的痛楚，智慧的嘲弄，人文的关怀。对于校园戏剧而言，幽默意味着一种审美态度。考察中国校园戏剧的肇始，阶级斗争、革命、道德教化曾经占领舞台，观众早就已经厌烦赤裸裸的宣教传输和道德感化。新一代的演员和观众虽然并不反对校园戏剧的道德宣教，但直接的硬性的宣传往往不如带有幽默感的软性介入。在观演关系中，幽默感已经成为校园戏剧演员和观众带有默契的心理暗示。校园戏剧演出结束后，学生观众对戏剧的评价就是："这戏好不好玩，有不有趣？"好玩、有趣，这戏就好，观众就接受。当然，幽默感不是简单的调笑、低级的搞怪，而是通过演员的喜剧表达，让观众或前仰后合或会心一笑，获得对悲剧的反思，对现实不良现象的嘲弄与批评，对悲剧人物的宽容与释怀，对人文精神的普遍认同，对普世价值观的欣然接受。在幽默感的观演互通中，演员和观众已经融为一体了。

（三）参与精神

校园戏剧的舞台不仅提供了艺术欣赏的场地，更为观众亲身领悟提供了机会。美国戏剧理论家斯泰兹认为："戏剧漫长的发展史，就是一个演员和观众之间关系

[①] 岳介先：《黑格尔的艺术美育论》，《美与时代》2003 年第 10 期。

不断发展变化的历史，它特别突出地体现在演员和观众的距离变化上。"这种"距离的变化"在校园戏剧的实践看来就是增强观众的参与意识。就校园戏剧本身而言，参与精神已经渗透进从编剧到演员的集体无意识，只是这种参与未自觉扩大，只在舞台的这一边徘徊。真正的参与应是扩展至整个校园戏剧的空间，让观众从身体到心理方面都能够全情投入，不管观众进入戏剧空间的初衷是什么，只有进入剧场，才能充分体会人与人的交流的快乐，充分体验戏剧参与的快感，体验校园戏剧的独特魅力，使他们不自觉地从旁观者成为参与者。

（四）平等观念

校园戏剧的平等主要指观演关系平等，观众成为戏剧的一部分，共同享有戏剧创作的想象空间，共同进行戏剧文学的再创作。观众既不完全主宰戏剧趋向，也不卑微地等待宣教机器的填鸭。他们和演员一样，平等地享有整个剧场的戏剧空间。无论是否有所谓"第四堵墙"，观众在台下有属于自己的一个独特视角，不可重复地、独立地、自由地对舞台表演形成自己的观念世界，这个视角同其他的视角一样是独一无二的，观众与观众之间，演员与观众之间是自由与平等的关系。无论谁都不会高高在上，无论谁都有发表自己观点的权利，无论谁都可以赢得别人的尊敬。校园戏剧不仅不会忽略和冷淡这种平等关系，反而在加强这样的关系，唯有如此，校园戏剧才有同其他艺术不一样的艺术魅力，才有竞争核心优势。

四、培养良好观演关系的方法

良好的观演关系不仅有利于顺利演出，还能起到校园德育宣传、人文教化的效果。良好的观演关系的养成需要掌握方法，就戏剧表演而言，主要有以下四种方法。

（一）提高舞台信息接收水平

随着现代人生活水平的提高和科技的发展，特别是网络技术的飞速发展，新一代成长的青少年很早就接触了电视电影、网络媒体。无论电视电影还是网络媒体，其区别于传统戏剧的重要特点就在于巨大的高效的信息量摄入。校园戏剧的观众的信息量接受能力突飞猛进，超乎想象。此时，观众对舞台表演的希求的自由度是远远超越影视媒体的。因为影视、网络等媒体可以使用镜头的强制推进、特写、转变等手段迫使观众忽略其不愿意表达的内容从而达到间接控制观众信息接收的目的。戏剧舞台不可能这么做，舞台上的一切，无论是有意还是无意，无论是主角行动还是配角的细节动作，都可能被观众看在眼里，这就要求注重人物的细节塑造，丰富舞台画面信息。

1.把握戏剧舞台的空间分布，增加舞台人物的表达方式

譬如《我不是哈利·波特》，主角小鑫进入梦境之后，原来让小鑫和女巫二人演对手戏。这样一来，魔法屋显得冷清，突出不了魔法屋的怪诞氛围。后来经过修改，在魔法屋安放了小精灵。这些魔法屋的小精灵就是现实生活中的同学，他们由现实进入虚拟空间后，角色发生变换，在两个主角打对手戏的同时，小精灵穿梭其中，丰富了魔法屋这一重要场景的信息量。

2.尽量减少台词，增加动作表现

这是实现剧本的文学性向舞台演出动作性过渡的重要手段。尤其是作为高中生观众，他们无法接受大段大段的台词，台词太长，对演员的要求也很高。事实上，台词越多，信息量接受程度越低。戏剧不同于文学，它是看戏而不是看剧本。台词的动作性很难用语言的停顿节奏来表达。应该通过丰富的肢体语言，展现超越语言的戏剧表达，为戏剧提供另一种表达方式和心理空间。

3.增加心理表现力度，重构观众的心理空间

使用影视或网络媒体，信息接受很自由，但总量有限。应该从舞台表达的特性上入手，突破影视、网络媒体的镜头限制，营造出更为广阔的心理互动空间、让人身临其境的时空环境以及真实与虚拟相结合的心理重构。在视觉、听觉、嗅觉等方面构筑多层次、多角度、多感官的精神空间，弥补舞台时空限制的不足，增加舞台表达的信息量。

（二）演员的行动表现与台词表达

演员的剧场感知不仅仅在训练过程中形成的，更是在与观众的互动交流中形成。演员要在舞台上保证和观众的交流互动，首先就必须通过台词声音的控制来进行信息的传输。演员可根据舞台的大小、深浅、设备的先进程度、观众的反应、剧场秩序的好坏等适度调整台词的音量大小。

其次，通过台词的突然停顿或重读来强化表达，收到想要的表演效果。譬如话剧《雷雨》第二幕，周萍打了鲁大海，鲁侍萍见到后的心理反应是非常激烈的，但这种激烈必须按捺下来，因为此时此刻她不能认周萍。因此她一边抽泣，一边对周萍说："你是萍(大声)……凭什么(渐弱)打我的儿子?"当周萍说："你是谁?"鲁妈说："我是你的(大声、急促)——你打的这个人的妈(压抑地)"。此时就要通过演员台词的停顿、声音的急促和放大来表现其内心的极度震惊、失望、痛苦。即用台词来表现她心理的内部动作。

最后，演员应通过抓住角色较为激烈的外部表现来体现其丰富的内心世界。但在某些情况下，安静的叙述、缺少外部动作的演员行动、简单的舞台调度，依然能获得较好的表达效果，形成良好的观演感受。譬如日本小剧场的一出戏《震灾——在废墟中重生》，整个故事由一位经历过阪神大地震的老人来讲述，使用第一人称。演员在大多数的时间里都是在静静地叙述，用语言叙述勾勒发生的一切，期间场景的变化靠灯光起落和音乐音响来提示。舞台声音细腻而真实，演员语言中极其细微的呼吸感觉都能真切地传达到观众心里。

为培养良好的观演关系，演员应该通过自身的审美提高和情感升华来带动和感染观众，观众通过观演产生情感共鸣，观众参与创作的氛围就呼之欲出，观演呈现良性的循环和互动。

（三）突破第四堵墙与距离感

第四堵墙位于舞台台口，是想象的，实际上并不存在。它是由对舞台"三向度"空间实体联想而产生，与箱式布景的"三面墙"相对而言。第四堵墙横亘演员和观众之间，使观众对舞台保持"可望而不可及"的神秘感。此外，布莱希特的"间离"表演理论要求演员在情感上与角色保持距离，观众同角色也保持距离。他认为，演员必须把学到的能使观众对他塑造的形象产生感情一致的东西都放弃掉。如果不打算让他的观众沉迷于戏中，他自己得先挣脱沉迷状态。然而，现代派则认为应该拆除表演中的"第四堵墙"，向观众开放，将表演延伸到观众席中，甚至让观众参与表演，观演应该亲密无间。

传统教学走向现代教学，要求我们突破第四堵墙。传统的教学观是"一言堂"，是"满堂灌"，是"独角戏"。学生没有价值和位置，只是教师"填鸭"的工具。语文教学改革要求"进一步提高学生的语文素养，使学生具有较强的语文应用能力和一定的审美能力、探究能力，形成良好的思想道德素质，为终身学习和有个性的发展奠定基础"[①]，课堂上的第四堵墙已经被打破，作为课外实践的校园戏剧又自然就不应该建构看起来严肃认真、不苟言笑的剧场。

校园戏剧的游戏精神、平等观念和参与精神要求我们突破第四堵墙，拉近观演关系。校园戏剧与其他专业戏剧不同，参与者要有游戏精神、平等参与观念，这必然要求校园戏剧在创作伊始就提供更深层次的体验，让观众进入剧场的时候马上被活泼多样的形式吸引，带他们进入刻意营造的情感空间。

演员与观众的分野与否并不是主要的，至关重要的是探索适于本剧的观演关系。不是所有的校园戏剧都适合打破"第四堵墙"，也不是所有的校园戏剧都需要观众的"零距离"参与。智慧的导演会调整舞台与观众席的物理空间，调整演员与观众的心理空间，使他们都舒适地处于观演的最佳状态。

（四）大胆进行戏剧实验

不断发掘人的精神领域，在过程中体验艺术之美，这是戏剧的作用。对人类精神典型的总结和人类行为逻辑的实证，是戏剧艺术生存和发展的动力。校园戏剧也要实验，屈服于应试教育的学生不能在应试中有所反抗，就必然宣泄于校园戏剧。高中校园戏剧还处在模仿学习阶段，虽有实验创新的意愿，但未必有能力进行。

[①]教育部:《普通高中语文课程标准》（实验稿），人民教育出版社 2003 年版，第 2 页。

在校园戏剧的观演关系上，戏剧实验中体现的创新思维能力往往能够取得观众的认同和赞扬。观众希望看到不一样的戏剧，无论表演形式、舞台形式，还是戏剧结构，他们都希望得到耳目一新的感觉。

戏剧的实验有风险，它不能背离艺术的精神和道德，不能向庸俗、不健康的生活方式献媚或低头。作为校园文化艺术，高中校园戏剧的受众是还没有完全成熟起来的个体，是还不能完全独立思考的学生。因此，其戏剧实验应该在指导教师的监督和帮助下进行，以促进观演关系的和谐，提高自身的艺术水平。

第五节 讨论分享

讨论分享是高中戏剧教学课外创作实践中不可缺少的环节，其重要远远超过戏剧教学本身，通过讨论与分享，不仅可以解决戏剧教学实践中的具体问题，还能影响学生的未来生活和个性形成。最早的对戏剧进行正规的带有理论指导意义的"讨论"是从易卜生开始的，他反叛了亚里斯多德的戏剧观，将"讨论因素"作为一种新的戏剧技巧引进戏剧。通过在戏剧中的"讨论"将戏剧哲理化并诉诸观众的理性思维，形成新的戏剧形式——理性戏剧。在易卜生那里，"讨论"成为了舞台化的表现因素，虽然本身不是"戏"，但却构成"戏"的一部分：在"讨论"中，人物命运发生变化，观众也因此受到启发和教育。肖伯纳把这种"新技巧"归纳为："采用讨论方式，把讨论逐步发展，直到它覆盖和渗透了动作，最后把动作吸收进去，把戏剧和讨论实际上合二为一。"[①]

一、讨论分享的意义

在高中戏剧教学的课外创作实践中，"讨论"俨然成为戏剧创作实践整体不可分割的环节，不讨论与分享，戏剧创作实践就只能沦为课外休闲娱乐活动，而不是有重大意义的教育行为。

[①]陈敏：《对中国问题剧传统的反思》，中国戏剧出版社 2012 年版，第 57 页。

（一）讨论分享有利于增强角色扮演意识

角色扮演意识并不会在排演一开始就产生，有的演员，甚至在暖身活动之后，仍会受自身因素、剧本因素或环境因素的影响而无法进入角色。演员也许能够按照他在舞台上的感觉下意识地完成剧本要他完成的动作、对话、神态，但仍未"入戏"，仍然肤浅地表演 "外部动作"，即形体和语言，心理动作却始终没有进行或跟上节奏。在一次校园话剧社的沙龙上，一位学生就曾经讲述了他类似状态的表演经历："我在台上表演着他，我的脑海里出现的不是他此时此刻所思所想，然后萌发出的动作和语言，而是剧本中所规定的此时此刻他的动作和语言。"所以，在剧本排演的过程中或结束的时候，适当地进行讨论和分享，有利于演员分析和探讨角色和剧情，交流心理状态和表演程式，让演员走进角色内部，将"我表演"变成"我就是"，将本处于旁观位置的、游离于情景和剧本之间的、表面热忱内心冷漠的表演者变成真切的、从内心情感出发的、具有强烈感染力的创造者。

（二）讨论分享有利于提高创造性地解决问题的能力

在过去几十年中，以教师向学生传输知识为主的传统教学模式已显示出极大的弊端，它对教育创新功能的几乎全盘的抹杀以及对学生主体地位的极不重视直接导致学生主动参与的意识受到严重的打击，学生的个性不仅不能得到发展，解决问题的能力也越来越低下。在新课改理念的引领下，教师开始反思传统的教学模式，课堂普遍表现出创新思维，譬如采用启发式、探索式、讨论式、合作式等激发学生的独立思考与探索的创新意识，激发他们的创造欲望。

创造性地解决问题的能力是课外活动都必须涉及的培养目标，戏剧教学的课外创作实践会碰到剧本、角色扮演、舞台背景、灯光音效、服装化妆等许多问题，这些问题的解决不能只靠指导教师或某一两个同学，必须依靠集体的力量，通过讨论一起克服解决。演员之间的讨论和分享，演员、编剧、导演三方的充分交流，可凝聚共识，激发创造性想象，共同构建和完善符合逻辑的情节思路或情感变化。在讨论和分享的过程中，文本和表演都得到再创造，问题也得到解决，学生的能力也得到培养。

（三）讨论分享有利于形成民主意识

一部剧的最终成型并排演，要经过编剧、演员、导演的共同努力。高中校园戏剧的特点决定了没有任何一个人，包括指导教师，能成为权威。所有参与演出人员都平等，他们都有权力在排演中发出声音。因此，每个小小的变化与改造都会产生讨论甚或争论，尤其是剧情的变化，这种争论会更多，规模更大。这种自然形成的民主，是学生对戏剧表演艺术的尊重，对团队精神的肯定。由于充分的交流，不仅问题得到解决，团队的协作能力得到增强，人际关系得到调整，学生的民主意识也得到增强。

（四）讨论分享有利于减少排演过程的负面心理伤害

通过讨论和分享，演员、编剧、导演开诚布公地将自己对剧本的理解、对角色的理解以及对表演的不太尽如人意说出来，进行理性的探讨和心理稀释，使积压的内心负能量得到释放，也使团队成员相互了解，减少排演中因为不同见解带来的心理伤害，这有助于他们了解不同类型的人并尝试包容，有利于他们走向社会后适应不同的人格特质和人际风格。

在心理剧的排演过程中，进行充分的讨论和分享，有助于减少主角和成员在团体中的心理孤独感。分享时，成员之间互相看到发生在自己和别人身上的原本以为独特其实类似的经历，减低了心理问题带来的负面能量，有助于进行团队的集体心理治疗。

讨论与分享是心理剧中极重要的部分，它在心理宣泄上的效果大于排演，它让整个团队的心理负能量得以宣泄释放，在广阔的心理空间中得到稀释和中和。无论是分享表演过程中的心理状态和真实感受，还是交流过往类似经历和心路历程，都在触动着所有参与者的灵魂，他们会用言语或非言语进行回应与表示关切。

（五）讨论分享有利于重构和创造文本意义

课堂阅读教学，无论是小说、文言文还是戏剧，真正的目的并不是让学生找到对文本的终极的最正确的解释，而是帮助学生培养思维习惯。学生不仅领会文本的意义，也能创造文本意义。从读者反应批评理论的角度看戏剧作品，发现意义与价值可以通过演员与文本之间的交互而转换，演员对文本的意义进行了创造性的赋予。

在很多情况下，这种创造性的重构通过讨论和分享完成。在讨论中，原本可能连编剧或作者都未发现的人物心理动态，比如人物之间因为前期的冲突产生的后续心理影响和行为逻辑，情节设置的前后不一致和不协调等，都得以发现和解决，人们因此可以对文本进行修改或重构。

讨论和分享，为参与者提供了更多的表达机会，他们会个性化地将社会、文化的语境带入角色中。通过对文本的批判性解读，对剧本进行重构和创造，有助于他们深入探究现实生活内外的事情。在剧中人物的庇佑下，许多学生能通过角色发表见解，有机会向别人发起挑战，提出辩论，阐发独立的见解。

二、讨论分享的时机

讨论分享的时机非常重要，抓住好的时机进行讨论与分享，往往会起到事半功倍的效果。

（一）校园剧的准备筹划阶段

筹划校园剧时，无论是否已有剧本，戏剧创作小组都要进行讨论与分享。

1. 已有现成剧本

所有参与者应先通读剧本，对创作理念、构架、角色安排、角色刻画、台词等提出自己的见解，然后由导演确定讨论分享的时间。所有参与者，包括演员、编剧、导演、其他工作人员，以沙龙的形式进行讨论。讨论不设任何方向，主要目的是对剧本各个部分进行修整，加深成员之间的熟悉和融洽。

2. 未形成剧本

讨论与分享的范围相对缩小，一般让主创人员参加。讨论与分享的内容主要包括此次排演校园剧的目的、基本理念、素材分享。编剧记录讨论与分享的内容，以此出发统筹整个剧本，写出剧本后，再次安排所有演职人员参加沙龙，按照第一种情况的步骤进行。这种讨论对剧本的创作的影响较大，一般由指导教师主持。

（二）校园剧的排练过程阶段

校园剧排练过程中，导演或指导教师可以根据具体情况暂停排练，进行小规模的讨论与分享，形式比较随意，时机比较灵活，时间也较短。

发现剧本的人物编排或情节上有较大漏洞，需要进一步进行修正。这时可以暂停排练，临时召集剧本主创人员开会，讨论并修正剧本中人物编排或情节上的漏洞。

角色扮演未能投入，演员无法体会剧中人物的情感世界。暂停排练后，导演和演员可再进行一次暖身活动，逐个分享扮演角色的体会，主要由演员分享，导演或指导教师点拨提醒。

找寻新的观点和新的素材来丰富剧本，强化人物性格。在排练过程中，也许发现台词或细节还不能完全表现人物。演员在表演过程中又自然而然地体会到此时人物心理需要进一步的外部动作来进行宣泄和表现，可以即时与对手演员或导演进行讨论与分享。

（三）遇到紧急事件的阶段

排练中出现的紧急事件一般有两种：演员之间或演员和导演之间因为剧本或角色的不同理解产生争执；心理剧排练中，主角和辅角配合有问题导致主角受到意外的心理伤害。在这两种情况下，导演应该立即停止所有排练，联系指导教师，立刻进行一次较为正规的讨论与分享活动。对于第一种情况，指导教师不应该有明确的角色立场和观点，以免造成主观色彩过浓的判断，扩大学生之间的分歧，应该平心静气地分析剧本，鼓励演员和导演之间进行坦诚的交流。对于第二种情况，原则是保护主角，这是心理剧导演或指导教师的重要使命。主角表现脆弱的时候，某些理性的分析和建议也许会使主角受到伤害，导演或指导教师应该立即提议让成员给予支持性的回应和足够的关切。

（四）演出结束阶段

这一阶段，讨论和分享十分重要，就心理剧而言，"适当的分享是一种完结治疗的过程"[1]。在这一阶段，讨论和分享主要有两个议题：一是分享校园剧的形式、技术、成员之间的配合、准备过程中的有趣的故事等；二是讨论展望演员的表现、角色的展现、台词和情态的运用。这一阶段，讨论与分享要在合适的时间进行、要有严谨的讨论提纲、完整的讨论程序。在校本课程中，它属于课程的一部分，指导教师应该做好相应讨论课的备课工作。

三、讨论分享的模式

讨论分享的模式主要有分组讨论、团体讨论、专题讨论、观演合一的讨论。

（一）分组讨论

在人较多的情况之下，可以安排分组讨论，导演或指导教师统一安排讨论的内容、进行方式，每一组安排一位组长和一位记录员。接着，各小组按照讨论分享的程序和内容就剧本、人物、台词、情节等进行讨论，分组结束之后，各组的组长和记录员将讨论情况汇总至中心组，汇总和讨论所有情况，以形成意见较为统一和全面的讨论稿。分组讨论应该注意四个方面的问题：讨论与分享不局限于本组的成员，可以有所扩展；讨论的内容和程序必须完整，不要因为没有导演或指导教师在场而随意匆忙；讨论必须做好记录，以便最终意见的汇总；导演或指导教师可以随意在各组之间走动，把握时机介入该组的讨论分享。

（二）团体讨论

在人数不多的情况下，可以进行团体的讨论，这类似于沙龙。主持人一般为导演或指导教师，讨论的内容和程序事先制定好，团队成员可以先进行比较随意

---

[1]邓旭阳、桑志芹、费俊峰、石红编著：《心理剧与情景剧理论与实践》，化学工业出版社2009年版，第68页。

的、松散的陈述与分享，接着由主持人按照讨论的内容逐步引导，不让讨论超越原先制定的内容。导演或指导教师对成员轮流提出的询问应该及时、逐一予以解答或回应。团队讨论应该注意以下三个方面的问题：团体讨论应有明确的讨论内容和程序，参与者应该根据讨论的程序进行，不应随意超越讨论范围；讨论分享过程中，教师应该不断地鼓励学生，推动学生提出具有建设性的意见和建议；针对焦点的讨论与分享可能会引起争执，教师应适时正确引导和化解。

（三）专题讨论

真正有效的讨论必须集中在一个问题上，有确定主题的讨论才能切中要害并取得实质的进展，大范围的多主题的讨论仅仅只适用于准备阶段和结束阶段。进行专题讨论必须注意以下三点：讨论的主题必须经过导演和主创人员的商定，确认有讨论的必要和意义；进入专题讨论的人员应该限定，譬如进行剧本主题的专题讨论就不需要邀请除演员以外的工作人员，专题讨论的范围应当缩小，这样才能更有效率地产生讨论意见；专题讨论应努力引导参与者提供或提示找寻明确的可推动进展的实质性的意见和建议，务实不务虚。

（四）观演合一的讨论

观演合一的讨论相对困难，在某些戏剧理论学派看来，演出中演员不应该与观众直接交流。斯坦尼斯拉夫斯基曾经说过："在演出中直接和观众交流是不行的，不过，间接交流却是必要的。我们在舞台上交流的困难和特点就在于我们跟对手和观众的交流是同时进行着的，跟前者是直接地、自觉地进行，跟后者则是通过对手，间接地、不自觉地进行。"[①]当然，观演合一的讨论分享和一般的直接交流不太一样，它可能出现于演剧的中间，也可能出现于演剧的结尾。大多数的情况下，观众和演员的讨论并不影响剧情的进一步发展。在具体的创作实践中，此类形式的讨论与分享活动一般只发生在校园心理剧中。这类性质的讨论与分享在校

[①]（俄）斯坦尼斯拉夫斯基著，林陵、史敏徒译：《斯坦尼斯拉夫斯基全集》（第二卷），中国电影出版社1959年版，第12页。

园戏剧的创作实践中较为少见，有以下三个特点：

1. 即时性

校园心理剧的讨论与分享不同于专业的心理剧，侧重于教育与接受。所有参与演出人员，包括观众与演员，在专业心理健康教师的指导下，通过分享对刚刚发生的演出的所有感受、想法及联想，通过分享该剧与过去生活的某种链接，从心理健康发展的角度对该剧的主题、人物、情节安排等做出更加深入全面的引导和分析，学习应对此类心理问题的经验方法。

2. 专业性

校园心理剧的讨论与分享虽然与专业心理剧不太相同，它既不需要专业心理剧导演，也不需要经过专业训练的成员，但在讨论与分享的环节仍然需要具有一定心理知识背景或心理剧背景的教师来引导。一般而言，校园心理剧的导演就是指导教师而非学生，讨论与分享的主持人也应是指导教师。

3. 小众性

由于校园心理剧自身特点的限制，校园心理剧观演合一的讨论与分享一般不在大舞台中进行，最好在校园的课外活动教室或心理工作坊进行，这符合校园心理剧安全、包容、温暖、自发的团体氛围。分享时，观众也能较为融洽地进入导演所布置的分享空间，在相对私密的场合述说相同的故事和感受。

进行观演合一的讨论与分享时，指导教师应该注意下列情况：

一般而言，此类讨论与分享的时机或安排在整出戏剧的中间，或安排在戏剧刚刚结束后进行，这样的讨论才能及时和深入，因此，指导教师应该安排好学生的课外时间，让学生无后顾之忧，充分地参与讨论。

除即兴戏剧外，安排在戏剧演出过程中的讨论与分享，通常不影响情节的进一步展开，讨论与分享仅仅以旁观者的身份进行，不会影响剧中人物行动的变化和情节的变化。

由于讨论人数较多，讨论与分享可能会经常"跑题"，指导教师应能控制场面，积极主动地引导讨论与分享走向深入。

校园心理剧有教育性质，讨论与分享不可过于随意，最后的总结应该有一定的教育意义，能够启发学生思考。

发生争论时，指导教师应视情况予以说明和教育，不应搁置或视而不见，听而不闻。

在实际操作中，观演合一的讨论模式并不适合刚刚组建的校园话剧社团，也不适合初步建立的心理工作室。它需要较为成熟的校园心理剧宣传效应、较为长久的校园话剧传统，较为稳定的观众基础。所以，进行观演合一的讨论是一个挑战，是校园话剧实践的高级阶段。

四、讨论分享的具体步骤

现根据高中戏剧教学课外创作实践，对讨论与分享环节的具体步骤进行总结：

（一）制定讨论与分享的主题与提纲

在讨论开始之前，导演或指导教师应该联系主创人员，为要进行的讨论与分享制定主题与提纲。讨论与分享的主题不宜太多，有较强的针对性和可操作性。确定了讨论的主题和提纲之后，应该安排一人负责落实讨论焦点、参考资料、讨论素材、图片、视频，营造讨论与分享的气氛，启发参与者的思路。

（二）确定讨论与分享的模式与范围

制定好主题与提纲之后，根据讨论的主题确定讨论与分享的模式和范围，譬如人数较多的全员讨论就应该采用分组的形式，初步确定分组组长的名单，由有责任心和组织能力的学生负责，以免讨论时临时指派而无法获得应有的效果。专题性质的讨论，应该确定讨论与分享人员的安排，确定讨论的时间与地点。

（三）进行讨论

分组讨论时，导演或教师可以"角色之立场或角色外"参与讨论，导演或指导教师应该在各个讨论分组之间走动，审视、观察或伺机进入讨论，提供一些简略的讨论与分享的意见，规范讨论的步骤，引导讨论的方向。讨论中，导演或指导教师发现各组的讨论出现共同的偏差时，可以暂时停止所有的讨论，对讨论情况进行总结，提出自己的观点，设定讨论与分享的焦点，再进行分组讨论。

团队讨论进行时，导演或指导教师可首先安排较为松散和随意的讨论思路，启发参与者的思考，然后再进行讨论与分享。在解答询问的过程中，导演或指导教师应该逐一认真地进行回答，并作出相应的启发。

（四）讨论结束后的总结

讨论结束后的总结一般由主持人进行。总结有以下步骤：主持人应积极评价讨论与分享中学生的总体表现，点名表扬那些特别突出的学生；针对讨论与分享的议题，结合刚刚讨论的思路或结果，进行综述性的总结和评价；根据以上的总结，表达自己的见解和愿望；针对讨论与分享中的问题提出看法，确定改进方向。

第六节 问题与思考

戏剧教学综合实践活动课程的创作要素来源于实践，在实践中进行检验和总结是讨论和研究创作要素的基础，实际操作中常常碰到更为现实的因素。下面，笔者就校园戏剧创作实践中碰到的实际问题进行讨论与思考。

一、关于导演

导演的选择非常关键，但受种种因素的制约，校园导演的表现也不尽如人意，主要有以下四个方面的问题。

（一）导演的自身能力与素质参差不齐

导演的能力和素质参差不齐，由于高中校园戏剧的表现形式多样，不同的表演形式对导演素质的要求不尽相同，校文化艺术节的戏剧比赛要求全员参与，这对学生导演的要求就和校话剧社小剧场演出对导演的要求不同。校园话剧社的导演是非专业的，指导老师也是非专业的，因此，导演难以展现较高的艺术水准。

（二）导演的控制力把握不足

无论是教师导演还是学生导演，戏剧实践中通常会碰到排练现场一片混乱的情况：也许是导演和演员们对台词的理解不同造成的；也许是某个可笑的演员动作或语言引起的；也许只是排练过程遭遇焦虑情绪引起的……这个时候，导演应该控制住场面，加快排练的进度。

（三）导演的情绪表达影响

导演也是普通人，无论是教师还是学生，在繁忙的工作和学习之余还要参加戏剧排练，在这种情况之下，要求导演保持比较稳定的状态相当困难。对于整个剧而言，导演的情绪影响非常巨大，将直接影响其他演员的情绪，进而对整个戏剧产生影响。校园话剧的导演多数是学生，还未成熟到可以较好地控制情绪，对导演情绪表达的要求不能太高。

（四）导演对观众的反馈和交流不足

校园戏剧的成功的观演关系是观众与演员在戏剧表演过程中对于想象力和表现力的认同融汇和磨合。从观演关系的角度来看，导演存在的意义是在观演关系的不断培养、适应、调整、完善中找到并且创造观演关系和谐交流的精神共享空间。大多数校园戏剧导演对自己的戏过于自信，认为自己很贴近学生的生活，不必和观众进一步沟通，常因为脱离生活实际而出现演员很卖力但观众不买账的情况。校园戏剧不缺乏观众，但在审美心理和接受空间异常开阔的情况之下，校园戏剧必须格外关注观众的存在和交流的需要。

二、剧本创作

剧本创作除了要考虑创作理念、创作方法和受众对象外，还应该考虑以下三个方面的问题：

（一）应重视戏剧矛盾的产生与解决

校园生活比较平静，没有大起大落，校园戏剧的文本创作中，尤其是现实题材的创作，往往没有什么波浪起伏的事件，没有较大的戏剧矛盾冲突。没有冲突的戏剧就无法体现戏剧的张力，无法突出人物的形象，"无冲突，无戏剧"。戏剧冲突有以下三种类型：人与命运的冲突；人与人之间的冲突；人与自己的冲突，这三类冲突会同时存在，但鉴于剧本创作者（多数是学生）驾驭能力有限，一般不可能同时发展三类冲突。应该引导创作者把握好一个类型的戏剧冲突，解决好这个冲突，造成戏剧情节的起承转合，形成情节变化的起伏与节奏，让观众在戏剧矛盾的产生与解决中领悟戏剧表演的真实目的与内涵。

（二）校园戏剧文本创作应考虑表演的实际因素

校园戏剧囿于经费、学生接受能力、时间的种种限制，不能表现超越高中生能力范围的内容和主题。其文本创作应该考虑实际因素，譬如道具不能过于复杂或过于华丽，尽可能使用意象化的表达；服装尽可能使用生活中的，少去租借甚至购买；幕与幕之间不要转换太过频繁。

（三）编剧理念与导演理念

编剧与导演常发生矛盾，主要因为对剧本以及剧中人物的看法不同，这是非常正常的现象。导演是剧本的二度创作者，导演理念的执行会对剧本产生比较重大的影响，编剧与导演常常博弈。即使编剧和导演是同一人，也有可能在执行过程中对剧本进行较大幅度的修改。实际排演中，必须协调好编剧和导演的关系，让双方都可以接受，既贯穿编剧的主体思想，又落实导演的个性解读。

三、讨论与分享

讨论与分享是校园戏剧实践中最具平等参与精神的环节，它让所有的参与者及时自由表达观点，但学生往往会过于关注自己意见的表达而忽略了他人的感受。

指导教师必须高度重视这个环节，事先准备，在进行中时刻留意：讨论是否真正切中焦点，讨论与分享是否造成其他方面的心理伤害，讨论与分享的意见建议是否切实可行？

勿要随意使用多种讨论形式，要使讨论与分享集中在一个主题上，不要浪费在无意义的形式化的活动中；

发生冲突时，指导教师应该冷静、理智、客观地判断形势，及时停止讨论，保护心理剧主角的利益；

指导教师应该有周全的计划，不随意进行没有准备的讨论；

讨论主题的确定不宜随意，应该充分听取主创人员的意见，尤其是在进行校园心理剧观演合一的讨论之前，应当适当地搜集观众对于此类问题的集中意见，以便有针对性地发问与引导；

排练过程中，一般不轻易临时停止下来进行讨论与分享，尤其注意不要影响排练的连贯性，遇见因排练角色引起的争执、台词的不连贯、情节逻辑上的重大疏漏等紧急因素才能进行讨论。

第五章 戏剧教学
综合实践活动课程的实施形式

　　戏剧是由文学、音乐、美术、舞蹈等多种元素构成的综合艺术，这门综合艺术在中国的发展比较滞后，被奉为经典的本土戏剧作品寥若晨星，教科书选录标准相对而言又较为严苛，进入学生课堂视野的作品也就少之又少。新课改后，人民教育出版社曾编辑出版《中外戏剧名作欣赏》选修课本，但由于高考对戏剧作品的漠视，这本教材也未被教育主管部门选用为地区选修教材。学生对戏剧艺术的认知与感悟只能停留在人教版必修三第一单元短短三篇戏剧作品节选部分上。戏剧艺术的恢宏与深刻，感动与激怀，都被埋葬于应试的荒野。在这种情况下，由于课外实践能够有效地补充课堂教学的不足，从而成为高中戏剧教学的主阵地。

　　本章讨论戏剧教学综合实践活动的形式，将校本选修、研究性学习、社团活动纳入综合实践，原因在于，校本选修、研究性学习、社团活动虽然在课程结构上属于课程范畴，其中的校本选修课程和研究性学习课程还必须予以成绩和学分，但因其课程的学生主体性与实践性强、课堂时空的自由度广、评价形式多元化等因素而形成与一般的语文课堂不一样的教学环境，笔者认为，必须将校本选修、研究性学习、社团活动纳入戏剧教学的综合实践活动，这样的讨论研究才完整和全面。下面将结合福建省厦门双十中学的戏剧具体实践，着重分析戏剧教学涉及的校本选修课程、研究性学习课程、戏剧社团、校园情景剧演出四种形式。

第一节 校本选修课程

校本课程是学校自主决定的课程，它是师生与学校博弈的产物。戏剧教学校本选修课程的建立需要学校、教师、学生三方共同努力。在设置教学目标、选择教学内容、实施教学方案、进行教学评价等方面都有许多值得研究和探讨的内容。

一、定 义

"校本课程"是外来语，最先出现于英美等国。校本课程指由某一类学校或某一级学校的个别教师、部分教师或全体教师根据国家制定的教育目的，在分析本校外环境和内环境的基础上，针对本校、本年级或本班级特定的学生群体编制、实施和评价的课程。按照现代课程分类理论来考察，校本课程并不是一种课程类型，而属于课程管理范畴，是正在形成之中的同我国三级课程管理体制相适应的基础教育新课程体系中的组成部分。系统地开发学校校本课程是利用学校的资源优势，体现学校的办学宗旨与办学理念，契合学生的个性学习需求以及与国家课程、地方课程紧密结合的具有多样性和可选择性的可持续工程。这项工程旨在国家课程、地方课程与校本课程中寻找最佳契合点，充分使以学生为主体的内在需求与以教师为主导的教学能力的互相适应。

校本课程是博弈的产物，这种博弈有三方参与：一是校长，掌握课程领导力；二是教师，掌握课程仲裁力；三是学生，掌握课程适应力。[①]教师开发课程的模式是实践—评估—开发，教师分析自己面对的情景，评估学生的需要，确定目标，选择与组织内容，决定实施与评价的方式。

根据校本课程的设计模式，可将校本课程分为两类：一是使国家课程和地方课程校本化、个性化。学校和教师通过选择、改编、整合、补充、拓展等方式，对国家课程和地方课程进行再加工、再创造，使之更符合学生、学校的特点和需要；二是学校设计开发新的课程。学校评估在本校学生的需求，考虑当地社区和

①陈文强、许序修：《教育文化创新学校特色发展》，厦门大学出版社 2012 年版，第 159 页。

学校课程资源的基础，以学校和教师为主体，开发旨在发展学生个性特长的、多样的、可供学生选择的课程。

根据内容，校本课程可以分为四类：拓展性选修课程、实践性课程、研究性学习课程、内隐性发展课程。

在设计模式上，戏剧教学的校本选修课程属于第二类；其内容可以根据不同的教学内容与形式，同时涉及三类校本课程。具体来说，如果课程主要是对戏剧理论的欣赏与分析，则属于拓展性的选修课程；如果课程内容和形式主要是戏剧创作，包括编写剧本、角色扮演等，则属于实践性的课程；如果课程的内容是由学生自主选择，合作探究课堂学习过程中产生的有关戏剧的问题，则属于研究性学习课程。

二、教学目标

讨论戏剧教学校本课程教学目标，要先厘清校本课程目标的设置原则。校本课程目标的确立是校本课程开发的首要环节，涉及国家、地方、学校三级课程目标的相互适应，关系到校本课程的定向、规范和评价。校本课程目标的确立还需要特别注意结合本地资源优势、本校传统文化和学生个人兴趣。

首先，校本课程是国家课程与地方课程的补充，它不是国家课程的翻版，而是弥补国家课程的不足，与国家课程相辅相成，针对性很强，但校本课程目标又不能脱离国家课程体系的总目标，不得与其对抗。它要以国家的教育目标为基准，开发者必须自觉以国家教育目标来指导校本课程目标的设置，努力将个性化、本土化的校本课程目标与国家课程一般目标相配合，既弥补不足又科学、规范。

其次，校本课程目标必须是灵活的、开放的。灵活、开放、个性应是校本课程区别于国家课程的最大特点。教师和学生是校本课程的主体和创造者，教师和学生平等地共享、开发校本资源，形成校本课程发展的良性互动。其教学过程则是教师、学生、教材之间相互适应、作用的运动过程。这个运动变化过程可以很快反映到校本课程的整体运转中，要求其及时调整，在运动变化中完善和提高。

因此，校本课程的动态性决定了课程目标设置是灵活而开放的。

最后，校本课程目标设置应突出地方特色、学校传统和学生兴趣。教育部颁发的《基础教育课程改革纲要（试行）》指出，学校在执行国家课程和地方课程的同时，应视当地社会、经济发展的具体情况，结合本校传统和优势、学生的兴趣和需要开发或选用适合本校的课程。校本课程目标的设置必须因地制宜、因人制宜、因时制宜，可以要利用好已有的校本优势资源，激发和鼓励学生的学习兴趣，个性化地设置教学目标。

综上所述，校本课程目标的设定要以国家的教育总目标为基准，动态、灵活、开放地设置出符合本校实际和学生需要的课程。在这个总目标下，针对具体的课程再设置具体的教学目标，既要突显新课程理念，又要可操作，要注意以下四点。

首先，教学目标的设计应该突出重点，根据不同的教学内容，设计不同的教学目标。由于戏剧教学校本课程的内容比较丰富，譬如在鉴赏方面就可以开设中国古代戏曲、地方戏曲、西方戏剧、中国当代戏剧、先锋戏剧、校园话剧、校园心理剧等鉴赏课程，在实践方面可以开设剧本的创作实践、校园话剧的创作与实践、校园心理剧的实践等课程。因此，不同的教学内容和教学形式，应该设计不同的教学目标。鉴赏类课程的教学目标应突出戏剧理论的运用和戏剧史相关知识的掌握；实践类课程的教学目标则要突出实践性，要让学生在学中做，在做中学。

其次，戏剧学习方面的目标应该是培养综合素质，而不能仅仅满足于掌握戏剧艺术知识。无论是鉴赏类还是实践类的戏剧选修课程，都应该符合新课改理念，着重培养学生的综合素质，为参与者提供经历、表达的机会，鼓励其自我意识的建立和自我概念的呈现，在历练虚拟人生中获得个人正确的人生观和价值观。以团队的合作探究或合作实践来激发学习想象的经验和技巧，获得人际关系交往的适应性反应。

再次，实践性课程的教学目标设计应注重理论和实践的结合。实践性课程的教学目标虽然应该把重点放在实践上，但不要忘记理论的指导作用，应该让学生在具体的实践中反思与总结戏剧艺术，结合戏剧相关理论进行指导。

复次，教学目标应体现新课程理念，激发学生的创造潜能。在戏剧选修课程中，应该引导学生互动合作，在合作探究中寻找新的发现，在合作实践中分享思考与感悟，共同激发新的观点，发现新的动能、认知与自信，从而激发学生的创造潜能。

最后，在心理健康课题小组或兴趣小组的基础上设置校园心理剧校本课程，应注重学生心理健康水平目标。校园心理剧校本课程以校园心理剧为基础，将心理剧融入学生心理素质选修课程，它通过成立心理剧小组构建学生自主互动平台，促使其进行合作探索和体验。经过教师的适当引导，体验和探索校园心理素材和主题并进行高度概括，最后进入编写剧本，排演创作，最终起到团体治疗的作用。这一过程的主要目的是实现心理健康教学目标，这也是设立该课程的初衷，而不能冲淡戏剧艺术方面的目标。

三、教学形式

戏剧教学的校本选修课程可以简单地分为鉴赏类和实践类两种课型，但在教学实际中，这两种类型的课程通常综合起来。譬如，鉴赏地方戏曲时带领学生进入地方戏曲剧团，亲身体验日常排练的辛苦。有条件的话，让学生穿上戏服，到舞台上走一圈。又如，中国当代戏剧的欣赏课程，不仅有鉴赏，还有当堂的模仿与练习。因此，在教学形式上，戏剧教学的校本选修课程的教学形式是多样的，自由的。它不拘泥于语文正规课堂的一定之规，而是突破樊笼，有另一片天地。

教学形式是为教学内容和教学目标服务的，教学形式的开展应该根据具体教学目标而定，备课时，应充分考虑以下三点。

首先，教学形式仍受校园的时空限制，若有新的思路和想法，应切实考虑地区和学校的实际。尤其是实践类的课程，需要事先向学校领导报告，在征得学校有关部门的同意之后方可进行，实践过程中还要注意各个方面的安全。

其次，教学形式的选择要尊重学生个性，引导探究精神，鼓励创新。戏剧教学的校本选修课程的教学过程很多是合作探究性质的，这就要求我们把学生看成具有能动性的创造与学习的主体，而不是被动接受知识的对象。对于学生在实践活动中所选择的每一个方法和途径，教师都应该给予充分的肯定，不能简单地说

"错"或"对"。这些想法都凝结了学生的创新意识，是他们在掌握新旧知识的前提下表现出来的奇异思维，是不受定式思维的束缚，自由发挥出来的，这就是学生学习的探究过程。

最后，教学形式的多样化固然能够引起学生的求知欲，但真正俘获学生的却是课堂教学中教师的人格魅力。这一点上，和普通的语文课堂并无二致。因此，教师应该认识到校本选修课程的重要性，应以带着自信，带着愉悦，用幽默风趣的语言来鼓舞和感染学生，使其全身心地投入戏剧实践。

四、教学内容

选修课程是课内课程的拓展与延伸，包括戏剧艺术的各个方面，甚至涉及心理学方面，比较复杂。譬如，可以开设中国古代戏曲、地方戏曲、西方戏剧、中国当代戏剧、先锋戏剧、校园话剧、校园心理剧等鉴赏课程，在实作方面可以开设剧本的创作实践、校园话剧的创作与实践、校园心理剧创作等实践课程。结合实际经验，具体准备教学内容时应该注意以下三点：

首先，不宜杂乱，应根据校本课程的整体规划，突出重点。校本课程目标设计不能兴之所至，突发奇想，而要通盘考虑。选修课程的开设要考虑学校的传统及教学实际，其教学内容应该根据校本课程的整体规划，适当妥协，突出重点，不能面面俱到。

其次，考虑学生的兴趣，突出时代感。戏剧是生活的反映，像一面镜子看出世相人生。因此，优秀的戏剧作品总是充满时代气息和生活气息。学生处在网络飞速发展、信息多元化的社会，其审美情趣发生了较大的转变。经典作品固然能够引起任何一个时代人的共鸣，但年代久远，容易产生隔膜，必须充分考虑学生的兴趣和审美实际，突出时代感，从他们感兴趣的事物入手。

最后，教学内容要考虑教师的个人兴趣和能力。语文教师也有所好，不是所有语文教师都喜欢戏剧，不是所有喜欢戏剧的语文教师都喜欢古代戏曲，不是所有喜欢古代戏曲的语文教师都喜欢京剧。因此，教学内容还要考虑教师的个人兴趣及实际能力，一方面要提高教师的戏剧艺术欣赏水平和能力，另一方面也应该考虑到教师的个人兴趣，开设适合教师个人能力发挥的课程。

第二节 研究性学习课程

研究性学习是学校开发多样化发展模式，培养多样化人才的有效学习方式。语文的研究性学习课程能培养学生的语文创新精神、语文实践能力，让学生在语文学习的过程中发现问题、提出问题，培养学生应有的科学态度、科学精神，促进学生的人格完善。戏剧教学方面的研究性学习更能够补充戏剧教学，提高学习品味，拓展综合素质。

一、定 义

研究性学习，顾名思义，就是指通过"研究"来"学习"。从广义上理解，研究性学习泛指学生主动探究的学习活动，它是一种学习的理念、策略、方法，适用于对所有学科的学习；从狭义上看，它是一门课程，指以问题为载体，创设类似于科学研究的情境和途径，让学生以合作探究的方式，收集、分析以及处理信息，实际感受和体验知识的生产过程，从而培养发现问题、分析问题、解决问题的实际能力。这种学习方式以合作探究为主要方法，以运用知识解决生活当中实际问题为主要目的，通过掌握初步的研究方法和研究手段来进行探究性学习。

研究性学习属于国家规定的必修课程——综合实践活动课程中的一部分，戏剧教学的研究性学习有如下四个特点：

1. 来源于课堂，成为戏剧教学的补充

语文应试教育至今仍在荼毒学生的个性思维，束缚学生的全面发展，当前的应考模式无法解决素质教育与高考指挥棒的矛盾关系。传统的课堂教学模式虽然受新课改的影响有所改动，但固有的教学观念仍然严重阻碍学生的兴趣发展。戏剧教学仍然位于教学的边缘，学生在学习戏剧单元之后产生的兴趣无法培养和舒展。因此，戏剧教学的研究性学习课程就为学生们提供了一个平台，用以解决戏剧单元课堂学习过程中产生的疑问，满足由戏剧课堂教学产生的对古代戏曲、地方戏曲、西方戏剧、中国当代话剧等的探索需求。

2.研究内容以课题为载体，以学生的自主发现、自主探究为主

研究性学习是习学相递，走向自主的过程，它要求改变课堂教学模式，培养学生自主观察、认识和思考问题的能力，拓展广度，强化深度。因此，学习伊始，学生就应该通过自己的发现自主确立研究性学习课题，譬如，可以从课堂学习的《雷雨》入手，研究作者及其作品，或探究曹禺的其他作品，还可以从《雷雨》中的潜台词入手，对其中的几个主要人物进行探究。

3.研究成果多样化，评估机制灵活多元

研究性学习还应客观、公正地评估学生的研究成果。戏剧方面的研究性学习，研究成果多样化，可以是论文，也可以是剧本展示，甚至可以是一段表演。评估机制应坚持评价主体的多元化、评价方式的多样化、评价结果的过程化。

4.与其他课程形式相辅相成，互学互通

在校本课程的学习中，学生通过询问老师、专家，查找相关的资料，获得启示，由此展开研究性学习。或者是通过理论学习和探究，积极运用于社团活动的开展实际，联系社团的指导教师，开展研究性学习的相关研究。戏剧教学方面的研究性学习与其他课程形式的自由、动态的结合方式充分反映了研究性学习其自身的教育灵活性。

二、活动目标

研究性学习的本质在于，让学生亲历知识生产的过程，使其学会独立思考，追求"知识"发现、"方法"习得与"态度"形成的有机结合与高度统一。这是研究性学习的本质之所在，也是研究性学习追求的教育目标。研究性学习的目标在总体上受教育总目标的制约，要反映国家的教育性质和发展方向，又必须体现其课程特点，与其他课程的目标有所不同。目前，对于研究性学习的教育目标，认

识比较全面的是钟启泉、张华，他们在《为了中华民族的复兴 为了每位学生的发展 〈基础教育课程改革纲要（试行）〉解读》）一书中提出，研究性学习有六大目标：获得亲身参与研究探索的体验，培养发现问题和解决问题的能力，培养收集、分析和利用信息的能力，学会分享与合作，培养科学态度和科学道德，培养对社会的责任心和使命感。①

结合戏剧教学的特点及具体实践，戏剧教学方面的研究性学习在活动目标的设置上应该注意以下四个方面：

1. 活动目标的生成应该是学生自主探究的结果

研究性学习的过程应该由学生自主探索、发现、体验组成，当然包括活动目标的生成。学生提出课题之后，教师根据学生的研究目标提出自己的看法，和学生充分讨论，形成最终的研究课题，研究性学习的活动目标亦同时生成。无论何种形式的戏剧教育活动，教师都应该和学生一起确定活动目标。

2. 活动目标应该考虑实际操作

活动目标的设置主要来自选题，选题要考虑实际条件的限制，确定活动目标时应考虑实际操作性，不要大而化之，应尽可能将活动目标设置得更加具体。

3. 活动目标应注重在理论探究上下工夫

大多数学生不了解戏剧理论，高中生不需要懂得太多的戏剧理论知识，他们更需要感性的实践。但对于研究性学习而言，实践经验太多会降低研究的水准和论文水平，使得整个研究处于经验主义的探索上，很难有所突破。因此，活动目标的设置应该注重突出理论的重要性，引导学生在戏剧理论上寻找答案和突破口。

4. 活动目标应激发学生更浓厚的兴趣

通过研究性学习活动，学生在亲身经历、探索、发现、总结的过程中慢慢揭开戏剧的神秘面纱，开始热爱戏剧艺术，这应该是活动最重要的效果。

---

①钟启泉、崔允漷、张华：《为了中华民族的复兴 为了每位学生的发展 〈基础教育课程改革纲要（试行）〉解读》，华东师范大学出版社 2001 年版，第 46 页。

三、活动过程

戏剧方面的研究性学习的活动过程与一般的研究性学习的活动过程大致相同，简单地说，包括：确立课题（开题），进行研究以及展示成果（答辩）。下面，结合笔者在福建省厦门双十中学的具体实践来分析这一研究性学习过程，以探究其有效途径。

（一）开 题

首先要选定课题，选题的好坏直接决定研究是否顺利，效果是否明显。选题应从戏剧学习的实际入手，包括在戏剧教学的课堂、校本课程的课堂或实践、学校戏剧社团的实践、校园情景剧的实践中发现的问题和疑惑，从中寻求探究的触发点。在此阶段，指导教师应该尽可能地帮助学生拓展思路，指明可以利用的资源，在共同探究中分享经验选好课题。譬如 2011 级学生毛伊芳和连心蕾同学，其对中国话剧的兴趣一直很浓厚，笔者就指导她们探究校园话剧，她们最终选择研究"校园话剧及其剧本"。

（二）研究过程

研究应由学生自主进行，指导教师只进行必要的监督、指导和提示。研究开始前，督促学生先完成研究计划，以期按照研究计划有步骤有秩序地执行。

譬如"校园话剧及其剧本研究"这个课题，学生们在研究之前就制定好了一系列的研究步骤：

第一步（ 2012 年 1 月 20 日之前完成）依照实验步骤，上网搜索有关话剧的相关资料，对话剧有明确的定义。通过了解发现话剧的悠久历史。除此之外，还应了解话剧的特点以及其和戏剧之间的不同点。

第二步（ 2012 年 1 月 24 日之前完成） 对话剧有了初步了解之后，亲身体验校园话剧的魅力。观看阅读本校话剧社的四个剧本后，分析校园话剧的创新之处和经典传承，确认提取校园话剧的可行性。

第三步（2012年1月26日之前完成）在了解话剧和校园话剧的基本情况后，再欣赏经典话剧《雷雨》，并对该剧中的几位主要人物做分析。将经典话剧与校园话剧做比较，得出它们之间的异同之处和可借鉴之处。

第四步（2012年1月29日之前完成）制作问卷调查表（调查表以调查现今高中生对话剧的了解程度和兴趣程度为主要内容）。

第五步（2012年1月31日之前完成）1.向本班同学和其他学校的高中生发放调查问卷。2.根据调查表整理数据，制作统计图表。并根据图表，写调查报告。

第六步（2012年2月7日之前完成）撰写总结论文、心得报告，整理顺序。

研究性学习中，指导教师应根据学生提交的计划表，适时抽查，以督促学生按时按步骤完成研究任务，注重研究过程的形成性评价。在研究性学习过程中的体验和交流，分享与协作，是过程与方法这一维度的重要体现，体现了语文课程理念的新变化。

（三）成果展示（答辩）

研究性学习的成果形式很多样，可以是研究论文或研究报告，也可以是发明创造的实物，亦可以采取影像、实践活动展示、辩论等形式。譬如2002年，复旦大学附属中学特级教师黄玉峰老师执教的研究性学习成果交流课——曹禺及其《雷雨》研究，就分为四个模块，在模块启动之前就安排了一段《雷雨》高潮部分的经典剧表演。笔者也用过排练影像与实际表演相结合的方式来展示研究性学习成果。当然，论文答辩是研究性学习成果展示的主要形式，由教师提出问题，学生就自己的研究内容形成回答。在此过程中，也可以由其他学生提出疑问等方式进行，最终由评委教师或专家对成果进行终结性评价。

第三节 校园戏剧社团活动

在新一轮课程实验探索中，学习课程直接指向人文与科学的深层建构，表现在课改体系建构方面，就是开展了丰富多彩、形式多样的人文课程和活动实践，学生社团活动就是其中的亮点。校园戏剧社团是高中语文戏剧教学综合实践活动课程的主要组成部分，也是最能够体现学校人文氛围，展现学生青春风采的社团组织，其创建，于学生、于学校，都具有巨大的价值和意义。

一、定 义

学生社团是学生在自愿基础上自由结成、按照章程自主开展活动的学生群众组织。这些社团可打破年级、系科以及学校的界限，团结兴趣爱好相近的同学，发挥其特长，开展有益身心健康的活动。

新课改总体目标有着很强的人文目的和意义，它将学习与人的生命活动融合在一起，直接指向人文与科学的深层建构。松散的自发形成的社团组织，经过重建、拓展、角色定位提高，制定大纲，建立活动目标与活动规划，实行学分制以及分配相应的指导教师，就能变为有组织有纪律但又开放灵活。

与高校戏剧社团不同，高中校园戏剧社团有三个特点：其一，有较强的组织纪律性，学生们更愿意受到社团规章制度的约束，组织活动往往比较有效率，其二，更依赖教师的指导，由于高中生受到知识、技能等方面因素的制约，他们比大学生更需要指导教师的引导；其三，与其他课程形式的有机结合，譬如与研究性学习结合，课题研究不仅满足了学生结合实践与理论的研究需要，也让学生学以致用，形成课程形式之间的互动互通。

高中校园戏剧社团的创建的价值和意义十分巨大：

首先，呼唤学生的主体意识，拓展学生的自主自立能力。高中生处于青春期，身体发育成熟，需要更自由的心理空间和展示平台。校园戏剧社团活动让学生更加自主自由地表现自己，戏剧排练强调情感的体验和交流，能够有效地削弱学习与生活的压力，弥补生活体验的偏失。

其次，提高审美品位和养成团结协作精神。通过欣赏、创造、体验，学生不仅体验了艺术魅力，还从其他角度理解人生。通过戏剧实践，学生们共同克服困难，共同探索，共同分享成功的喜悦及排演的愉悦，体验了集体智慧的力量。校园戏剧社团活动提供的舞台是其他社团活动无法提供的。

再次，提高校园文化品位，改善人文氛围。校园戏剧是公共活动展演平台，每一项校园戏剧活动都需要许多部门的配合，涉及的学生众多。导演和演员能得到锻炼和熏陶，宣传报道、后勤、编剧、灯光布景等部门的学生也都能得到锻炼。在这个平台的宣传与推广下，戏剧艺术风潮则会席卷全校，校园剧的成功演出会在一段时期内被学生们所津津乐道。因此，校园戏剧社团的建立，校园戏剧的演出对学校的文化氛围的增强和文化品位的提高能起到莫大的作用。

最后，有助于德育美育等育人功能的实现。蔡元培提出以"美育代宗教"，张伯苓提倡把戏剧作为美育和道德品质教育的手段："戏园不只是娱乐场，更是宣讲所、教室，能改革社会风气，提高国民道德。"戏剧艺术以直观的方式来感化人，促使人思考，体验。曹禺说："南开新剧团是我的启蒙老师，不是为着玩，而是借戏剧讲道理，它告诉我戏是很严肃的，是为教育人民、教育群众，同时自己也受教育。"[①]不管是经典剧目还是实验剧目，许多校园戏剧作品都是形象生动的思想道德教科书，有非常明显的道德导向和思想感化作用。校园戏剧教育本质上是一种情感教育，它能滋润人的心灵，陶冶人的情操，激励人们对美好事物的追求。

二、校园戏剧社团的建立

（一）建立

校园戏剧社团是学生社团组织，归学校团委学生会管理，创立时需要征得团委的同意，要提出建社申请并出具完整的建社报告，经过校领导的讨论研究。一般而言，高中校园戏剧社团的建立需要符合以下五个条件：有较多学生倡导发起

[①]曹禺：《曹禺自述》，京华出版社2005年版，第35页。

成立，大多数学校社团章程规定为10名以上学生发起成立；有以社团形式开展活动之必要，成立后必须有相应的社团活动，否则会被取消；有相应的筹备组织机构，明确的社团筹备负责人和指导老师，一般来说，指导教师一职由该校的团委负责人担任或者委托语文组派员负责；完成制定章程、确立组织机构、人员配置等基础准备工作；符合正规的申报程序，有学校团委的审查材料，定期接受学校各部门的监督和管理。

（二）组织机构

不同的社团组织，组织机构设立不同，一般而言，至少设置以下三个方面的部门：

领导层：秘书处、理事会、社长助理处、社长办公室。主要负责社员大会的举行、社长副社长的换届选举、监督各个部门的运转、辅助社长工作、重大活动的安排等等。

内部运转：主要包括导演部、道具部、后勤部、采编部、策划部、文艺部。主要负责所有活动的展开，重大活动的酝酿、策划、排练、演出等。

外部联系：主要包括外联部、宣传部。主要负责话剧社团的宣传、兄弟学校戏剧社团的联系交流、重要演出活动的对外宣传等。

福建省厦门双十中学蓦然话剧社机构设置

第一条 本社设常务理事会，常务理事会作为执行机构。由社长一名及各部负责人组成。

第二条 社长职责

1.召集并主持理事会，提出议案，并指导他们的工作；

2.在会员大会及其他相应的会议上发言，汇报工作；

3.监督社团各部门的运转；

4.负责重大活动的组织安排；

5.与其他学校的话剧社的联系交流。

第三条 导演部职责

1. 负责筛选剧本;

2. 负责组织话剧编排,联络演员,协调演员时间;

3. 负责各剧本的导演及时向社长及社员汇报编排进程及成果。

第四条 文艺部职责

1. 负责社员演出中除话剧以外的文艺表演工作;

2. 负责传授社团会员文艺表演技巧;

3. 积极配合社团的各种演出活动。

第五条 道具部职责

1. 负责大型演出时为剧组配制所需道具;

2. 负责妥善保管社内各种道具;

3. 负责社团活动的场地布置安排。

第六条 企宣部职责

1. 负责社团形象设计与宣传、为社团及其他各部组织活动做宣传;

2. 负责宣传与外联各种活动的组织、策划;

3. 负责社团内部的通知,联络工作。

(三)人员选拔与配置

校园戏剧社团人员的选拔与配置主要依靠学年伊始的纳新活动,每年9月,学校各个社团都使出浑身解数来吸引更多的同学,以选拔出较为优秀的社员担任部门干事或负责人。

部门负责人以及社长副社长的选拔基本上由学生自主进行,主要通过社员大会进行,由参选者或提名者到台上发表演说或展示才艺以赢得社员的选票,指导教师和团委负责老师到场监督指导并宣布任命。

(四)章程与计划

无规矩不成方圆。一个社团的组建离不开社员之间共同遵守的带有约束性质的规范与章程。社团创建伊始，社团的上级管理部门都要求社团制定章程以约束社员行为，遵守学校各项校规校纪。戏剧社团章程一般由社团骨干发起制定，与指导教师讨论后，在筹备会议上通过，连同建社材料递交校团委批准。戏剧社团章程主要突出戏剧社团活动的宗旨，制定社员活动的行为规范、社团干部的选拔与管理，一般分为总纲、社员管理、组织制度、干部管理、纪律管理等。章程的制定为建立透明、高效、公开的校园戏剧社团机构打下坚实的基础。

社团建立初期，还必须召开全体社员大会，讨论并通过社团活动计划。此后，每一届的全体社员大会都必须通过本学期或本学年的社团计划。社团计划的拟定不仅是上级主管部门检查监督社团活动执行情况的要求，也是本社高效活动的基本要素。一般而言，社团计划的拟定需要注意以下五点：

一，不好高骛远，应实事求是，提出切实可行的具体做法。

二，应由社团领导机构充分酝酿，充分讨论，和指导教师商定后再交由全体社员大会讨论通过，必须严谨认真地对待，通过后就一定遵照执行。

三，应考虑多种形式的社团活动，大型演出的活动项目不能太多，还应考虑到学校的课程学习安排以及体育锻炼时间的安排。

四，还应该考虑与兄弟学校戏剧社团的联系交流，不能闭门造车，最终成为井底之蛙。

五，有条件的戏剧社团可以半个学期举行一次社员大会，讨论半学期的社团计划。

福建省厦门双十中学蓦然话剧社章程

总 纲

厦门双十中学蓦然话剧社是在校团委和学生会领导下，由爱好话剧的同学组成的社团组织。话剧社成立目的是为我校话剧爱好者提供一个相互交流切磋的平台，鼓励校园原创作品，提高我校话剧表演和欣赏水平，在此基础上向广大同学推荐优秀的国内外话剧作品，引导同学们对话剧的正确认识，营造一个文明健康向上的校园文化氛围。

第一章 社员管理

第一条 凡是热爱话剧，情趣高雅的双十中学的学生，承认本社章程，愿意参加本社活动，积极执行本社决议，完成本社规定任务，均可以申请加入本社。

第二条 社员必须履行以下义务：

（一）遵守校规校纪，认真学习科学文化知识，坚持健康文明向上的情趣；

（二）自觉遵守本社纪律，执行本社决定，服从组织安排，积极完成本社交予的任务；

（三）维护本社的团结统一，珍惜社员之间的友谊，扩大本社的影响。

第三条 社员享有以下权利：

（一）参加本社的有关会议，讨论关于本社的决议，在坚决执行前提下可以声明持保留意见；

（二）行使表决权、选举权和被选举权；

（三）享有小剧场观看优先权，导演、编剧、演员选拔优先权。

第四条 申请入社的人，须先递交申请书，经面试后报全社大会批准后备案，成为正式社员。

第五条 社员有退社自由，对不履行社员义务的由本社指导教师批评教育仍不改正的自动退社。

第二章 组织制度

第六条 坚持校团委和学生会对本社的领导，本社任何活动的开展和任何人员的安排都必须请示校团委和学生会同意；

第七条 由社长、副社长和秘书长处理日常问题；

第八条 全体社员组成全社大会，根据少数服从多数（修改本社章程必须由 1/3 社员书面提议，2/3 社员赞成方能通过）原则，按无记名投票方式产生本社决议。大会议程有以下方面：

（一）听取本社干部的报告；

（二）讨论并决定本社重大问题；

（三）选举罢免本社干部；

（四）处理违纪社员；

（五）修改本社章程。

第九条 关于本社的资金问题。所有经费都由学校承担。经费主要用于服装、道具、交通费、宣传的画笔油墨等费用。每年一次由副社长在社员大会时向社员通报，并报告学校团委。

第三章 干部管理

第十条 本社干部产生办法：

社长：由上一届社长提名三人或三人以上，要求必须是社团成员，且参加过校园话剧的导演或演出工作，有较强的责任心。提名者经过社团大会选举产生一名社长。

副社长以及各部门负责人由社员大会选举直接产生并具备以下条件：有一定话剧专业知识能力，并有相应的组织协调能力，具有威信和影响力。

第四章 社团纪律

第十一条 学业要求：本社不要求社员的成绩必须达到何等程度，但加入本社之后，学业退步者将得到活动范围的限制，如不能作为主角参加演出，不能选拔为导演等，还有可能接受指导教师面谈。

第十二条 在社团内的活动或以社团名义执行的任务均需要受到本社章程、学校社团管理规定、校规校纪的约束，不能做毁坏本社荣誉的事情。

第十三条 严重违反学校纪律且不知悔改的学生恕不入社。

福建省厦门双十中学蓦然话剧社

（2011—2012 学年第二学期上半学期计划）

第一周 承接本学期活动，请社员表演剧本《雷雨》，并进行点评。

第二周 请社员回去阅读《雷雨》最后一幕后，进行讲解并播放视频。

第三周 请社员表演最后一幕，点评后投票，公布副社长名单（3 位）。

第四周 副社长朱泽辉以一经典剧本为基础，主持活动。

第五周 副社长林以融以一经典剧本为基础，主持活动。

第六周 副社长白帆以一经典剧本为基础，主持活动。

（以上三周活动为考察社长候选人）

第七周 召开全体社员大会，对三位副社长表现进行投票，票决社长人选，并将结果报校团委批准。

第八周 列举各类人物，进行形态分类练习。即站、坐、走训练。

第九周 设置不同情景，进行神态分类联系。即喜、怒、哀、乐等。

第十周 孟京辉《等待戈多》话剧视频欣赏，体会其中人物精髓。

第十一周 《一个无政府主义者的意外死亡》话剧视频欣赏。

第十二周 《等待戈多》话剧试排练。

第十三周 《等待戈多》第四幕话剧演职人员确定。

注：1. 招收社员从严考核，尽量选对各类剧本有所了解的同学。

2. 以《雷雨》为基本，进行各类戏剧分析。

3. 让每个社员都能出演《雷雨》第三、四幕。

4. 以十周为准，扣除考前周、开学周。

5. 如有增加周数视具体情况而定，可将某些活动适当延长。

三、活动的内容与形式

（一）活动内容

具体而言，校园戏剧活动大致有以下七个方面：

一，戏剧理论的学习。这部分的学习不会是社团活动的重点，但必不可少。在社团计划安排初期，可以让指导教师简要介绍，以便于日后更深入地理解戏剧，更好地进行戏剧实践。

二，经典戏剧的欣赏。经典戏剧的欣赏是社团活动的重点。除观看经典戏剧，还进行相应的讨论、分享，必要时邀请演员或专家开展沙龙或讲座，有条件的地区或学校还可以组织社员现场观看。

三，形体训练。必要的形体方面的练习能够让社员快速掌握表演的基本要领，此方面的训练一般需要取得学校艺术教师的支持。

四，经典戏剧的模仿。在欣赏经典戏剧，分析讨论剧中人物的表演之后，可以组织社员进行相关经典情节的排练。

五，校园戏剧原创剧本的采编、创作。

六，校园原创剧的排练和演出。

七，外出交流与体验。与兄弟学校戏剧社团进行戏剧表演等方面的交流与汇报演出。联系社会上的演出团体，进入戏剧团体中实地亲身体验。

（二）活动形式

根据具体实践，校园戏剧社团的活动形式大致有以下六种：

一，沙龙。根据每学期计划中的活动内容，安排相应的沙龙。多数由社长主持，可能的情况下，邀请指导教师或专家与会，与社员探讨校园戏剧表演、编剧等方面的问题。

二，讲座。取得学校教研室、学校图书馆或学校团委的支持，邀请本地专家开设有关戏剧知识讲座，不仅能拓展知识面，也可适当宣传校园话剧社。

三，剧本创作座谈会。在重要的校园戏剧表演伊始召开剧本创作座谈会，由主创人员、观众代表和相关指导教师与会讨论，可能的话，邀请本地专家参与讨论，以提高戏剧表演活动的水平。

四，观看演出。每学期都安排社员观看一定数量的经典戏剧视频，这是常态化的社团活动。争取学校的支持，去校外观看兄弟学校的话剧演出，与兄弟学校的话剧社团进行交流。

五，排练。排练内容一般分为两种。一是普通的校园话剧练习，譬如模仿经典戏剧的练习，或一些即兴戏剧的练习；二是重要的戏剧表演排练。

六，演出。每学期至少安排一次大型的话剧演出，两次小型演出。每学年安排一次大型的校园话剧社团展演活动。

第四节 校园情景剧表演

校园情景剧的表演源于我国学校心理健康教育的实际和专业工作发展的需要，它是莫雷诺心理剧在中国的实际运用。校园情景剧的发展促进了学校心理健康的发展，为学校心理健康教育拓开了一条崭新之路。校园情景剧虽然重点在心理治疗，但其戏剧性、文学性仍不可忽视。

一、定 义

情景剧也称"心理情景剧，是利用与生活相似的情景，通过行动表达的方法与技术，以舞台表演的形式重现生活情景中的心理活动与冲突，使当事人和参与者认识到其中的主要问题，当事人自己或在参与者的协助下解决，促进当事人、参与者认知领悟、情绪表达和行为改变"[①]。

校园情景剧是"源于我国学校心理健康教育的实际和专业工作发展的需要，通过生动的演出活动形式，促进成长中的大中小学生的认知学习、情绪表达、情感培育，促进知情行协调的内在心理需求，逐渐推广到社会服务领域"[②]。校园情景剧除以戏剧理论、艺术理论为基础外，还必须依据心理剧理论，如创造力与自发性、社会关系理论、角色理论、行动表达等。"这种寓教于乐、寓教于剧的表达形式自 1997 年在东南大学医学院大学生心理卫生协会首次使用后，于 1999 年作为中国心理卫生协会大学生心理咨询专业委员会第六届年会的专题工作坊进行展示"[③]，此后，校园情景剧就在全国大中小学校心理健康课或心理健康活动中逐步运用展开。

校园情景剧还要与教育戏剧区分开，教育戏剧是用戏剧方法与戏剧元素应用

[①] 邓旭阳、桑志芹、费俊峰、石红编著：《心理剧与情景剧理论与实践》，化学工业出版社 2009 年版，第 173 页。

[②] 邓旭阳、桑志芹、费俊峰、石红编著：《心理剧与情景剧理论与实践》，化学工业出版社 2009 年版，第 171 页。

[③] 邓旭阳、桑志芹、费俊峰、石红编著：《心理剧与情景剧理论与实践》，化学工业出版社 2009 年版，第 172 页。

在教学或社会文化活动中，让学习对象在戏剧实践中达到学习目标和目的；教育戏剧的重点在于学生的参与，使其从中领略知识的意蕴，从相互交流中发现可能性、创造新意义。教育戏剧是"运用戏剧技巧从事教育的一个门类或者说一种方式，大量采用的是即兴表演、角色扮演、模仿、游戏等非文本方式，让参与者在互动中即兴发挥自己的想象力，自由表达自己的思想，从而掌握一定的知识与技能，增进美育和德育的育人功能，达到启迪心灵、塑造完美人格的目的"[1]。校园情景剧则在心理剧基础上进行改造，符合中国大中小学生特点以及学校创作排演条件，是应用于心理健康活动和以德育主题活动为目的的校园原创戏剧创作活动。校园情景剧的目的是让参与者认识到生活和学习中的规范、心理方面的问题，进行团体心理治疗。从表演形式上看，虽然有即兴表演、模仿、游戏等形式，但多半是用于情景剧的暖身部分，校园情景剧目前主要使用文本形式的戏剧表演。

校园情景剧带有心理剧的普遍特征——自发性和创造性，莫雷诺认为，人们表达自己，这一表达围绕你我（I/you）、创造者和协同创造者的关系进行[2]。心理剧也好，情景剧也罢，都依赖于创造者和创造协作者的自发性和创造性。

除此之外，校园情景剧还具有主题性、教育性、戏剧性、文学性等特征。就主题性来说，所有校园情景剧都是"后发制人"的，即由学生们共同反映日常生活中出现的心理冲突、心理困惑，或者是由上级德育部门提出的主题，在明确主题的情况下进行戏剧创作，无主题演出的主题则是自由自发无拘无束地表达思想和情感。校园情景剧与心理剧的戏剧性不同，它不强调私密性，而强调舞台表现、舞台演出效果，以达到团体治疗的目的，这就需要通过服装、灯光、音响、道具、布景等舞台形式来辅助和展示。

二、活动的内容与形式

与专业心理剧相比，校园情景剧的内容更加多样，活动形式也很丰富。

---

[1] 张生泉主编：《教育戏剧的探索与实践》，中国戏剧出版社 2010 年版，第 30 页。
[2] 邓旭阳、桑志芹、费俊峰、石红编著：《心理剧与情景剧理论与实践》，化学工业出版社 2009 年版，第 22 页。

（一）主题来源

1.源自于学校心理健康咨询室（心理工作坊）的创作

日常的心理健康咨询常常会碰到相同或类似的心理健康问题，这个时候，就应该在更大范围内演示解决的办法，让更多的学生受益，排演校园情景剧能达到事半功倍的效果。因此，戏剧主题的一部分可以源自于学校心理健康咨询室（心理工作坊）中学生普遍心理问题的案例或素材。

2.源自于心理社团活动的创作

组建学生心理社团，建立学生心理互助群体，帮助问题学生逐步解决心理问题，亦可使用校园情景剧的形式。

3.源自于研究性学习调查研究的结果

通过研究性学习课程，学生自主选择高中生心理问题相关研究，寻找高中生常见或典型的心理问题案例，这些案例和素材自然也就提供了校园情景剧的创作源泉。

4.源自于德育部门的命制主题

德育部门在学期伊始都会制定德育计划，一些德育活动围绕的主题大多可以使用校园情景剧来表现。因此，班主任在开展班（团、队）会的时候，可以借用校园情景剧的形式围绕德育部门命制的主题进行排演，同样可以收到良好的效果。

（二）活动形式

校园情景剧的活动形式主要取决于指导教师对心理剧活动技术的掌握程度，就心理剧而言，演出阶段使用的心理技术大概有 20 多项，如设景技术、角色互换、替身、镜像技术、独白、空椅技术、三椅子技术、魔幻商店、宣泄和顿悟技术、具体化、附加现实、情景再现与穿越、录像、去角、雕塑技术、放大、示范。

下面我们来分析几种常见的活动形式。

1.分享与讨论

分享和讨论既属于校园情景剧的活动过程，也是校园情景剧普遍的活动形式。分享和讨论并不仅仅用在情景剧表演的结束阶段，任何必要的时候都可以使用。

讨论是以言语表达的形式来促成成员之间的相互信任与沟通，便于指导教师做出适切的回应和评价。分享讨论形式的局限在于言语的表达既可以是心灵的沟通，亦可以是欺骗，有些分享和讨论并不能暴露学生的真实想法，这就需要指导教师细心的观察和其他活动形式的介入。

2. 形体与艺术训练

校园情景剧有戏剧性，它要求演出吸引人，因此形体和艺术训练必不可少。非言语信息表达——神态、肢体动作，言语表达——标准的普通话、语气、停顿、重读音，都要训练。校园情景剧排练通常要进行多个学时的形体与艺术训练，寻求相关教师的支持和帮助。

3. 游戏

游戏一般使用在暖身阶段，因为游戏"能够提供师生们易于交流的稳定架构，使他们达到舒缓情绪、建立相互关系、愉快的经验并增进团体自我控制水准的效果"[①]。其基本做法是由学习者扮演或代表某人或某物，依据教师描述的情况，开展一些有目的、有焦点、有引导、有注意事项及评量的活动。游戏原使用于创作性戏剧中，用于校园情景剧的暖身阶段或心理社团的组建初期使用也非常合适。

4. 即兴表演

即兴表演是在没有预备计划、准备（主要是文本准备）的情况下，围绕一定的话题或情景，根据现场环境和对手角色的应激反应而进行的艺术创作实践活动。它已经属于表演范畴，常常用在校园情景剧的暖身或表演阶段，带有很强的心理剧特点。

5. 文本表演

这是最常见的校园情景剧表达形式，所有的校园情景剧的主体都由文本表演构成，虽然文本表演具有延时性、约束性、目的性等不良特性，但其团体治疗效果最好，也最容易操控。

---

① 张晓华：《创作性戏剧教学原理与实作》，上海书店出版社 2011 年版，第 108 页。

三、活动过程

校园情景剧的活动过程延续的是经典心理剧的三段式程序：暖身—表演—分享[①]。在实际创作中，校园情景剧的活动大概包括准备、暖身、排演、分享和讨论五个环节。

（一）准 备

准备工作包括教师的准备、演员的准备、团队的准备、后勤准备。

教师的准备还涉及较多的方面，本书前文已有介绍。

1.演员的准备

主要涉及演员的选拔、演员的心理准备、当事人隐私保密等内容。演员的选拔一般是根据剧本的创作来源设定的。如果是心理工作坊来源的剧本，主角辅角就来自于心理工作坊；如果是心理社团活动的创作，演员亦来源于社团；如果是其他来源的剧本，则可以根据创作剧本的实际情况进行选拔。由于校园情景剧揭示的是学生常见或典型的心理问题，必须保护当事人的隐私，准备阶段应处理好这方面的问题。

2.团队的准备

首先根据剧本的实际需要，确定人数。召开剧本创作的主题会议，明确剧本主题和创作导向，在专业心理教师或专业心理剧指导教师的指导下进行足够时间的自我成长与技术统整方面的训练。

3.后勤准备。

包括从暖身到排演到分享讨论阶段所需的道具、布景、灯光、座位的安排。

（二）暖 身

暖身是校园情景剧中现场推进团体气氛和准备心理的重要过程。无论是专业

[①]邓旭阳、桑志芹、费俊峰、石红编著：《心理剧与情景剧理论与实践》，化学工业出版社2009年版，第10页。

的心理剧还是非专业的情景剧，都对暖身阶段有较高的要求。具体而言，暖身又可分为言语暖身和非言语暖身两种，言语暖身所使用的技术有提问、讨论、引导式幻想等，非言语暖身所使用的技术有舞蹈、绘画、游戏、音乐分享、即兴表演等。它涉及的心理剧技术运用较为复杂，不在此处展开阐述。

（三）排 演

排演阶段通常会运用到心理剧的多种演出技术，有的使用在即兴表演的部分，如角色互换、替身、镜像、情景再现、穿越；有的则使用在文本戏剧表演的部分，如独白、对白。排演过程中需注意三点：一是确保一个心理安全的演出环境。心理安全包括团队的理解、尊重、包容、鼓励、隐私的充分保护等；二是注意指导教师的口头评价和组织管理。指导教师的口头评价将对主角和辅角的表演起到较大的影响，教师应该谨慎对待自己的口头评价；三是注重在排练过程中的暖身训练。在排练过程中，角色可能出现游离或放弃，指导教师应该合理使用恰当的暖身训练进行引导。

（四）分 享

分享阶段的表现形式可以是言语的，也可以是表情或者动作的。排演阶段结束以后，首先要在团体成员之间进行分享，导演或指导教师应该创设安静和舒适的分享环境，由团队成员用简便的形式分享本次排演。

（五）讨 论

讨论应在指导教师的主持下进行，主要讨论排演提出中出现的问题。讨论内容可以涉及整个校园情景剧，通过讨论互相启发，寻求更好的解决方法。分享和讨论可以同时进行，范围根据实际情况和需要决定，也可以扩展到观众。分享讨论的结论也可以延伸到排演过程中，决定剧情的走向，使文本戏剧和即兴戏剧交叉，这要求指导教师拥有更加高超的心理剧技术和组织管理才能。

第五节 问题与思考

戏剧教学综合实践活动的形式是在实践中摸索出来的，其内容、形式、步骤都可斟酌。

一、校本选修课程

开发校本教材是课程发展的具体化、有效化，是普通高中课程改革的亮点。系统科学地开发校本课程及其教材，是校本课程持续开设、有效发展的保证[①]，应注意以下三点。

（一）明确戏剧教学校本课程的建设理念

戏剧教学校本课程的目的是弥补戏剧课堂教学的不足，培养个人与他人、社会、环境之间的沟通能力、协作能力和自我表现能力，实现自我的成长。戏剧教学校本课程的开展将实现知识化课程与艺术化课程、生活化课程三者的有机融合。教师应明确戏剧教学校本课程的建设理念，在此指导下开展校本课程的实验。

（二）采取边开展课程实验边开发编写的办法

开展戏剧校本课程实验前，搜集和把握相关的课程素材和资料，进行课程的组织和教材实验。课程应尽量以专题形式编排，根据实际情况进行调整。活动中恰当地运用课程素材和相关资料，形成独立的课程组织理念，在专家的指导下，形成校本教材的编写方案和计划。

（三）争取各方面的积极支持

戏剧教学校本课程的建设完成不仅需要教师和学生的共同努力，还需要校方的支持。校本课程的决策权在学校领导和老师，校长是领导学校发展和校本课程

[①] 陈文强、许序修：《教育文化创新与学校特色发展》，厦大出版社 2012 年版，第 158 页。

规划建设的领军人物，学校领导班子是校本课程建设和实施的决策力量。[①]戏剧教学校本课程还应争取走出学校，走向社会，到社区进行公开的戏剧表演，到兄弟学校进行交流演出，到专业戏剧团体观看排练和演出。

二、研究性学习课程

研究性学习课程不仅是课程，更是学习方式，它以合作探究为主要方法，以运用知识解决生活当中实际问题为主要目的，通过掌握初步的研究方法和研究手段来进行探究学习。

（一）注重探究的主体性

研究性学习应该由学生自主发现问题，自主进行探究学习，教师只应起辅助作用，教师不再作为知识传播者，而是作为指导者、帮助者、合作者。保证学生的主体地位才能，取得想要的教育效果。尤其是戏剧教学方面的探究，学生的信息应该来自于亲身的学习经历，只有参与戏剧欣赏、阅读、演出、创作，学生才能找到兴趣触发点，由此展开富有动力和挑战性的研究学习。同某些自然科学的研究方式不同，自然科学课题方面的研究可能需要教师提供足够的思路甚至是选题，然后由学生自主进行探究；戏剧教学方面的研究性学习强调整个过程的产生、发展都依靠学生的自主行动。

（二）注重过程的开放性

开放性当然不仅针对学习地点、获取知识的渠道和方式而言，更指实践方面的经验获得，其实是灵活组合多种学习方式或教学形式。譬如，研究莆仙戏，学生不仅需要走进图书馆或者上网搜集相关资料，还需要到莆仙戏的发源地进行实地考察。有条件还应进剧团，亲自参加排练和演出。这样，研究性学习就和社区实践活动有机结合。这种开放性是其他课程形式所达不到的，也是戏剧教学方面

[①]陈文强、许序修：《教育文化创新与学校特色发展》，厦门大学出版社 2012 年版，第 161 页。

的研究特有的。

（三）注重选题的可研性

选题方面，要考虑学生个体、学校、地区的差异性，研究条件的局限，指导教师的研究能力和水平。选题要结合可研性与可行性，有些选题虽有较高研究价值，但实际操作较复杂，就要放弃。

（四）注重研究的德育效果

研究性学习会长远影响学生，它不仅满足学生的求知需要，还满足了学生的交往需要、成就需要。帮助学生养成正确的合作意识和沟通能力，养成严谨、求实的科学态度和不断进取的精神，磨炼不怕吃苦、勇于克服困难的意志品质，形成积极的人生态度。参与戏剧研究的同学，通过一段时间的探究，对原本并不特别热衷的戏曲文化产生浓厚的兴趣，对祖国的文化瑰宝兴起探究欲望，成为戏剧爱好者。

三、社团活动课程

戏剧社团活动是最富活力的部分，其开展应该注意以下五个方面。

（一）社团活动的开展需要延续和传承

校园文化是传承和创新的累积，是校园精神在莘莘学子心中的不断延续。校园文化精神的延续和传承很大方面来自校园社团活动的不断开展。因此，校园戏剧活动的开展不能半途而废。断断续续的社团活动、后继无人的社团建制会极大地影响学校社团的发展，破坏良好的文化氛围。

（二）社团活动的开展应合理利用地方以及学校资源

校园戏剧社团活动不仅需要学生和老师们的共同努力，还需要学校领导的支持，合理利用地方和学校资源，开展各式交流、采风、体验活动。这些活动往往属于校外实践范围，譬如外出观看一场高水准的话剧演出；通过学校团委和兄弟学校的戏剧社团组建社团联盟，定期开展各种形式的交流活动；进入职业戏剧团体参观和亲身体验职业演员的排练等。

（三）社团活动的开展需要加强社长培训和组织管理

学校社团开展活动的最大问题就是组织管理散漫，许多指导教师"顾而不问"，学生的活动计划性、目的性不强。这不利于社团活动的发展壮大，也不能够充分发挥学生的主观能动性，更不能将学校校园文化发展为特色"品牌"。尤其是若社团社长选拔比较随意，将造成社长不能服众，社团也就成为一盘散沙。因此，校园戏剧社团必须避免这些问题，加强对社长的选拔和培训，使其有足够的能力承担重任。

（四）社团活动的开展应该让学生充分自主

加强对社团的组织管理并不是约束学生，使其无法施展手脚，而是让更多的学生能够在有组织和纪律的情况下，发挥能力和水平。社团活动强调教师只充当引导者、合作者、分享者，而不是高高在上的指导者。较大规模的活动，应该放手让学生去管理、去经营，教师只需要帮助其把握戏剧主题和思想情趣，提供艺术指导。

（五）社团活动课程应与其他课程形式相结合

社团活动课程化能够建立规范和完整的制度文化，学生的各项组织行为也有章可循，有的放矢。它不仅仅丰富了校本课程的内容，也将课内知识向课外活动延伸。在课程实现形式上，可以将社团活动课程与必修课程、选修课程、校本课程、研究性学习课程、社会实践等多种课程形式结合起来，形成课程形式之间的互联互通、自由转换，共同构建戏剧文化大课程。

四、校园情景剧表演

校园情景剧不仅仅能解决学生的心理问题,甚至可以成为学校办学特色的"品牌"。笔者认为,在校园情景剧表演方面,学校还可大有作为。

(一)校园情景剧社团化、课程化、校本化

校园情景剧不能局限于心理健康教育课或心理工作坊的发展范围,应该有更高的角度,有更广大的发展空间,校园情景剧应该社团化、课程化、校本化。社团化指把对心理现象研究和心理学方面有兴趣的同学组织起来,组建学生心理社团。其社团契约最重要的就是私密性,指导教师应为学校专职的心理教师,有条件的学校还可以聘请校外的专业心理剧教师。在社团内部开展专业的心理剧训练和辅导,帮助学生解决心理问题。课程化就是将校园情景剧作为校本选修课程开设,让喜爱戏剧和心理方面的学生自主选择这门课程,使得校园心理剧课程常态化。校本化,就是结合学校的传统与发展实际,合理利用学校现有的设备条件和办学资源,将具有普遍意义的校园情景剧实现校本化,将它作为学校的校园文化活动,形成健康的高品质的校园文化,建成有学校品牌。

(二)创新校园情景剧的发挥空间

校园情景剧的使用场合有心理课、班会、社团展演、校园情景剧比赛等,其实际作用有限。因此,有必要创新和拓展校园情景剧发挥的空间,让它更好地更大地发挥育人功能。譬如推动家校合作,让家长也参与校园情景剧创作,打破校园情景剧的时空局限,创设家校互动合作解决学生心理问题的新渠道;又如与社区合作,让校园情景剧走出校园走向社区,推动社区与学校共建学生的心理防御底线,切实解决学生校外问题校内发作的弊端。

(三)学校各部门的共同支持与氛围营造

校园情景剧的教育性、生活性以及它与生俱来的德育与心育功能要求校园情

景剧的创作与发展不可能只是德育序列教师或者是心理健康教育老师的事情。其影响超越学校，到达社区、家庭与社会。校长应先转变教育理念，重视校园情景剧的创作，给相关教师和学生更大的空间和平台；其次，学校各个部门，尤其是与学生教育、校园戏剧密切相关的德育处、教研室、团委、生活管理处、心理咨询室、美术组、音乐组、语文组，应该合力关心，参与校园情景剧的创作和发展。

（四）加强师资队伍建设

校园情景剧具有较强的专业性，剧本的策划、演员的选拔、剧本的修改、暖身训练、排练……直到最后的演出、分享阶段都离不开教师的参与和指导。教师对校园情景剧的理解、掌控、组织、表达等诸方面的能力直接影响演出效果。因此，校园情景剧的发展离不开指导教师的专业发展。首先，促进指导教师队伍结构的优化，让不同学科、不同年龄结构的教师都能参与指导校园情景剧；其次，加强指导教师的专业培训，联系校内专职心理教师或者校外职业心理咨询机构对学校的学生心理社团以及指导教师进行相关的专业培训；最后，充分发挥校内专职心理教师、班主任和德育主管部门的作用，形成德育与心育、一线实践和理论指导相结合的校园情景剧教师指导群。

第六章 戏剧教学
综合实践活动课程的评价与测量

评价与测量泛指衡量、判断人物或事物的价值。戏剧教学综合实践活动的评价与测量则是指对戏剧教学的综合实践活动的过程、活动的参与者、活动的效果等各个方面进行一个总体评价。评价与测量一般都放在活动结束的最后阶段，在少数情况下，评价也放在活动过程中进行。评价与测量主要是为了能够促进综合实践活动的有效开展，提高教师的指导水平及学生的综合能力。

第一节 评价与测量的意义

朱迪丝·凯斯—普尼希尼认为："价值评鉴的重心应在于群体的目标上，而非个人的成功或失败。"[①]评价与测量应着眼于整个活动的综合表现，而不拘泥于细节或个人的表现。戏剧教学综合实践活动课程的评价与测量至少有以下三个意义：

首先，评价与测量是语文课程评价体系中的有机组成部分，是语文教学综合实践活动中不可缺少的环节。其一，综合实践活动的评价与测量应是语文课程评价体系中重要的组成部分。语文学习不仅仅是课堂的学习，更是语文生活的学习，言语生命的成长。语文课程的评价体系应该包括课堂和课外两个部分。戏剧教学综合实践活动的评价应充分体现语文课程素质教育的总体目标，鼓励学生提高语文学习的兴趣，充分培养包括语文学习在内的综合素质和能力。其二，作为语文教师基本的专业素养，对课程进行评价是语文教师的教学常规和教学习惯。因此，

[①]张晓华：《创作性戏剧教学原理与实作》，上海书店出版社 2011 年版，第 73 页。

指导教师应该主动反馈活动效果，启迪和鼓励学生探究活动价值和意义，改进活动程序和活动方法，及时、有针对性地开展评价和测量。其三，对戏剧教学综合实践活动的评价与测量不仅是语文课程评价体系的组成部分，也是实践活动的基本环节。评价与测量在活动中进行，是动态生成的，它融合在综合实践活动过程中，成为整个综合实践活动过程的一部分。

其次，它有利于提高综合实践活动的水平，进一步明确综合实践活动的目的和要求，提高活动的效率。评价的基本功能是反馈和导向，对戏剧教学综合实践活动的评价与测量，一方面要能够为学校综合实践活动项目的展开提供足够的信息反馈，以促进相关部门研究和支持校本课外活动；另一方面，引导学校开发类似的综合实践活动，提高活动的实施水平，将其向更高层次推进。在评价和测量后的分析基础上，进一步明确综合实践活动的目的和要求，引导学校整合现有教育教学资源，提高综合实践活动资源的有效利用，进而提高活动的效率。

最后，它有利于加强学生对自我的认识，对学生心理产生积极影响，提高教师的教学反省能力。《基础教育课程改革纲要(试行)》在关于课程改革目标的规定中明确指出："要改变课程评价过分强调甄别与选拔的功能，发挥评价促进学生发展、教师提高和改进教学实践的功能。"语文课程评价具有多种功能，评价功能的发挥可使语文教学的效益大大提高，最终促进学生的全面发展。语文课程评价功能主要体现在检查、诊断、反馈、甄别、选拔等几个方面。而戏剧教学综合实践的评价和测量能够有效规避在常规应试教育评价体制下的诸多不利因素，真正考察和评价学生的全方位的能力。通过学生和教师的自我评估，以及多种形式的讨论、交流和分享，促进学生和教师对自我能力的认识。在评价与测量过程中，教师与学生的互相交流、共享也能增进师生之间的情谊，对学生的未来真正起到唤醒和激励的作用。

第二节 评价与测量的基本原则

评价与测量可使教师更深入地了解学生思考的情况、问题与潜在的学习结果，也可以作为教学方法运用和改进的参考。实施评价与测量必须遵循一定的原则，唯有如此，评价与测量才有意义。

一、发展性原则

无论是从活动的组织形式还是从最终目的看，语文综合实践活动都不同于课堂活动。在新课改理念的引领下，平时的课堂教学应注重评价的发展性原则，在活动中，更强调评价主体多元化，重视评价对象的自我反思、自我完善、自我教育的作用。评价应注重评价主体多元化、评价结果过程化、评价眼光长远化。

（一）评价主体多元化

评价主体多元化指单一的评价主体（教师）变为多评价主体，学生、家长、他人、团队也可以作为主体参与评价。更多的评价主体有利于评价的客观和准确，有利于评价的全面和细致。自我评价还能够有效提高学生自我反省的能力，有助于学生进入社会之后更快地适应社会生活，努力摆正自己的位置，在不断的自我激励、自我完善中建立良性的心理激励机制。从更高层次的要求来看，还可以在多元化的基础上将单向的评价模式（即教师评价学生）变为多向的评价模式，如学生自我评价、同伴评价、小组评价、家长评价、学生对教师评价、教师自我评价等。使简单粗暴的评价模式变成多元多向的评价体系。在多元多向的评价中，真正体现综合实践活动评价的新特点，让学生找回自我，找到自信。

（二）评价结果过程化

戏剧教学综合实践活动目的并不是选拔戏剧专门人才，因此其评价注重的不是甄别和选拔，而着眼于学生的发展，增强学生主动发展的内驱力。忽视学生发展的背景和过程，忽视学生的变化和进步，过度关注活动效果，就会使学生失去对戏剧的热情、对语文的热爱，导致学生无法真实地面对自己。我们应该关注学生在活动过程中的表现以及他们是如何解决问题的，而不仅仅是最终结果的呈现。

即使学生在最终的结果呈现上出现较大的偏差，但只要经历了、体验了，就应该给予及时、积极的评价。

（三）评价眼光长远化

学习本来就是终身的，评价也必须用发展的眼光。在戏剧教学的综合实践中，一些学生表现出对艺术的较高领悟、对文学的独特敏感、对生命的智慧解答，可能无法用现在的衡量标准或测量手段来标识出来，教师应有长远的眼光，站在学生言语生命的高度来看待这些表现并给予鼓励。这种评价有助于树立学生信心，激发学生兴趣，启迪学生思考，促进学生全面发展。

二、综合性原则

戏剧教学的综合实践活动，无论是校本课程、研究性学习等课程类型，还是学生自行组织管理的社团活动或心理剧团体，大多是综合性的实践活动，一般都以小组为单位，对其活动的评价一般也以小组为单位。评价应综合各种因素，主要涉及以下三个方面。

（一）评价以团队为单位，激发团队意识

就评价方式看，既要尊重团队中主要负责同学或主角的领导与中心作用，又要注重学生团队在活动中表现出的向心力和凝聚力。

评价时应该明确要求评价个人在活动中的作用，促进学生养成尊重他人、分工负责、互相协作的团队精神。无论分工如何，都应该突出其在团队中的作用，以整体的眼光来看待整个实践活动。

（二）对个人的评价应以综合能力为主

对团队中个人的评价，也应该是其综合素质的评价，评价内容应该包括活动中的态度、活动展现的技能水平、活动中与他人的相处能力、组织管理能力、适

应能力以及其他方面的能力。评价应该尝试用新的思路和方法，也可以采用语文学习的三个维度评价。因为语文综合素养的提高是学生学习其他课程的基础，也是学生终身发展的基础。评价语文的综合实践能力就应该包括知识和能力的综合运用、听说读写能力的全面发展以及与其他学科的融会贯通。

（三）评价方式应该多元综合

评价方式应该凸显学生的主体性。教师等只作为评委中的一个，让学生自评和互评，促使他们既成为开发自身潜能的主体，成为将外部教育影响内化为自身素质的主体。

无论哪一种综合实践活动，评价都不应该单一片面，应当使用不同的评价方式，从不同的角度、不同的层面，全面评价学生，只有这样，才能达到综合实践活动的活动效果，也才能通过活动及其评价来促进学生的全面发展。

三、可信性原则

评价的可信度往往决定了评价的质量，也决定了学生对评价的重视程度。可信度较高的评价不仅能够促使学生重视综合实践活动，也能促使学生提高综合实践活动水平，评价结果出来之后学生心服口服，也避免了因为评价的可信度下降形成的学生心理问题。反之，评价可信度较低，学生就不重视该实践活动，造成综合实践活动形式化，走过场，无法达到活动的预期效果。

一般而言，评价内容主观性越高，评价结果的信度越低；反之，评价内容的客观性越强，评价结果的信度越高。评价形式越多样，评价结果的信度越高；评价形式越单一，评价结果的信度越低。单一使用过程性评价，其评价过程往往带有较强的主观色彩，其结果的信度很容易受到质疑。使用目的游离模式的评价方案，固然可以克服教育活动的目标——预期效应与教育活动非预期效应(斯克里文称之为副效应)割裂开的弊端，但其评价的随意却使评价更加主观化、随机化。这样，评价信度容易受诟病。为了保证评价的可信度，必须多种评价方式并行，努力使评价过程客观。进行评价前，应该做好评价的规划安排，不要随意评价。随意评价的后果就是学生认为评价意义不大，进而对活动的计划性、严谨性、科学性等方面都会产生质疑而懈怠，活动效果明显下降。评价应尽量使用量表，科学地产生评价分数，进行描述性评价时应该有根有据，具体真实，不要泛泛而谈，敷衍了事。

此外，评价主体的权威性也很重要。虽然，我们鼓励学生为主体的评价模式。但校内教师的指导、校外专家的参与，各种专业人员对活动的不同程度的参与都能够增加评价的信度。活动的规模和形式，也会对评价信度产生影响。

四、个性化原则

个性化原则指评价时要充分尊重学生不同的智力优势与学习风格。在进行话剧实践中，不用旧的眼光来观察学生，不用他们在班级学习过程中的表现来代替他们在话剧实践中的表现。学生的特点和智力优势不同，智能组合方式也不尽相同，应该允许学生用不同的学习方式和呈现方式来展现他们在活动中的学习结果。

（一）个性化评价应该凸显综合性与发展性原则

个性化评价应该针对学生个体，以学生为主体。因此，无论评价的内容还是评价的形式，都应该体现学生的主体性与参与度。加强学生自主评价，注重评价内容的综合性，用发展的眼光来看待学生的成长，得到可信度较高的个性化评价。

（二）个性化评价应该具体真实，不能泛泛而言

个性化评价常常带有主观性，这有利有弊，个性化评价不够具体，只是泛泛地指出优缺点，学生体会不到老师的表扬，不能明确地知道缺点，也就无法改进。因此，学生的个性化评价，尤其是描述性质的评价，应该越具体越好。这样，学生才能体会到老师的良苦用心。

（三）个性化评价的时机要掌握准确

在日常活动过程中进行个性化评价，虽然比较随意，但必须注意评价的时机。在某些情况下，个性化评价应该及时，这非常重要。比如在心理剧表演中，主角通过表演完成心理上的突破，战胜怯弱，此时，就应该及时作出评价。又比如，话剧表演过程中，因为角色扮演的问题，两个同学发生较大的争执甚至是口角，此时就不应该进行评价，应该让双方冷静下来，促使其理性地思考与分析问题，及时解决问题，此时若进行评价，难免会陷入必须表明谁对谁错的尴尬境地，评价不仅不客观，对双方也将产生不利的心理影响。

第三节 评价与测量的基本类型

评价与测量可以根据场合分为正式评价和非正式评价；根据内容可以分为校本课程的评价、研究性学习课程的评价、校园戏剧社团的评价、校园情景剧的评价；根据主体可以分为自我评价和他人评价。

一、以评价场合划分

根据评价的场合，可以将评价与测量划分为正式评价和非正式评价。

（一）正式评价

正式评价往往由教师负责，适用于活动的讨论分享或总结阶段。无论活动的讨论与分享环节是发生在过程阶段还是结束总结阶段，教师都应评价这一阶段的参与者的表现。无论以何种形式进行，这样的评价都将是正式的评价。教师进行正式评价时必须说明评价的理由、评价的内容、评价的形式。评价在相对宽松的时间内进行，评价结束后应根据内容和形式确定即时或延时公布评价结果，或以其他方式告知被评价人，正式评价之前应该事前有所准备，事后有所记录和总结，这些内容应该作为创作实践活动的档案予以妥善保存。

（二）非正式评价

非正式评价通过与学生之间的交流、互动来进行，以观察和短时间交流的形式，了解学生，进而在有意或无意之间对学生的活动表现进行判断。

尽管非正式评价大多数属于无意识行为，带有随意性与偶然性，甚至夹杂情绪，但这种非正式评价往往能起到事半功倍的效果，充分利用好非正式评价，不仅能提高学生的活动效率、水平和积极性，甚至能够影响学生的发展。反之，过于随意地对学生进行非正式评价，可能伤害学生的自尊心和自信心，使其降低对活动的兴趣，甚至是语文学习的兴趣，对学生的心理造成消极影响。教师应当高度重视非正式评价，提高非正式评价的水平，克服消极的无意识的低水平评价。

二、以评价内容划分

根据评价的内容，评价与测量可分为校本课程的评价、研究性学习课程的评价、校园戏剧社团的评价、校园情景剧的评价。

（一）对校本课程的评价

校本课程以学校为本位，由学校自己确定，其评价应有与之相适应的一整套组织与实施的标准程序。对学生的评价，虽然校本课程不比必修或选修课程，比较自由，但仍需评定其学业成绩，以此作为获得学分的依据。因此，校本课程的评价应制定一套评价标准，认真做好执行和记录的工作。

戏剧教学的校本课程评价，可以使用讨论表现、课堂表现、创作活动表现、作业、考试等多种形式、渠道进行评价，以厦门双十中学校本选修课程"话剧鉴赏与实践"为例，该校本课程的评价围绕"讨论与分享"表现、课堂表现、创作实践活动表现、教师总评四个方面展开。其中，"讨论与分享"表现、课堂表现、创作实践活动表现各占评价分数的30%，教师总评占10%。

（二）对研究性学习课程的评价

研究性学习是由学生自主开展的，以科学研究为主的课题研究活动，其评价应着重强调学习研究的过程，强调学生亲自参与探索活动的感悟和体验，应坚持评价主体的多元化、评价方式的多样化、评价结果的过程化。

1. 评价主体多元化

研究性学习的评价者可以是学生或学生团体，是教师或教师小组，也可以是其他专家。在具体的研究性学习中，有的研究涉及戏曲的区域研究或比较研究，有的涉及校园戏剧的研究，有的涉及剧本的研究。评价主体也就可能涉及学生、团体、语文教师、心理教师、艺术教师、戏曲家、戏曲研究单位等。相应的研究成果在报刊上发表，则意味着学术界和媒体也是评价主体，评价主体多元化有助于科学准确地评价研究性学习成果。

表 6-1 讨论与分享小组长记录表

班级	座号	姓名	发言次数	发言表现		总体评价
				切题	内容	

表 6-2 课堂表现记录表

班级	座号	姓名	评价内容			总评
			到位情况	发言情况	讨论情况	

表 6-3 创作实践活动表现小组记录表

班级	座号	姓名	活动表现			总评
			态度	主角\配角	表演水平	

2.评价方式的多样化

从评价方式看，可将定性评价与定量评价、自我评价与互相评价相结合，即先由学生以演讲的方式进行自我陈述，再由学生自评、学生小组互评，然后由班级推荐、教师评价、校外专家评价等方式形成最终评价。

3.评价结果过程化

评价要贯穿于研究性学习的全过程，在开题、中期检查和结题等三个环节进行评价。开题评价主要涉及研究的可行性、独特性、价值和意义、研究计划等方面，开题评价要起到端正学生的研究态度、树立研究信心、启迪研究方法的作用。中期检查的评价主要涉及研究计划的执行情况、过程问题的解决。结题评价是对研究性学习的全过程、研究结果的总评价，通过整个研究过程的评价来引导学生注意研究过程的体验与收获，注重研究过程参与的团体协作和组织管理，让每个学生在研究性学习中都能获得成功的体验。

（三）对话剧社团的评价

话剧社团是在校团委领导下的学生自行组织和管理的学生社团组织，对校园话剧社的评价将对话剧社团的组织开展和延续发展产生重大影响，评价主体主要是社团成员、社团负责人、指导教师、兄弟校话剧社、校团委负责人。评价的形式多种多样，既有显性评价，如社团展演、社团工作汇报、参赛获奖，又有隐性评价，如同学之间的口碑、校内外影响力等。从教师的角度来说，对话剧社团的评价应该注意以下三个方面：

1.注重过程的非正式评价

话剧社团活动是非功利性的，成员之间靠共同的兴趣爱好维系，他们普遍希望在社团活动中找到志同道合者，在活动中得到某种形式的心理宣泄或价值肯定。因此，在社团活动中，教师应高度重视对社团成员的积极的非正式评价，教师看似不经意的表扬，可能对学生的心理产生重大的积极影响。

2.重视重大演出后的讨论总结会的评价

话剧社团通常一年会有一到两次的重大演出或比赛，比赛或演出结束以后，指导教师应对整个演出的准备、过程、结果等进行全面中肯的评价。遇有重大的比赛演出，学生会花费更大的精力和时间，更能表现其整体素质和水平。通过讨论与总结，不仅能够对学生的表现提出更多新的要求，而且能增强学生在重大演出中的团队协作能力。

3.注重隐性评价，扩大社团影响力

隐性评价对学生社团的作用巨大。指导教师应该努力监督社团负责人按照社团计划开展活动，做好校园内的宣传广告策划和抓好重大表演活动的排练和表演，通过全体社员的共同努力来扩大社团在学校乃至社会的影响力。

（四）对校园情景剧的评价

校园情景剧是将群体性的心理健康问题以戏剧化的形式，将典型人物的内心情感冲突展现在观众面前，以使所有参与者都受到教育启发的团体心理治疗方法。因此，与其他评价不同，校园情景剧的评价有其特殊性。

1.校园情景剧评价的主体

校园情景剧的评价首先应该由表演者自己进行，表演者要第一时间投入角色的心理与情绪中，揣摩角色心理，与自己的内心世界进行沟通，建立起现实世界和戏剧世界的联系。因此，角色扮演时，表演者生发的对剧本及剧中人物的评价最真实。表演者的自我审视对排演也有重要影响，能对戏剧本身产生较大影响。

指导教师身份特殊，无论是否充分介入戏剧的排演过程，都对整个戏剧实践

活动的评价产生最终影响。校园情景剧的指导教师，相对于其他形式的戏剧活动，负有更多的指导和评价的责任。因此，在校园情景剧的排演过程和分享阶段，指导教师的评价伴随始终，起到调节戏剧活动中参与者情绪的作用。

由于校园情景剧活动是一项群体心理治疗方法，其演出价值直接关联观众的心理治疗。如果一出校园情景剧演出之后，观众不知所言，不为所动，这出校园情景剧就是失败的，观众的评价直接决定了校园情景剧的成功。

2.评价角度应该多元，分成三个层面

心理层面的评价是校园情景剧评价角度中最重要的，这一评价主要考察表演者与观众在心理上是否得到团体治疗的效果，是否符合高中生的心理动因，满足高中生在情景剧活动中要表达的心理需求。

对戏剧来说，言语表达永远是直达戏剧人物内心世界的重要手段。对于校园情景剧来说，文学层面的表达也许不是最根本的表达，但却是最重要的表达，因为心理层面的情绪诉说、独白、旁白等形式需要依靠言语表达进行，只有表达出来，才能为大家所知，也才能起到心理治疗的作用。因此，文学层面的评价应该仅次于心理层面的评价，是校园情景剧中比较重要的评价角度。

艺术层面的评价主要涉及舞台上艺术形式的运用是否恰当，演员在肢体动作、表情运用、语言表达方面的表演是否适宜，灯光、音乐、道具、服装的使用是否起到画龙点睛的作用。艺术层面的评价并不是校园情景剧的重要评价，但它也部分决定了整体的演出效果和心理治疗效果。

3.校园情景剧评价时应注意的问题

校园情景剧评价应该努力克服其他心理治疗手段的弊端，较好地发挥校园情景剧的心理治疗优势。传统的交谈治疗法虽是高中校园心理治疗的主要手段，但其弊端在于接受治疗者的身心分离，大脑中非言语部分的创伤在潜意识中并未被治愈，而是隐藏起来，遇到类似的情感挫折体验则再次爆发。校园情景剧能够较好地触及参与者的内心世界，得到更广泛的传播与治疗。因此，校园情景剧的评价应该着重考察其治疗效果是否直达参与者内心，是否起到心理治疗作用。

校园情景剧的评价不要执着于艺术层面，应该执着于心理与生活层面。虽然校园情景剧运用了音乐、舞蹈、绘画、书法、电脑特效等多方面的表达性艺术精髓，以更为形象的、易于学生接受的形式增强心理教育效果。但校园情景剧的真正目的在于心理教育，指导学生面对自我，面对生活，评价的重心应该在内心体验、情感的融合与触动。

校园情景剧的评价应该注重表演者和观众在分享阶段的表现，分享阶段是校园情景剧最重要的阶段，是检验心理辅导效果的必经阶段。在这个阶段中，指导教师、表演者、观众对于故事、表演者、情感体验的评价和表达不仅能够帮助学生重新认识自我，充分体验内心被接受和认可的幸福情绪，且有助于指导教师自身的审视，为本次活动最后的反思总结提供较为可靠的依据。

三、以评价主体划分

根据评价的主体，可以将评价与测量分为自我评价和他人评价两类。

（一）自我评价

自我评价是主体对自己思想、愿望、行为和个性特点的判断和评价，是自我意识发展的产物。一个人对自己的思想、动机、行为和个性的评价，直接影响学习和参与社会活动的积极性，也影响其与他人的交往关系。因此，自我评价作为一种重要的评价形式已经成为多门学科关注的热点，它不仅仅具有独特的自我功能，而且具有重要的社会功能。就戏剧教学的综合实践活动而言，自我评价不仅影响参与者主观能动性的发挥，也影响整个戏剧综合实践活动的效果。

自我评价经常被使用，譬如，活动结束以后，指导教师通过设计自我评价量表，要求学生根据自己的表现，填写自我评价量表；在活动过程中，一些学生也通过写日记或活动记录的方式评价自己或他人或团队在活动过程中的表现。这些自我评价能起到反思、激励的正面作用，但也可能使埋怨、谴责、悲观失望等情绪蔓延滋长；在活动结束后起到反思、总结、鼓舞信心的作用，当然也可能起到厌烦、害怕、失望等消极作用。在进行自我评价时，应注意以下三个方面。

1.确立正确的评价动机

自我意识是自我评价产生的前提条件，但并不是唯一的评价动机。除了自我意识之外，对于一项实践活动产生自我评价的动机还包括对活动的认识、对指导教师意图的领会、对剧本中人物的情感共鸣等。因此，自我评价这种特殊的认识自我的形式，实际上和人的现实需要息息相关。无论哪一种类型的综合实践活动，我们都要牢牢抓住学生的评价心理，阐述实践活动的目的和意义，树立指导教师的领导权威，真正进入角色，确立正确的评价动机，催生积极正确的自我评价。

2.指引积极的评价导向

自我评价往往折射出自我意识对人生自我价值和社会价值的认识和态度，没有正确的自我评价就会导致主体产生不正确的自我追求，从而走向歧途。因此，应该积极引导学生对自己、对他人、对团队进行积极正面的评价，构建和谐的团队氛围，从而产生较好的活动效果。

3.完善全面的评价过程

自我评价是自我诊断、自我调节、自我完善的过程。自我评价的重点不仅在于自我诊断，更在于自我诊断后的调节与提高。失去自我调节和提升的自我评价就不是完整全面的评价，也无意义。戏剧教学综合实践过程中可能遇到困难或失败，指导教师必须积极引导他们进行自我诊断，在解决问题的过程中完善学生的自我评价，使他们在自我评价中得到成长的体验。

（二）他人评价

他人评价主要包括团队中的其他参与者的相互评价、指导教师的评价、观众评价。对高中生来说，自我评价形成的过程也是他人评价产生影响的过程。同伴之间不经意的埋怨或者鼓励，老师随意的责怪或表扬，观众的热情鼓掌或冷漠反应，都可能对参与者产生重大影响。如何看待他人评价，如何进行他人评价非常重要。

首先，减少他人评价对自我评价的影响。他人评价必然会对自我评价产生较为重要的影响，自我意识薄弱、自信心不足的学生容易受外界评价的影响。积极的鼓励的他人评价能促使学生积极主动地参与实践活动，消极的他人评价则使学生不愿意继续参与。因此，在活动过程中，一方面必须避免出现消极的他人评价，但另一方面，要引导学生自信阳光，减少他人评价对自我评价的影响。

其次，客观看待他人评价。不可否认，他人评价比自我评价客观，任何活动的评价都不可能只有自我评价而没有他人评价。他人评价不仅有助于发现问题，且有助于整个综合实践活动的开展，扮演者自身容易陷入角色中而跳脱不出，身处外界能看清整个表演的问题所在。必须积极引导学生客观地看待他人评价，同时也客观地看到自我。

最后，教师尽可能避免随意评价。虽然评价主体呈多元化，但教师评价往往最重要，学生最看重。我们往往注意活动结束时分享反思阶段的教师评价，而忽略了活动过程中的评价，但过程中指导教师因为心里急躁等而随意性做出消极的口头评价却容易被学生听在心里，这种评价往往"说者无意听者有心"，直接造成学生对自己的消极评价，使活动效果下降。因此，教师应该注重避免随意评价，如果学生没做好，应该耐心指导，直到他们顺利完成角色扮演。

第四节 评价与测量的基本形式

评价与测量的目的在于观察其对参加者的影响和作用，改进活动提供参考。不同的活动形式决定了不同的评价与测量形式，合乎活动形式的评价与测量才有信度和效度。

一、专业的心理测量问卷

心理测量问卷一般只针对心理剧的演出发放。校园情景剧虽然不能同专业的心理剧相比，但作为教育心理辅导形式，必须对其实际效果进行客观准确的评价。针对某一心理群体进行研究更需要这样的专业测量。

譬如，在针对高中生运用校园情景剧促进自信心的心理剧实验研究中，先通过海报招募和学生宣传，形成若干个心理实验小组。其中 A 组作为参照组，不进行校园情景剧的活动，只做一般的讲座、沙龙或其他形式的活动。B、C组则作为实验组进行心理剧实验研究。BC两组分别有10人，进行12次（每周2次，共6周），每次大概进行90分钟的心理剧活动。每次活动的具体项目包括暖身活动1～2次，运用角色替换、肢体训练、替身等形式演出即兴短剧1次，编排《我不是哈利·波特》、《肖特的一天》等心理短剧40分钟，分享讨论3次。接着，统计心理测量问卷，比较实验组和参照组的治疗前后的差值，表明通过校园情景剧，实验组在提高自信心方面的积极改变远超于参照组。实验组的学生在进行了一段的心理剧训练后，不仅提高了自信心，学习动机、人际交往等方面也有不同程度的积极变化。

应对压力管理与应对辅导，环境适应辅导时，可以运用焦虑、抑郁自评量表，简单应对（SCT）和特质应对（SCST）方式问卷。有学者在促进到香港高校就读的内地新生对新环境的适应辅导研究中运用心理剧和情景剧的方法，采取相关问卷评估，分析其环境适应过程中情绪、躯体症状、应对方式的变化。还有学者运用"戴维斯创伤量表"和抑郁问卷等对参加螺旋心理剧"个人治疗"工作坊成员进行治疗前后的效果评估，发现有一定的成效，出现某些因子的差异显著性。[①]

运用专业心理测量问卷进行校园心理剧评估与测量时应该注意以下三点：

首先，心理测量评估前的准备必须严谨、科学。专业的心理测量评估必须基于严谨的准确的情景剧实验，指导老师最好是心理学专业的教师，或者有较高水准，参加过心理剧培训。评估前有较为严谨的准备，过程符合基本的情景剧操作程序，评估才准确、客观、科学。

其次，专业心理测量问卷的评估结果不能作为整个戏剧活动过程的总结果，尤其不能替代心理剧结束后的心理统整、分享与讨论。校园情景剧的活动过程不仅是学生心理健康教育的过程，也是言语生命的过程，艺术创造的过程，人际交往互动的过程，意志磨练的过程，综合素质提升的过程。不能将心理测量评估的结果作为唯一的参照依据，应该根据学生的整体表现进行多方位的评价。

最后，专业心理测量问卷的设计应符合心理科学的规范，不进行超越本次情

[①]邓旭阳、桑志芹、费俊峰、石红编著：《心理剧与情景剧理论与实践》，化学工业出版社2009年版，第224页。

景剧活动范围以外的测试，以确保测量评估结果的准确。专业心理测量问卷的设置最好请专业的心理测试专家进行，以免评估不客观。

二、观众调查问卷

专业的心理测量问卷一般只在校园情景剧中实施，且并非每场情景剧都要进行。实践中，运用最多的还是观众调查问卷。

观众调查问卷与专业心理测量问卷的区别在于以下几个方面：首先，评估的对象不同，观众调查问卷主要针对观众，以用于评估该剧在观众中的宣传影响力、心理反应等，专业心理测量问卷的对象主要是进行实验的学生；其次，评估的内容不同，观众调查问卷的评估内容比较广，可以针对剧本、舞台形式、背景音乐、灯光、演员扮演、主题等方面的问题进行设置，专业心理测量问卷则主要评估和测量实验组学生的心理层面的状态；最后，评估的科学性不同，观众调查问卷的设计不需要太专业的心理学知识，甚至导演组的学生就可以进行，其目的不在于科学的统计，而在于展现更广泛的演出效果，专业心理测量问卷则需要专业的设计、科学的操作以及严谨的评估。

观众调查问卷的内容大概包括以下五个方面：

剧本方面：台词是否幽默，是否优美，能否激发你去感悟言外之意；人物对话是否连贯得体，是否符合语境，在人物对话中能否表现此时此刻人物的心理状态；戏剧冲突是否合理，尤其是人物之间的关系是否处理恰当等。

主题方面：是否反映当代中学生的实际情况；是否解决了你心中的困惑；剧中人物的处理方式是否恰当；剧中发生的事件能否真实地反映主题等。

表演方面：演员的表演能力如何，在台词、动作、表情等方面做出适当的评价；幕与幕之间的衔接是否恰当；所配合的灯光和音效的效果如何等。

舞台方面：舞台场地是否过于狭小或过于空旷而影响演出效果，舞台的背景布置是否合适；舞台的灯光以及音效是否能够起到一定的烘托效果等。

其他方面：你是如何得知本剧要演出的，你觉得本剧的宣传做得如何；本剧对你的影响有哪里；对本剧的总体评价如何；为导演组提出建议等。

在设计和使用观众调查问卷方面应该注意以下五个方面：

设计调查问卷的内容应该根据戏剧的实际排练情况及演出目的而定。调查问卷的设计固然不如专业心理测量问卷那样的科学与严谨，但亦依据一些必要的判断。譬如戏剧演出的主要目的是什么，在排练过程中争议最大的是什么，演员表演的最大特点在哪里等等，调查问卷应该反映这出戏剧中最有价值的部分，由此才能给校园戏剧的成长起到比较大的作用。

设计内容不宜太多，应有所侧重。调查问卷的设计内容不宜太多，过多的内容会引起观众的反感，反而影响问卷的信度和效度。尤其是调查问卷不宜杂乱，问题设置不能毫无联系，应该分类明确，问题和选项明确，并且针对本次演出提出一些针对性的问题，不要希望面面俱到。

不要在观众观看开始就分发调查问卷，以免影响观众的判断力。演出一开始就分发调查问卷容易造成观众的反感，而且也容易让观众先入为主，从而影响观众的判断力。如果担心观众在演出结束之后就散场，可以在戏剧开始前由导演做出提醒和说明。

调查问卷统计之后，应召开参演人员的全体会议进行讨论分享。调查问卷统计结果出来之后，应该召开一次由指导教师主持的参演人员的全体会议，对此次排演进行总结、分享与讨论。调查问卷的结果可由指导教师自行决定是否全部公布，或公布一部分以免对部分参演人员的信心产生影响。

不把调查问卷的结果作为评价的主要结果来看。调查问卷的信度和效度远不如专业心理测量问卷，有较大的主观性和随意性。因此，绝不能将调查问卷的结果作为评价的最终结果或主要结果来看，它只能作为辅助评价的其中一个手段作为参考。

校园情景剧《我不是哈利·波特》观众调查问卷

您好！为了更好地发现我们在演出中的不足，提升我们的演出水平和质量，我们特此进行一份问卷调查，希望得到您的大力支持！

一、基本信息

1.您的年龄：
   A.15～18　B.18～30　C.30以上
2.您的性别：
   A.男　B.女
3.您在自信心方面的自我评价如何？
   A.很自信　B.一般　C.不够自信　D.非常不自信

二、剧本方面

1.本剧的台词是否给您启发和感悟？
   A.很有启发　B.一般　C.没有任何启发
2.本剧的人物对话是否符合当下他们的语境？
   A.很符合　B.没有感觉　C.不符合
3.本剧的戏剧冲突是否合理？
   A.合理　B.没有感觉　C.不合理

三、主题方面

1.本剧是否解答了您心中的某些疑惑？
   A.是　B.否
2.本剧对主角的最终走向您是否认可？
   A.是　B.否
3.本剧的主题设置是否符合中学生的实际情况？
   A.是　B.否

四、表演方面

1.对主角（小鑫）的表现是否满意？
   A.是　B.否　C.一般
2.对主角（女巫）的表现是否满意？
   A.是　B.否　C.一般
3.幕与幕之间的衔接是否恰当？
   A.是　B.否　C.一般
4.演员口齿是否清晰（包括普通话方面）？（可多选）
   A.很好　B.口齿不清晰
   C.普通话不标准　D.没听懂说什么

E. 其他_____

5. 您觉得在表演方面需要改进的有哪些地方？（可多选）

  A. 演员的台词或动作 B. 走位和场面控制

  C. 演员的基本素质训练 D. 其他_____

五、讨论与分享方面

1. 本剧在讨论与分享环节您是否参与了？

  A. 是 B. 否（答"否"直接到第六大题）

2. 在讨论与分享环节您的意见是否被采纳？

  A. 是 B. 否

3. 演员的表演是否能够按照讨论结果进行？

  A. 是 B. 否 C. 不完全，有一些自己的创造

4. 你觉得讨论与分享环节还有哪些需要改进的？（可多选）

  A. 导演应该少说一些。 B. 演员的即兴表演还需要增强。

  C. 应该让观众参与演出，不要让演员再演。

  D. 最后的结局可以取消，呈开放性。

  E. 其他_____

5. 在讨论与分享环节您是否有收获？

  A. 是 B. 否

六、舞台方面

1. 您觉得本剧使用的舞台场地是否太狭窄而影响演出效果？

  A. 是 B. 否

2. 灯光的处理是否合适？

  A. 很合适 B. 一般，没有感觉 C. 滞后，不顺畅

3. 音效的处理是否合适？

  A. 很合适 B. 一般，没有感觉 C. 滞后，不顺畅

七、其他

1. 您是从哪里知道本剧要公演的？

  A. 同学朋友那里 B. 微博

  C. 路边墙上贴的广告 D. 班级广告

2. 您看完本剧后愿意和同学们做宣传吗？

  A. 愿意 B. 不愿意 C. 看心情

3. 看完本剧后，您对校园情景剧是否有了更大的兴趣？

  A. 是 B. 否 C. 一般

4.如果我们还有新的校园情景剧演出，您还会来捧场吗？

　　A.会　B.不会　C.看心情　D.看作业能不能写完

5.谈谈您对本剧的总体评价。

　　A.太棒了　　B.一般，但是能够演成这样不错了

　　C.太差了，演神马啊　D.睡了一觉

感谢您的支持！

三、座谈会或访谈

　　有学者指出，在一些心理剧的治疗演出后，有人在结束时、结束后的两周、一个月的时间内，进行了直接的访谈，并做记录整理，进行治疗效果的质性分析，证明了治疗的有效性。而在运用心理情景剧进行辅导时，运用电话访谈的方式，了解当事人的演出后当时、过后的感受，也表明其有效。因此，笔者认为，在开展校园戏剧的具体实践中，也可以使用访谈或者座谈会的形式，对校园戏剧的综合实践进行评价。

　　具体来说，访谈和座谈会的共同点在于：一则，二者的对象都包括所有参与人员，可以访谈演员、导演、编剧，也可以访谈观众、指导教师，座谈会可以单纯是观众的或演员的，也可以观演结合；二则，二者的形式比较松散，气氛都比较好，访谈也好，座谈会也罢，都是对戏剧本身提出看法，不是专家的评价，也不是行政领导的长篇报告，一般而言，进行访谈和座谈会的气氛都比较热烈；三则，二者都可以用于任何形式的戏剧实践，无论是普通的校园话剧演出，还是心理剧的演出，都可以使用访谈和座谈会的形式，但心理剧可在稍后经由面谈或电话访谈得到治疗对象的效果反馈，其座谈会则要区别观众和参演人员以保护主角的隐私。

　　访谈和座谈会的不同在于：一是访谈更加注重的是访谈对象的个人感受抒发，它主要是单向的交流，座谈会则是各抒己见，亦接收来自不同层面的信息，综合共享之后产生新的意见和建议；二是访谈是一对一的交流，私密性更强，为心理剧所广泛使用，座谈会则是群体间的交流，要特别保护一些人的隐私，不要把座

谈会开成不良习惯揭露大会或批判大会；三是访谈的效果大于座谈会，访谈一对一进行，基本不受时空限制，访谈对象能比较从容真实地表达自己，座谈会则容易受到方方面面的影响，表达上多少有虚假成分，访谈的效率较低，座谈会则能较快地集中意见。

在开展访谈和座谈会评价时，应注意三个问题：

其一，无论是访谈还是座谈会，都要有充足的准备，不能随意发问。作为评价形式，访谈和座谈会都必须有针对性，必须在访谈或座谈会开始之前拟好发问的提纲，然后根据实际情况，对访谈对象进行发问。座谈会则需要一个确定的主持人做好主持工作，将会议的讨论中心移向议题，不要出现随意发问，乱开玩笑的情况。

其二，访谈和座谈会的主题必须明确，不要漫无边际。访谈的主题应该根据访谈对象的不同而有所变化，座谈会的主题由主持人拟定之后要始终贯彻下去，集中探讨，而不要漫无边际的聊天。

其三，访谈和座谈会都应该做好记录，结束之后进行分析。所有的访谈和座谈会都应该做好记录，以利于在进行剧组分享讨论的分析依据。

四、自我评价量表与主观评估报告

自我评价量表与主观评估报告主要为表演者自行评估演出行为而设置。自我评价量表通过设计、填写量化表格的形式，针对参与人员的活动表现、活动收获等方面进行自我评价。主观评估报告要求包括观众在内的所有参与戏剧活动的人员以观后感、体会、报告等主观报告的形式对戏剧实践活动进行评价。

设计自我评价量表时，应该注意以下几个问题：

其一，自我评价量表不仅要把戏剧活动表面上的成功与否，个人的发挥与否进行等方面的情况纳入评价，还应该着重考虑对参与者内心体验到情感与艺术的交融，或者现实与角色之间产生联系等情况进行评价。换言之，自我评价应该着重于自身内心的体验，而非外在事实的评判。

其二，自我评价量表还应将团体协作是否成功，互助合作、团体融合是否圆满等情况纳入评价。

其三，对于指导教师的自我评价来说，量表的设计还应该考虑：活动是否符合学生的学习需要；程度上是否配合；学生的动作、表情、心理状态是否完美呈现；不足之处又在何处；对于学生的评价是否公允；和学生之间的相互沟通是否良好；等等.

其四，自我评价量表应该考虑其相对于主观评估报告的客观性，应尽可能量化，考虑到现实活动中可能遇到的情况并加以设计和评估。

主观评估报告可以是参与者的自我审视评估，可以是观众对活动的主观评价；可以在活动过程中持续进行的评估，可以是活动后的总结反思；可以是带有强烈主观体验的日记或只言片语的记录，可以是带有总结反思性质的长篇评估报告。

主观评估报告的特点有四点：评估形式比较多样，自由，以何种形式进行记录，记录哪些内容完全由记录者自行决定，指导教师一般不干预；评估的结果既可以作为心灵体验，不给任何人看，也可以作为实践活动的反思总结，上交指导教师进行点评；在过程中的主观评估，有利于参与者审视自我，更加积极主动、更加有效地投入实践活动中去，起到更为显著的提升自我、感悟内心的作用；结束后的思考与总结撰写成报告，除了能够客观地反馈活动成效外，也可以帮助指导者或当事人收获更多，指导下一次实践活动。

五、笔 试

笔试是高中课程教学进行评价测量的普遍形式。戏剧教学综合实践活动虽然主要涉及的是学生综合素质方面的评价，但在校本选修课程中，有时会选用笔试的评价方式。笔试涉及在课程过程中的理论知识及其文本运用方面。

在戏剧教学综合实践的具体活动中，笔试的设计目的主要是让学生对戏剧理论有一个更加系统化的积累与认识，以利于在日后的综合实践活动中加以熟练地运用。笔试的试卷设计和运用应该注意以下三点：

其一，笔试所占比重不宜超过 30%。即使是校本选修课程，笔试成绩至多占选修课程总成绩的 50%。因为戏剧教学的综合实践活动重头戏在实践，在活动，因此学生在活动中表现如何的考量才是最重要的，也是最能够看出实践效果的。

其二，笔试所采取的命题形式应该多样，尤其是突出理论在文本和实际情况中的运用，而不要纠结于概念、术语是否使用得准确。

其三，笔试的设计可以包括以下几个环节：戏剧源流和历史、现当代戏剧的基本概况、戏剧文本的改编与设计、戏剧文本的品读与鉴赏等。

附 录

一、厦门双十中学校园话剧剧本选编

二、厦门双十中学校园话剧导演本选编

三、厦门双十中学戏剧研究性学习课程论文选编

我不是哈利·波特

指导教师：陈　锋

编　　剧：闫　哲、黄　丹

配　　乐：林定国

主　　角：汪晓鑫、白　帆

配　　角：郭杰秾、谢元昕、刘　艺、朱天骁、许雪晶

道　　具：《哈利·波特》、书本、篮球、魔法棒、魔法服、精灵面具

第一场 谁是哈利·波特

【教室，同学们正在排练集体舞，已经跳得很好，小鑫独自坐在班级一角，望着他们】

班长：大家排练得不错，不过还有些地方动作要到位，你，这边是这样，对对，你，这边是这样，好的，我们再来一次吧，继续加油哦。（到队伍中对某些同学的姿势进行指导）（排舞现场定格停住，灯灭）

【小鑫坐在班级一角，看着大家的排练，一束追光，书写日记】

小鑫（独白）：今天是 5 月 8 日，星期二，天气阴。一会儿大概会有一场大暴雨吧？下周就是年段的集体舞大赛了，看他们训练得热火朝天的，我多希望能加入他们的行列呀。但，还是算了吧，我还是不要参加了，免得好好的班级活动又会被我搞砸了。军训，接力赛，大合唱，都是因为我，班级失去了名次。唉，总之我就是个废物。现在马上就要集体舞比赛了，但他们似乎忘记了我，而我，我也不敢……

【灯亮，定格住的排舞现场重新开始，班长指导排练，小鑫仍然在低头写东西】

（小杰上，拿着《哈利·波特》，自言自语）：伏地魔终于出现了……唉，哈利

真危险，下面会发生什么呢？

班长：小杰，你怎么还在看书啊，快点来排练，大家刚才到处找你呢？

源昕：哎，小杰，你看到哪里了？

小杰：我看到伏地魔出现了……（翻书给源昕看，正欲说，被班长夺下）

班长：别看了，我们下周就要比赛了。（随手扔在小鑫旁边）

小鑫（拣起小说，看了看，好奇地）：什么是哈利·波特啊？

众人：啊？他连哈利·波特都不知道啊？！哈哈哈哈——

小天（凑过来，拿起书，轻蔑地笑）：这本书你都不知道？这是现在最流行的
　　　　一部魔幻小说啊！

小杰：哎呀，他怎么会看过，他整天就知道读书，就是个读书机器。

班长：你们别闹了，赶紧排练吧，大家都等着你们呢！

小天（把书扔给小鑫）：小鑫，你慢慢研究哈利·波特吧！看看，他能不能救
　　　　救你！

小鑫（拿起书）：哈利·波特，哈利波特到底是什么东西？！（翻起书来）

【班长继续指导排练，灯灭】

第二场　我想做哈利·波特

【教室一角，追光至小鑫身上，小鑫写日记】

小鑫（独白）：5月11日，星期五，天气雨。这几天一直阴雨绵绵的，下得
　　　　人心都烦了。还好，在这样的天气里，有《哈利·波特》陪着我。你
　　　　别说，《哈利·波特》这小说还真是好看呢。我真羡慕哈里呀，有那么
　　　　多的好伙伴。可是现在，我的同学都讨厌我，我真希望我能变成像哈
　　　　利·波特一样受欢迎。眼睛有些痛了，我先趴一会儿吧。

【趴在书上睡着，进入梦境】

【小鑫从梦境中醒来，环顾已变成魔法屋的教室，四处茫然，女巫从身后上
场】

小鑫：这是哪里？这不是教室吗？可又不像是。（发现女巫，吃惊地）你是谁？

小女巫：这里是对角街的魔法店。我，是这里的主人。

小鑫（不相信）：是么？你真有魔法？你能变什么？你变出个东西我看看，让我相信你！

小女巫：不，我不做魔法表演。但我贩卖魔法，任何你能想到的这世上的魔法。

小鑫（怀疑地）：……这世上真的有魔法吗……你骗我吧？

小女巫：魔法对于我们就是旨意，我们从不骗人。不信你看。到这里的人都会拿他们宝贵的东西来与我交换他们想要的魔法。先说说看，你想要什么魔法呢？

小鑫（试探地）：真的什么都可以吗？那，我想变成哈利·波特。

小女巫（微笑）：哈利·波特？你挺有意思的，人们都要获得财富与权力的魔法，你却要变成哈利·波特……有什么理由吗？

小鑫（犹豫地想了想）：我……好吧，我就告诉你，我其实是想让别人看得起我，像哈利·波特一样，有勇气、力量和大家的崇拜！

小女巫：哦，我明白了。那，你要拿什么来与我交换呢？

小鑫：交换？！可是，我没有什么值钱的东西呀！

小女巫：是吗？在我看来，你可是有许多宝贵的东西呢！

小鑫（迟疑的，慢慢抬头看着店主）：我，我有吗？

小女巫：有，你有！比如：我想要你温暖的家，你能变成哈利·波特，但你将失去对父母的所有记忆。

小鑫（赶紧摇头，紧张又害怕）：失去我的父母，失去我的家？这……还有其他的选择吗？

小女巫（步步紧逼）：那么健康好吗？你将体弱多病，但拥有哈利·波特的所有魔法！

小鑫（摔在地上）：躺在床上，无所事事，痛苦呻吟……天啊！这，这个好像……还能再换一个吗？

小女巫（微微一笑）：算了，孩子，和很多人一样，你也不舍得。既然你拥有什么，你就总得失去什么。想做哈利·波特，拥有他的魔法，就应该用他渴望的东西来换，一个温暖的家、健康的身体、宁静的校园生活。不过，刚才你好像都拒绝了。你再好好想想吧，等你真正想要交换时候，再来找我吧。

【小女巫下，魔法店灯灭，小鑫回到原来睡觉的样子，忽然惊醒】

小鑫（独白）：刚才，是做了个梦吧？我记得这里有个女巫，她说只要我舍得抛弃我的父母，我的健康，就能让我变成哈利·波特，就能让同学们喜欢我，崇拜我。可是，这，真的值得吗？

第三场 我不是哈利·波特

【教室内，众人在排练集体舞，队形可以是散乱的。小鑫默默上场，模仿舞蹈动作】

白帆（对刘艺）：看，小鑫又来了。

刘艺：是呀，你别说，连续好几天都来看我们排练，还在边上自己练习，虽然挺傻的，不过挺有毅力呀。

源昕：不过看了这么多天，跳得还像扭秧歌一样，真是"孺子不可教"呀。

小天：我倒是觉得，没人教，只是看，能跳成这样，算是不容易了呢。

源昕：诶，你怎么忽然站到他那边去啦？

小天：我只是就事论事啦。

【源昕、小天争吵起来】

班长：好啦，大家不要讨论啦，我们继续练习吧。

众人：来来来，站好队形。

【小杰绊倒，扭到】

小杰：哎呦

众人七嘴八舌：怎么啦，怎么啦？

小杰：我的脚好像扭了。

班长：那你还能跳舞吗？

雪晶：严不严重呀？

班长：你还能跳吗？

小杰（挣扎站起）：我再试一下，（再挣扎，还是站不起来，沮丧地）我大概
是跳不了吧。

白帆（着急地）：那怎么办呀？马上就要比赛啦！

众人七嘴八舌（着急地）：对呀，还有两天就要比赛了呢，怎么这时候忽然扭
了脚，缺一个人怎么办呀，队形就不完整啦，我们
都排练了这么久，这临时上哪里找人去替你呢？

小鑫：不如，让我试试吧？

众人：你？

众人七嘴八舌（怀疑地）：你行吗？不会又跳成"扭秧歌"吧？

小鑫（鼓起勇气）：我看了这么多天，一直都有自己练习。（顿）不然，你们
临时也找不到对这支舞蹈熟悉的人了。我想，（顿）我想
试试。

雪晶：不然，让他试试？

班长：恩，让小鑫试试吧，现在这种情况，也只能这样了。（给小鑫一个鼓励
的眼神）

小鑫（重拾信心并欣喜）：恩！班长，先把小杰扶到旁边吧。

【众人跳舞，小鑫没有很好，但起码能跟上节奏】

小天：哎，小鑫，可以呀，竟然能跟得上呀。（冲源昕）我看他跳得比你好呢。

源昕：比我好？怎么可能，你眼睛有问题吧？

小天：我看他就是跳得比你好。

班长：好啦，你们别闹了，小鑫的确跳得比想象中好呢，我们应该对同学更
宽容更信任。小鑫，加油呀！

小鑫：恩，班长，等会大家休息时能不能麻烦你再多教教我，我很想努力练
得更好，像你们一样为班级争光！

班长：好呀！

刘艺：看啊，雨停了，出太阳了！班长，咱们先扶小杰去医务室，再去操场
　　　上熟悉下比赛场地吧？

众人：好呀，好呀。

【众人下，小鑫留在舞台中央】

小鑫（独白）：被同学接纳的感觉真好！是的，我不是哈利波特，我也不要做
　　　　　　　哈利·波特，我就是我，我也有我的优点。只要我再努力一点，
　　　　　　　他们一定会包容我的。我应该对自己有信心！

源昕：小鑫，你还在那儿磨蹭什么呢？快点呀！

小鑫：来了……

【小鑫下】

——全剧终

恰同学少年

——多幕校园情景剧

指导教师：陈　锋

编　　剧：闫　哲、黄　丹

配　　乐：黄　丹

主　　角：闫　哲

配　　角：卢伟平、丘　骏、张伟士、李晓峰、吴晨珏、黄　丹

道　　具：书本、篮球、拖把

第一幕　暴风雨前的平静

【男生宿舍中，丘、卢正在写作业，灯亮】

丘：南孚，教我这道题怎么做？（走到卢面前）

卢：……

丘：一个派。（卢伸出 2 个手指，丘领会）

丘：好啦，好啦，说 1 吧！

卢：这么简单你都不会，用微积分的方法……

丘：别闹了，快一点。（严肃）

卢：这道题嘛……

丘：哦，原来这么简单，南孚。

卢：以后这种题目要先自己思考一下，不要急着问……

【敲门声，门外站着气喘的张，丘看了卢一眼，跑到门边】

丘：提问！

张：回答！

丘：我们宿舍最帅的人是谁？

张：张伟士

丘：错！

张：丘骏

【开门】

丘：伟士，提醒你多少次了，你知道开门的几秒钟浪费了我多少青春么，你看我头发都白了，下次给我记得带钥匙。

【张喝了口水】

张：好了，大家都在就好了，你们知道我下午看见了什么？

卢：就你？！嗤！上次也是这样，我以为你看到鬼了，结果你说，你说什么来着……（思索状）

丘（大声地带有嘲讽的语气）：他说他看到蚂蚁打架！这次又看到蚊子放电啦？

张：没有没有，这次比见到鬼还新奇，真的真的，是关于那个矮土豆的……这事儿太美妙了（放低声音）

丘、张（急切地好奇地冲了过来）：是吗是吗?快说！快说！

张：别急别急，你们听我说，事情是这样的……

第二幕 所谓"美妙"

【灯灭，教室灯起】

【教室中，下课铃声响】

晓（背着书包离开）：晨珏，走啊，一起吃饭去，我肚子都饿坏啦！

晨：你先走吧，我还有一题。

晓：那我先走了。88

晨：88

闫（转过来）说：你还没有走啊？

晨：我还有一题没做出来。

闫：哦。这题用△法比较好做。

【于是开始解题，两个人坐到一起讨论起来，并说起其他的事儿，有说有笑】

【正在这时，张进来拿着篮球】

张：舍长！舍长！

张（闫讨论热烈，没有发现，张从后面绕，靠近，突然大声并带有讽刺）：

　　舍长！ 你们好忘我阿！

闫（吓一跳）：你这么大声干嘛？又满身臭汗！你地有没有扫？如果我们宿舍
　　　　　　　没拿到星，唯你是问，还不回去扫，记得把宿舍的开水瓶灌满
　　　　　　　阿！

张：嘻！又是扫地扫地！（不满地）好，我回去了，舍长大人，不打扰你了。
哼哼！（讥讽地笑了笑）

【出门后，学闫动作，窃笑，灯灭】

第三幕 真的假的

【地点：男生宿舍，灯亮】

丘、卢：真的假的？别骗我，上次你说买雪糕加一瓶可乐可以治牙痛，我就
　　　　　去买了，结果雪糕吃完了，牙更痛了，可乐被你喝了，现在我的牙
　　　　　还痛着。（捂嘴。作牙痛状）

张：这次没有骗你们，真的，你们难道没有听到他老是在宿舍你唱那首歌么？

【丘、张、卢三人合唱，大笑】

丘：对阿，最近那两个人下课都谈得不亦乐乎，都不管我们这些哥们儿，旁
　　若无人。

卢：唉，看来英雄难过美人关阿！

张：嘻！整天就知道扫地扫地，叫什么英雄阿

丘：应该是土豆难过美人关。（三人大笑）

卢（阴险地）：嘿嘿，他也有今天哼哼，原来他好像一人之下，万人之上，现
　　　　　　　在，哼，让我们抓住了他的把柄，呵呵，农民开始翻身咯！

丘（拍桌子）：very, very good!

张：他还好像没事一样指使我做这儿做那儿的，上次不就是我悄悄地把蚊子放进他的蚊帐里面嘛，他也不想想，那是体现我多么爱护小动物阿，结果他罚我扫了两天地。

丘：对阿，还那么早起床，读什么书，困死我了每天，那天，我梦见我去取款机取钱，哇，没想到那机子坏了，看到那个钱不断地从机子里面吐出来，我的手都接不下了（做接钞票动作），可是突然就醒了，看到了一张土豆脸……

【丘、张、卢三人凑到一起讨论，不时传出笑声，此时，闫开门进来，讨论声音停】

闫：你们在说什么阿？

【三个人走开，但还是偷笑】

闫：张，你地板扫了吗，今天你值日阿，每次都要我催！

【张起身拿扫把，不情愿扫地，丘走到闫面前，失望地叹了口气，卢重复动作】

闫：干嘛，你们什么意思啊？！

卢：什么意思？没什么意思阿？

丘：你跟她，唉。

闫：谁啊，她！

卢：唉哟，装得跟真的一样！

张（大声地正式地）：下面我很荣幸地宣布，本届奥斯卡最佳男主角得主——闫哲！

闫：你们什么意思阿！

张：没什么意思阿，整天早出晚归，哼哼！

闫：嗤！随你们说吧，哼！

张：哼，同是舍长，我就纳闷了，做人的差距咋就这么大呢？

【卢、丘开始哼那首歌】

闫（拿起书愤怒地扔在桌上，大声地）：别吵了！

【灯灭，幻灯片：第二天】

第四幕 一波未平，一波又起

【地点：女生宿舍，第二天晚上，灯亮，峰、丹、珏正在做作业】

峰：哇，这道题真难做啊，我竟然写不出来，丹丹，你会写么？

丹：哎呀，我也不会阿

【点从门外冲进来，一边喊"特大新闻，特大新闻！"所有人抬头看他】

点：哎，我今天听说……（瞥珏一眼）

丹、峰、珏：听说什么阿？

点：这个……，我 听说张和卢在说我们宿舍了。

众人（疑惑）：哦，说我们宿舍什么了？

点：然后他们还说闫什么什么的？

【众人疑惑不解，点朝丹、峰努了努嘴】

珏沉默不语，离开。

【灯灭】

第五幕 流言

【教室中，第三天晚自习前，灯亮，点、 峰、丹三人做作业】

丹：点点，你上次说的那个特大新闻是什么啊？

点：不就是那个嘛！

峰：钾和水反应激烈不激烈阿？

丹、点：你到底有没有在听啊？

峰：你们不就是再说珏和……

点：嘘，小声一点，就是和闫啦！

峰：不可能啊，你有没有听错啊 ？哎，你们还没有回答我的问题呢！

丹：当然反应很激烈咯！

点：就是就是，反应激烈，可以生成碳水化合物，过若干时间的沉淀，加热，说不定就有喜糖哦！！

丹：糖，我要吃糖糖！！！（珏进教室，站在他们身后）

峰：什么和什么啊，你们别乱说珏和闫！

珏（推门而入，/摔书包）：哼，你们又在讲我！（转身出门去）

峰：你们啊！　（对丹、点说）"珏、珏——"（跑出追珏）

丹：点点，珏生气了啊……

点：哦，我只不过说说啊！

丹：还是和珏道歉吧！

点：嗯，我会的，哎，玩笑不能乱开啊！

第六幕　逃

【灯亮，地点：男生宿舍，闫正在整理东西，背景声音起】

闫：这一天还是到来了，看来我真的不适合这里，开学时见到他们的第一面，他们是多么热诚，多么开心，多么可爱。当我知道我是舍长以后，我就告诉自己一定要团结舍员。让大家在双十这样一个竞争激烈甚至可以说是残酷的环境中能够快乐一些。我们也曾经有过快乐的时光，我们嬉笑，打闹，享受着青春年少带给我们的一切。可是这一切都过去了，我作为一个舍长，有时不得不严肃一些，我认为我这样做是对的，因为只有这样，才能保证我们有一个良好的生活和学习的环境，才能有一个健康的向上的生活。看来他们并不理解我，也许我也不理解他们吧，算了，走自己的路吧，这不过是一个美丽的错误罢了。再见了，陪我奋斗的书桌，再见了，给我温暖的床，再见了……

【闫离开了，灯灭，字幕：闫哲与生管老师和班主任申请回家住两周……】

第七幕 剩下的人，剩下的生活

丘：太好了，他终于走了。

卢：中国人民解放拉——

张：现在你们体会到雨过天晴的感觉了吧！

卢、丘：呵呵！

【三人写作业，屏幕打出第一天、第二天……第六天，张回来了，卢、丘对张说】

卢：张，我们这周没有拿到星级宿舍……

张：我知道啦，下面贴着呢，还用你说。

卢：我只是说一下，干嘛？！

张：要不是你不扫地，我们能这样吗？

丘：别老说人家，大家都没有做好，要是舍长在就好了，大家现在怪来怪去又有什么用！

【张、卢、丘三人不吭声，灯灭，卢、丘离开，张留下】

张（独白）：这几天过去了，虽然没有舍长在旁边叫我们做这做那，但总感觉少了什么。也许我们做得太过分了一些，每个人的性格气质都不同，我也许真的还不了解他。我们刚刚在一起的时候是多么有趣啊，那时我甚至不想回家，想多和他们在一起聊天、打闹、玩耍，可是现在这三个和尚没水喝的宿舍，一切都乱糟糟的。没有舍长安排，大家都互相推卸责任，我也不想呆了，也许我们应该把他找回来。他回来了，我们的宿舍才会完整。我想我还是找他谈谈吧，看来老师说的没错，很多时候只有我们失去了才会懂得珍惜。不过，现在也许还来得及。

第八幕 回到过去

【地点：男生宿舍，卢、丘回来，灯亮】

张：我和你们商量一件事，我想我们还是找舍长回来吧，大家觉得怎样？

丘：对，我也这样想，缺了他，宿舍乱糟糟的

卢：好，那我们讨论一下吧，怎么和他说……

第九幕 恰同学少年

【地点：教室。四个人在讨论中】

点：珏，那次是我不好，对不起……我不应该随便乱说的……

珏：也不怪你，是我太不冷静了，那些流言本来我们都不应该理会的……

峰：是啊，其实我们太无聊了，我们应该把这些精力放在学习上的。

丹（转向男生）：那你们快把闫叫回来吧

张：我们知道拉，正在想准备和闫说呢。

卢：走吧，找舍长去。

丘：走吧。

【三人一起下，灯灭】

——全剧终

末日城堡的传说

指导教师：陈 锋

导　　演：林定国

编　　剧：林定国

配　　乐：黄 伊

主　　角：林育招、傅雅萍、刘楚乔

配　　角：朱泽晖、刘芳怡、胡子悦、林立玮、林雪岩、林定国

道　　具：木箱、人偶、魔法服、面具、城堡背景板、布卷轴、
　　　　　塑料匕首、塑料剑

　　旁白：相传，last 亲王曾经制造了一个人偶，人偶在亲王的帮助下有了生命，过着血族一样的生活。Last 送了人偶一座城堡，人偶将其命名曰"末日"。（人偶上场，无灯光）

　　倒立于末日城堡下方的，是巫师 Akira 的镜像城堡。在这座诡异的城堡底部，有个与末日城堡相接的密室，那里放满了数百年来王室收藏的宝物，还有一个巨大的华丽木箱。没人知道它存在了多久，而那上面积满了厚厚的灰尘，不难猜测它从关上的那刻起就再也没开启过。至于里面到底装了什么，这就无人知晓了。而我们的故事，就从这里开始。

第一幕

【一束灯光打在木箱上，人偶抱膝坐在箱子里】

Rin（独白）：我不知道时间过了多久，只知道，时间还在流逝。长期的黑暗
　　　　　　让我有点怀念光明。是啊，从我成为吸血鬼的那一刻起，黎明
　　　　　　就变成了恐惧，阳光就变成了奢望。往日的片段，像影像般飞

快地闪过。刚开始还是连贯的，后来呢，慢慢地都散成了碎片。剩下的，只有我对你的思念。我喜欢你高高在上的感觉，就像流动的血液一般，炙热，源源不断。可我却为了一个人类，触犯了高高在上的你。或许我该称她为朋友。她如百合花般的美好和午后青草般的芳香，我拥有了人类的感情，所以我自愿帮她逃出去。大怒的你没有杀我，却将我变成了一个人偶，我最后一次看日出的机会就这样被你夺走。我不怪你，Last，即使现在的我失去了自由，我也会尽力守护这美好的城堡。不知道，城堡现在怎么样了？我的仆人们还在守护着这么没有主人的城堡吗？Last，Last，Last……（声音渐小）

【脚步声响起，Vctor 登场，先打开密室门，然后咳嗽两声】

Vctor（皱眉）：Akira 大人叫我找的卷轴到底在哪里呢？

【舞台灯光瞬间亮起，Vctor 在密室里找了一会，然后往回走时注意到木箱】

Vctor（试探地靠近）：是在这个木箱里吗？

【轻轻打开，看到人偶，吓了一跳，猛然退后】

Rin（缓缓睁眼）：Last？

Vctor（摇头）：不，Vctor。你呢？

Rin：Rin，末日城堡的主人。

Vctor：末日城堡的主人？据我所知，这里早在三百年前就属于 Kim 女王了。（做傲慢状）

Rin：三百年前……已经过了这么久了？不，应该不止吧，你知道 Last 吗？

Vctor（奇怪地看 Rin）：Last？你是说那个传说中英勇的吸血亲王？

Rin（欣喜地看着她）：你知道他？他还好吗？

Vctor：抱歉小姐，就我个人认为，你的脑袋似乎出了点问题，那只是个传说，即使是真的，他也死了很多年了！

Rin（激动）:不可能！他不会丢下我的！

Vctor：不要再有这天真的幻想了！传说 Kim 女王的父亲猎杀了他，并将城堡与王位赠与了 Kim 女王。所以这个城堡的主人是 Kim 女王，不可能会有其他人！

Rin：猎杀？为什么杀他？难道他们的心中只有那至高无上的权力吗？

Vctor：你把人心想得太过简单了。虽然不知道你为什么会在这里，但看你似乎不是人类吧？

Rin：我是人偶。不管从前还是现在。

Vctor：那正好，我缺一个人偶，你愿意跟随我吗？

Rin（一愣）：好吧，我想看看现在的城堡。

Vctor：那重新自我介绍一下。Vctor，傀儡师。

Rin：Rin，人偶。

Vctor：你愿意成为我的人偶吗？（Rin 点点头）

【灯光灭，Rin 退场】

第二幕

旁白：镜像城堡的顶部，是巫师 Akira 的房间。这里的景象都是由幻术师幻化出来的，四季常青，鸟语花香，可房间的主人，似乎并不热衷于欣赏。

Vctor（单膝下跪）：Akira 大人，您说的获取民心秘诀的卷轴我没找到。似乎 Kim 女王早就派人取走了。我会把它抢回来的。（有些心虚）

Akira：那还不快去！

【Vctor 缓缓后退】

Akira：等一下，听说……你找到了新人偶？

Vctor：是的，随时听从我的命令。

Akira：那正好，我们的计划也快实行了，既然我得不到民心，我要让 Kim 那老女人也得不到。（咬牙切齿）你去把 Viney 公主杀了，这样一来，哼！我就不信 Kim 还能如此勤政爱民。好好办，不然的话……（奸笑）

你知道会怎样。

Vctor:是。

【两人退场】

Rin（独白）：我从 Vctor 那里了解到了早已不是以前的那个城堡，不得不说，很难过。曾经那善良的人们现在都到哪里去了呢？权力、欲望充满了他们的生命。好在 Kim 女王是位比较贤明的君主，并没有想象中那么残暴，应该可以把城堡托付给她。

【Rin、Vctor 上场】

Rin:你没找到卷轴，巫师不会怪罪你吗，听说她很残忍。

Vctor:她的野心人人皆知，自然是残忍的，但 Kim 女王很聪明，我孤身一人一定找不到的。

Rin：那怎么办？

Vctor：只有去抢了。（勉强）不过，在此之前，我们有个任务！

Rin：什么？

Vctor：（沉思了几秒）是去杀一个无辜的人。

Rin:杀人？为什么要杀人？她不是无辜的吗，你怎么可以这么残暴？

Vctor:在这个城堡里，我们都是生不由己的。（声音很小）

【灯光灭】

第三幕

【Viney 上，灯光亮】

Viney：出来吧，我看到你了。（Rin 挪步走至她身后，不说话）

Viney：我没有猜错的话，你是 Akira 派来杀我的把？

Rin：（歪头）你怎么知道？

Viney：因为我可以看见自己的未来，就在刚才，我看见了你身后的匕首。

Rin：那你还不逃？（从背后伸出匕首）

Viney（摇摇头）：这种早就注定好的事，是逃不掉的。我所看到的未来，超出了我所能承担的。与其死在女巫手上，我宁愿死在一个善良的人手中。

Rin：善良……的……人？（伸出的匕首有些犹豫）

Viney：谢谢。

【Rin 正面露疑惑，公主乘机将 Rin 手中的匕首刺入自己的心脏】

Rin：不！

Viney：你这么善良，一定可以逃脱的。（倒下）

【Vctor 上】

Vctor（面容略带悲伤）：这也许是她最好的结局了。走吧，别被发现了。

（Rin 看了一眼公主，略带悲伤地离开了。Vctor、Rin 退场）

旁白：隔天，公主被刺杀的消息传遍了全城，一时间城里充满了哀伤的气息。女王 Kim 为此伤心不已，一向勤政爱民的她，竟为此荒废朝政。

【Kim、Roman、Akira 上场】

Romam：女王陛下，请看看你的臣民吧！

Kim：Romam，我不需要你来指责！

Romam：可是……

Kim：住口！你有尝试过突然失去女儿的痛苦吗！（眼泪涌出）我连她最后一面都没见到，还没听到她讲最后一句话。她，就永远的被死神带走了。

Akira：请节哀，殿下。Viney 公主那么善良，一定会上天堂的。（偷偷冷笑）臣建议，为公主举行最隆重的葬礼，并修建一座城堡，以纪念公主。

Romam：臣反对！这样劳民伤财，万万不可！

Kim：住口，Romam！Akira，就按你说的办。

Akira：一定不会让您失望的。（鞠躬，冷笑）

【Akira 下】

Kim：Roman，上次让你取的卷轴呢。

Romam：在这里。（呈上）

Kim（叹气）：现在我无心料理国事，国将不国，我也只能求助这传说中的卷

轴了。(从王座上下来)

Romam：殿下，这卷轴有何特殊？

Kim：是一个叫 Breath 的吟游诗人的预言。他曾预言我父亲猎杀 Last 亲王。

Romam：亲王！上帝，真有吸血鬼的存在。

Kim：是啊，我的父亲正是因为杀了亲王，才得到这座城堡。据说，这座城堡
　　　的第一任主人，是一个叫 Rin 的吸血鬼。

Romam：真是难以相信！

【Kim 小心翼翼地打开看了一眼，有些惊讶】

Kim：你没取错？

Romam：没有啊，就是这个啊，有什么不对的吗？

Kim：那真是奇怪，里面竟一片空白。不是说国家有难，可以从中得到获得民
　　　心的秘诀吗？难道有着什么特殊的意义？你快出城拿去给神父看看。

Roman：是。

【灯灭】

旁白：命运的钟声已经敲响，三女神的丝线交错，曾经过往的秘密，随着尘
　　　埃被封印在黑暗中。黎明，在遥远的前方，只有经历过看不见的混浊，
　　　才能在梦醒时悔悟。一瞬间的茫然欣喜，将被坚定代替。请看远一点，
　　　因为现在，只是一个不能确定的开始。

【灯亮】

【Roman 正埋头赶路，前方不远处有个黑衣人拦住了他】

Roman：你是什么人！（准备拔剑）

【Rin 不回话，从后背伸出匕首，两人打斗，Roman 被刺中两刀，倒下。人偶
垂手低头站立，Vctor 上场】

Roman：Vctor？怎么是你？你居然……

【Vctor 接过 Rin 的匕首，给了 Roman 最后一刀】

Vctor：Rin，走了。

【拿起卷轴，和 Rin 下场】

第四幕

旁白：在公主死后不久，大将军 Roman 在护送重要物件的途中遇害，名之曰"圣光-预言之诗"的卷轴也下落不明。处于国家需要，女王在悲痛中不得不将副将军 Tuki 提拔为大将军，而巫师的野心越发的明显。夏日的闷雷，预示着一场暴风雨的降临。

【Kim、Akira、Vctor、Tuki 上】

Kim:从今日起，你将成为我朝将军，我会授予你最高的兵权，我要你发誓只听命于我，誓死守卫城堡。

【Tuki 发誓】

【发誓完毕】

Akira（走向前，握住 Tuki 的手，紧紧地握着，咬牙切齿）：恭喜你成为了大将军！

Kim:Akira 你未免也太"高兴"了吧。（疑惑）

Akira：女王陛下，臣当然高兴了，因为您不必为边境的安危担心了。

Kim：也对。今天就到这里吧。

【众人鞠躬下】

旁白：Akira 的镜像城堡中，来了一位客人，这位客人，是暴风雨中必不可少的闪电和雷鸣。

【Akira、Vctor、Tuki 上】

Tuki：Akira 殿下。

Akira：什么都不用说了，你做得很好。这样一来，Kim 就什么权力也没有了。很快，末日城堡和它的宝藏，就是我的了。接下来，按计划行事。

Tuki、Vctor：是！

【众人退下】

Rin（独白）：今天看见 Vctor 很不情愿地说着女巫的计划。看来这场战斗是无法避免的了，我的末日城堡，究竟会怎么样呢？还会回到那没有血迹的时代吗？

旁白：血历 2305 年，巫师叛乱，其间，傀儡师 Vctor 失踪。

【Kim、Akira、Tuki 上】

Akira：哈哈，没想到你也会有今天啊，哈哈哈哈哈哈哈哈……

Kim：原来你为了篡位，不惜服从于我！

Akira：东方有句古话是什么来着？哦，对了，大丈夫能屈能伸！哈哈，Tuki，杀了他！

Lugi（挡在女王身前）：休想！

Tuki：好啊，Lugi，平日我带你不薄，没想到关键时候，你竟然背叛我！

Lugi：女王平日为人和善，爱民如子，深得民心。怎么能让 Akira 得逞，那会天下大乱的！

Tuki：那就别怪我不客气了！（举剑攻击）

【两派打起来，Lugi 败退】

Lugi：可恶！女王陛下，您快逃吧！

Kim：可是……

Lugi：有您在，我们就有希望，您是千千万万人们的希望啊！如果您丧生于此，谁来带给这里光明？

Kim（犹豫）：你，你叫什么？

Lugi：我叫 Lugi，陛下，永远忠诚于您！

Kim：你是我们末日城堡的英雄！Kim 女王跑了。

Akira：没事，这里已经属于我们了。Tuki，你真是劳苦功高啊！

【上前扶起 Tuki，突然猛刺一刀】

Tuki：为……为什么……（倒下）

Akira：只要你在，我如何掌握兵权？我会好好安葬你的，哈哈哈哈。

【灯灭，众人下】

旁白：次日，巫师登上了末日城堡的王位。同年，末日城堡被不知明的大火烧毁，那个残忍的新女王，在她掌握了最高权力的 7 个月后，在熊熊大火中死去，死前笑得如此疯狂。女王 Kim 在人民的拥戴下重登王位。她为战争中死去的勇士们建立了纪念碑,并授予了一个叫 Lugi 的人将军称谓。同时,她终于领会到空白卷轴的含义,那种洁白没有污染的美丽心灵。至于那个傀儡师,没有人知道他的去向。

【两束光,Rin Vctor 上】

Vctor:Rin,你就忍心放这么一把大火把心爱的末日城堡和神秘的卷轴烧成了灰烬?

Rin:那个巫师没资格成为统治者,我的城堡只能是干净的,我不想再让它碰上污浊的东西了。

Vctor:这也好。你以后怎么办?

Rin:回家吧,和你一起。

Vctor(苦笑):回不去了,我快死了。

Rin:怎么会?你又没有受伤!

Vctor:Akira 终究根本信不过我,早在我身上下了毒,只要没有定期吃她给的解药,我就会暴毙而亡。现在她死了,我自然也要陪葬了。

Rin:怎么可以这样!你不是她手下吗?

Vctor:可她除了相信权力外,没有任何人她敢于相信,她败在了这里。现在好了,天下暂时太平了,我也可以解脱了。呵呵,说不定还能见到公主殿下呢!(打趣)

Rin:你不怕死吗?那一定像黑暗一样,漫长得让人害怕吧。

Vctor:黑暗不是永恒的。我们终究也要落叶归根。谁知道死亡是什么样的,顺其自然吧,这世上有太多事情我们无法操控。所以,要珍惜活着的时间,为我们深爱的人和这个世界,这是我们唯一可以做的。

Rin:可死后,这些不都没了吗?

Vctor:美丽的灵魂是永存的。只有经历过,才会觉得值得,能活着,就会有希望。所以你很幸运。

Rin:为别人而活?

Vctor:为别人,也是为自己。一个人偶,也可以有自己的生活。终于可以安心了。(倒下,Rin 合上了他的眼)

【灯光渐亮】

Rin：你看啊，太阳快出来了呢，真的和 Last 说的一样美，可以一生只有那
　　么一次了。谢谢你，Vctor。我要去找 Last 了，希望我们还可以再见面。

【灯灭】

旁白：据《末日·史卷》记载，Last 赠予人偶的华丽城堡在百年后，化作灰
　　烬，归于尘土。人偶也在次日的黎明之际坐于城堡的灰烬上，直至消
　　失不见。没有人知道它是否去了天堂。而至于这个传说是不是真的，
　　就没有人知道了。

——全剧终

奇迹圣诞

指导教师：陈　锋
导　　演：林定国
编　　剧：林定国
配　　乐：薛　铮
主　　角：郑汉宇、薛　铮
配　　角：林雨楠、林声巧、陈光耀、林培全
道　　具：家里背景板、户外背景板、圣诞树、餐盘若干、
　　　　　甜品若干、许愿盒、碗若干、书本

旁白：如果世界上真的有圣诞老人，我们的愿望是不是都会实现？有人说，我们是在对那些无法改变的事实幻想，因而创造了住在耳朵山上的圣诞老人。圣诞雪夜，大地银白。此时，坐在观众席上的你，是否还相信童话？

第一幕　朋友

旁白：冬季的夜晚，总是比白天要漫长。这样，倒是将干净的星空，挽留了许久。而这样的风景，给小镇平添了几分童话色彩。再过一个月，就到圣诞节了。同学们刚考完年终模拟测验，即将迎来圣诞假期。伊莲因为考试没考好，和好友莉莉一起在街上散心。

伊（双手插在口袋里，低头）：莉莉，你说我是不是很没用？

莉（微笑挽过伊）：不会的啦~虽然伊莲总是笨笨的，但那也不是一无是处啊！再说，人总有犯错的时候吧，难道，伊莲你不是人？

伊（装怒样瞪莉）：臭莉莉，你才不是呢！（想了想又低下了头）我只是想考好些，好在黎辉面前表现一下，可没想到一模就考砸了，唉。

莉（拍拍伊的肩膀）：伊莲同学，急于求成是不对的，况且这只是一模检测嘛~你还是很有机会的。

伊（无奈摇头）：喂，莉莉，你可不能这样说，为了这次测验，我可没少花工夫。

莉：是是是，伊莲小姐，我们今天能不讲这些了吗？我还打算好好的挑选圣诞礼物呢！

伊：嗯！我可是很期待莉莉你的礼物呢！

莉：嘻嘻~我是不会提前告诉你的！

伊：哼，我也不想知道！

莉：就是嘛~礼物只有在圣诞当天打开才能保持神秘感啊。难道，伊莲你不喜欢期待的感觉吗？

伊：期待？唉，有时候也想主动一点嘛。

莉（瞥眼看着伊）：噢~你是说你对那个东方男孩？

伊（打莉背）：是啦，我不跟你说了，去挑礼物了！

莉：好好好~作为补偿，等会儿我请你吃蛋糕吧。听安琪说前面有家新开的甜品店，那里的咖啡蛋糕超好吃呦。

伊：安琪说的吗？可惜她今天没来，不然我一定拖着她把你吃穷！

莉（做鬼脸，跑远）：那要看你们的胃有多大啦，哈哈！

伊（追莉）：可恶的莉莉，别跑！

旁白：莉莉和伊莲边跑边闹着，在商店里为自己身边的亲朋好友挑选了礼物。太阳已落山很久，街道旁闪烁着五彩斑斓的灯光，辉映着来往人群脸上的喜怒哀乐。两个女孩走着走着，不知不觉来到了一家叫"奇迹圣诞"的甜品店门前。

莉（气喘吁吁）：真受不了你，明明刚开始还一副没精打采的样子，怎么现在就跟变了个人似的。

伊（同样气喘吁吁）：不是莉莉你要我振作的吗?为了礼物，我可是打起十二万分的精神呢！

莉：真是的。（抬头看见了"奇迹圣诞"的招牌）哎，伊莲，我记得安琪跟我说过那家店叫什么圣诞的，不会就是这一家吧。

伊（同抬头看）：奇迹圣诞？这家店该不会只有冬天才开吧。

莉：为什么呀？

伊（向前走）：因为夏天没有圣诞节啊！

莉（跟着）：伊莲，你越来越会讲冷笑话了。

伊：莉莉！

莉（推门进去）：是是是，我不说了。

旁白：伴随着清脆的风铃声，两个女孩进到了甜品屋里。玻璃柜里摆满各式各样诱人的蛋糕，空气中飘着浓浓的咖啡香。哥特式的壁灯，古典式的油画，深红色的木地。一切都那么美好。还有一扇巨大的落地窗，能清晰地看到繁华的大街。

克瑞斯（微笑走来）：欢迎光临"奇迹圣诞"！请问两位小姐要点什么呢？

莉：有什么推荐的吗？

克：新鲜出炉的巧克力黑加仑蛋糕怎么样？刚好可以暖暖身子。草莓芝士也不错呦！饮料的话，我就强烈推荐我们的特调饮品"奇迹"、"朋友"和"圣诞"哦！

伊（抢先）：我要草莓芝士和一杯"朋友"。

莉：我也要草莓芝士，再来一杯"奇迹"。

克（记录）：两个草莓芝士，一杯"奇迹"和一杯"朋友"。请随意找个位子，稍等片刻。（转身离开）

【莉莉和伊莲找位子坐下】

伊：这家店真棒，不知道蛋糕好不好吃。

莉：我比较期待特饮吧，刚一直跑，渴死我了。

伊：你这么一说我也觉得渴了。

莉：嗯嗯！一起期待吧！

【克瑞斯端着餐盘出现】

克：你们的草莓芝士和特饮来了，请好好享用吧。

莉：Thank you!

【克瑞斯下场】

伊：哇，莉莉你看，我的特饮上尽然有圣代诶！

莉：是说友谊十分甜美吗？天蓝色的，我喜欢！

伊：（尝了一口）：嗯嗯！真的好好喝哦！莉莉，你的"奇迹"怎么样？不会真
　　　　　　的有奇迹发生吧！

莉（尝一口，皱眉）：不好喝，虽然是我喜欢的黑色，可是又苦又酸，就像坏掉
　　　　　　的柠檬……

伊（笑出声）：看来，是你人品不好啊！

莉（吃蛋糕，鬼脸）：讨厌！（突然抬头，转向伊身后）

莉（抬起手指向前方）：那不是安琪嘛？

伊（顺手看去）：安琪？对哎！安……

莉（捂住伊的嘴）：她对面坐的人好像是罗拉哦。

伊：不是吧！我看看。咦，好像真的是罗拉。为什么安琪会和罗拉在一起！

莉：你小点声！安琪说今天有事，可能就是因为罗拉吧。

伊：可是，像罗拉那种坏女孩，安琪怎么会和她在一起呢？

莉：这……我也不知道。

伊：可恶，安琪（大叫！）

【安琪，罗拉登场】

安琪（尴尬）：嗨，伊莲，嗨，莉莉！

伊：你不是说今天有事吗？

安（小声）：嗯，我和罗拉约好的……

伊：你怎么可以这样，我和莉莉才是你的朋友，你怎么可以……

安：伊莲，我并没有不把你和莉莉当朋友！我只是答应了罗拉，要带她来这家
　　甜品店的。

伊：可是，你怎么可以和这种坏女孩在一起？

安：罗拉才不是什么坏女孩呢！罗拉只是……

罗：安琪！

安：抱歉，罗拉。

罗（拉着安琪匆匆离开）：没关系的，我们走吧。

【安琪，罗拉退场】

伊：可恶！安琪会被教坏的！

莉：伊莲，你不要生气，安琪并没有做错什么。

伊：我知道，可是，她竟然因为安琪，推掉了我的邀约！

莉：伊莲，冷静！

伊：哼！

莉：快把特饮喝了吧，都化了。

伊：（闷闷不乐）：是啊，就像友谊一样，一下就化了。

莉：喂喂！你不是还有我吗？

伊：讨厌！莉莉，你的"奇迹"变成金色了，借我喝一口。

莉：真是的，你帮我喝掉好了。

伊（接过喝了一口）：挺好喝的啊，莉莉你骗我！

莉（也尝了一口）：咦，真的和刚才不一样了。是因为这样才叫"奇迹"吧！

伊：哼！世界上是没有奇迹的。

莉：我知道你很生气。但你要冷静下来，或许，罗拉并没有我们想象的那么坏。

伊：可是……

莉：总要知道真相才能下定论啊，不是吗？

伊：话是这么说，可总是觉得心里不大舒服。

莉：想太多了啦，后天回学校我们好好问问安琪就好了。（突然，手机响起，接
    电话）喂，哪位？哦，好的，我知道了，马上回家。嗯，拜拜！

伊：莉莉你要回家了啊？

莉：嗯，我妈妈打电话来催了。

伊：好吧，不过，记得结账哦。

莉（敲伊莲的头）：是是是，你就记得这个。到家打电话哦。

伊：嗯，路上小心，拜拜！（莉下场）

第二幕 童话

旁白：时间过得很快，伊莲看了一会儿书，又看了看店里的钟。原来，时针即
　　　将迈向"10"。外面灯光昏暗，许多商店已关门了。天上的繁星更加闪亮，
　　　风，将干净的空气从远方的山岗上吹来。安静的夜晚，我们是否能听见
　　　那些童话里才会出现的声音？

伊（伸懒腰）：是时候该回家了。

克（抱着一个盒子在角落出现）：准备回家了吗？

伊（疑惑地看这盒子）：嗯，这是什么？

克（交给伊拿着）：是许愿盒，里面装满了圣诞心愿呦！

伊：我也可以许吗？

克：当然可以了，你只要对这盒子一直在心里默念就可以了。

【伊莲双手合十】

克：许好了吗？

伊莲（点头起身）：嗯！

伊莲（把盒子还给克时，不小心手松了，盒子掉到了地上，半开，急忙关上捡
起）：真是对不起！

克（接过盒子，急忙打开看）

伊（担心）：怎么，摔坏了吗？

克（严肃扶眼镜）：糟糕了！有个愿望趁机逃走了。

伊：啊？愿望怎么会逃走呢？

克（把盒子放好，做请坐的手势）：因为它们害怕被做成糖果。

伊：糖果？

克：是这样的，每个被制造出来的愿望，最后都会被做成糖果，放在圣诞老人
　　工作的地方。一颗糖果就是一个纪念，收集足量的糖果，就可以升职了！

伊：升职？我真的是越来越乱了，先生。

克：叫我克瑞斯就好。其实我是一个见习圣诞老人，愿望只有被实现才会变成

糖果，我有义务实现别人许的愿望。

伊：哦，那刚才的事，会怎么样吗？

克（认真）：很失职的行为。如果收集到的愿望不小心跑掉，我会被降工资的。

伊（低头）：对不起，我不是故意的……

克：不然，你帮我把那个愿望找回来吧！

伊：找回来？我又不知道她长什么样。而且，万一你骗我的呢？

克（扶额）：人们总是不相信那些看不见的东西。你一个小姑娘，我有什么好骗你的？

伊：可是，世界上怎么会有圣诞老人呢？他不过是个童话而已。

克（摊手）：这是你不得不相信的事实。而我就是一个例子。

伊：证据呢？

克：这是一个公理，是不需要证明的。

伊：可，对我而言，是个定理，请证明。

克：好吧！那我把你刚才的愿望说出来，你就相信了吧。

伊：当然，如果你说对了，我就帮你找愿望。

克：真是的。你希望和一个叫黎的男孩子成为朋友。

伊（瞪大眼）：你怎么知道？

克：我是圣诞老人嘛，虽然还在见习期，但还是可以读取愿望的。现在你相信了吧。

伊（纠结状）：可是……

克：你想反悔吗？君子一言，驷马难追。

伊：我只是一时不能接受圣诞老人是存在的，我一直以为这只是传说，没想到是真的。

克：当然是真的。好啦，帮我找愿望吧！

伊：话是这么说，可是，怎么找啊？

克：直接问啊，问完我就告诉你。

伊：关键是，问谁啊？

克：一个叫罗拉的人，你们认识的啊。（克瑞斯下场）

伊（大叫）：喂，克瑞斯！（小声呢喃说）：这叫我怎么问嘛？（伊退场）

第三幕 晴空

旁白：大雪飘了一个晚上，早晨的天空放晴，干净得没有一丝白云。周末结束，学生们陆续地回到学校，准备最后的考试。

罗：安琪，可以帮我讲下这道题吗？

安琪：没问题！

莉莉：抱歉，罗拉，安琪先借用一下。（莉莉拉着安琪跑向伊，罗拉下场）

伊：真慢！

莉莉：我可是用跑的呢！

安：伊莲，找我有什么事吗？

伊（绞手指，不安）：那个，安琪，你……可不可以告诉我……罗拉那天许了什么愿望？

安：什么意思？

伊：就是罗拉那天在"奇迹圣诞"许了什么愿望？

安：那怎么能说，愿望说出来就不灵了。

伊：可是，克瑞斯说用说的就好了啊。

安：克瑞斯？

伊：就是"奇迹圣诞"的老板啊。那他为什么要知道罗拉的愿望？

伊：因为我不小心把他的愿望弄丢了。

安：丢了？伊莲，我不明白你在说什么。

旁白：于是，伊莲只好把关于圣诞老人的事和故事的来龙去脉都讲了一遍。

莉（摇头）：真是难以置信。

伊：起初我也不相信他，但是他竟然知道我的愿望。

安：什么？他是怎么知道的？

伊：我也不知道。他说的，或许是真的。安琪，拜托你告诉我罗拉的愿望吧。

安：可是……

莉：安琪，你看伊莲都这么说了，你就告诉她吧。

安：但是……

【黎辉上场】

黎（挥手）：安琪，罗拉在到处找你，你们怎么到这里来了呢？

安琪（对黎）：麻烦你了，我马上下去。（对伊、莉）伊莲，莉莉，这个愿望和
罗拉的家庭有关，所以，我不能轻易说出口。罗拉真的是个好女
孩，并不像大家想象的那样。我希望，你们能和我一样的理解她。

【黎辉、安琪退场】

伊（小声）：本来以为可以很快就知道的，安琪真是的。

莉：其实我觉得，安琪说的很对。

伊：唉，我们也回去吧。

莉：嗯。

【伊莲，莉莉退场。安琪、罗拉、黎辉上场】

黎：罗拉，我帮你把安琪带回来了。

罗（拉过安琪）：谢谢！

黎：可是我还是希望你叫我声哥哥。

罗（鬼脸）：我才不要呢！安琪，继续帮我讲题吧。

安：好好好，你们这对兄妹可真是活宝！

【安琪、罗拉下场，莉莉上场】

莉（挥手）：抱歉，黎辉，打扰一下。

黎（闻声回头）：是莉莉啊，有什么事吗？

莉：那个，我刚不小心听见了你们的对话，那个，你和罗拉是兄妹？

黎：对啊，我和罗拉是同父异母的兄妹，看不出来吧。

莉：看样子，你们感情挺好的。

黎：那当然，我可是个好哥哥。

莉（笑出声）：是啊，是啊，那我可以问你个问题吗？

黎：可以啊，你问吧。

莉：你知道罗拉的圣诞愿望是什么吗？

黎：圣诞愿望？不太清楚唉，从来没听她提起过。

莉：是这样啊……我本以为你是她哥，她会告诉你的。

黎：很重要吗？

莉：很重要。

黎：那让我想想，猜猜看吧！

莉：那就拜托了。

黎（想了一会儿）：大概是与家人一起过圣诞吧！

莉：你们平时不是住一起吗？

黎：住是住在一起，可是……爸妈总是因为公司的事飞来飞去，一年很少能有见面的机会。

莉：那罗拉和你，一定很想见见他们吧！

黎：是啊，由于缺少父母的关爱，罗拉从小就比较依赖我。这次转学，罗拉一直没适应，才会不与人交往，其实，你们说的许多事，她都不知道。

莉：原来是我们误会罗拉了。

黎：嗯。对于不合群的人，大家一般都比较难接纳，罗拉比较内向，就比较难融入新群体，我很感谢安琪，因为它能够接受罗拉，并给了她很多帮助，这样，罗拉才不会那么寂寞。

莉：是这样啊……

黎：是啊，莉莉，现在你也都知道了，希望你也能帮帮罗拉。

莉（拍胸）：放心吧，一定！

黎：还有，这件事，请你不要跟其他人讲。

莉：嗯，你放心吧。

【莉莉、黎辉下场，伊莲、安琪、罗拉上场】

伊（自言自语，来回踱步）：莉莉怎么去了这么久还没回来，急死人了！

安：伊莲，你别转了，我头都晕了。

伊：不好意思，我只是着急嘛！

安：你这个样子，好像被主人抛弃的小狗哦。

【罗笑出声】

伊：喂，你们俩怎么这样！

安：好啦好啦，罗拉，我们不笑了，不笑了。

罗：嗯。

伊：受不了，真是过分。

安：比你差一点啦！

伊：臭安琪，不理你了。

【莉莉上场】

莉：伊莲，你又忘记吃药了？

伊：莉莉，怎么连你也这样对我？

莉：谁叫你只适合被这样对待。罗拉你别在意！

罗：唉？嗯。

安：没关系拉，罗拉，其实伊莲人很好的，只是嘴巴毒了一点。

伊：安琪，你是在说自己吧。罗拉，别信她的。

【莉莉无奈在一旁看着，黎辉上场】

黎：你们聊什么呢，也不叫上我。

罗：咦，你怎么回来了？

黎：放学了嘛，我来找你一起去吃饭。

罗（兴冲冲拉上安琪）：哦！安琪，一起吃吧！

安（看伊莲、莉莉，回头）：好啊。

莉：那带上我和伊莲吧！

罗：啊？

伊：喂，莉莉，你不要随便替人做决定嘛！

黎：好啊，人多热闹嘛，就这么定了。

安：你一定会被吃穷的。

黎：看你们都这么瘦，不至于吧。（装愁眉苦脸）

（众人大笑）

罗：那个，那我还是……

伊：不行，我还有事问你呢。

安：伊莲，你别那么凶，又不是拐卖小孩。

伊：这么凶拐得到吗？

【莉莉拉罗拉】

莉：不要在意伊莲的话，她习惯这样了。再说，多个人吃饭也没什么不好的。

罗：可我和……

莉：从认识到不认识，总是要一段过程的嘛！

罗：嗯。

黎：同学们，决定的话，"晴空"见。

众女：嗯，待会儿见！

【黎辉下场】

安："晴空"耶，那家超好吃的。今天看来是有口福了。罗拉，我们赶紧去吧！

罗：好啊。

【罗拉、安琪下场】

莉：喂，等等我们啊！（拉着伊莲下场）

旁白："晴空"是一家以蓝色为主体的餐厅，很受欢迎。大家在餐厅里见面，很快就聊开了。

安：伊莲，你不许和我抢最后一个羊排。

伊：那要看谁先拿到。

莉：都多大的人了，还这样。

黎：我觉得这样挺好的啊。

伊：为什么啊？

黎：难得和这么多人一起吃饭嘛，对吧，罗拉。

罗：嗯。

安：对了，伊莲，你不是有问题要问罗拉吗？

伊：对哦，差点忘了。（突然转头）不要趁机抢我的羊排。

安（含糊不清）：快问吧。

伊（转向安琪）：最好噎死你！（转向罗拉）罗拉，我想问你，你……嗯……你的圣诞愿望是什么？

罗：圣诞愿望？

伊：就是在"奇迹圣诞"许的。

罗：这个……

伊：不能说吗？

罗：也不是不能说啦，只是……

安：没关系的，说吧，伊莲也没有恶意。

罗：嗯。其实就是我希望能和家人和朋友一起过圣诞。

黎：看来我还是猜对了一半。

莉：只有一半嘛。

伊：就这么简单吗？

罗：嗯。

莉：我相信一定会实现的！

罗：嗯，我也相信。

黎：好啦好啦，快吃菜吧，都要凉了。

旁白：午饭，就在这和谐的氛围下结束了。经过这餐饭，他们彼此间的距离也
　　　拉近了许多。

第四幕 前夕

旁白：平安夜前夕，商店都纷纷关门歇业，"奇迹圣诞"也是如此。

伊（敲门）：克瑞斯，你在吗？

克（开门）：欢迎回来，要来点什么吗？

伊：不用了。谢谢，我是来告诉你罗拉的愿望的，待会我还要去她家聚会呢！

克：那你说吧。

伊（深吸一口气）：罗拉的愿望就是想和家人、朋友一起过圣诞。

克：就这么简单！

伊：才不是呢，罗拉的父母都不在她身边，他们一年很难得见面。所以，克瑞斯，拜托你一定要完成罗拉的心愿。

克：你前后的态度也差太多了吧。

伊：嗯，那是因为我之前不了解罗拉，可当我和她接触后，才发现罗拉其实是个好女孩。所以，我决定要帮助罗拉。

克：这就对了，人与人之间的情感总是在交流中一点点累积的。

伊：那罗拉的事就拜托你了，见习圣诞老人！

克：没问题！

【罗拉上场，远远挥手】

罗：伊莲，莉莉家的宠物跑了，快来帮忙啊！

伊：马上就来。再见，克瑞斯。

克：再见！

【伊莲下场】

克：所有的愿望都收集齐了，这下有事做了，加油！

【克瑞斯下场】

第五幕 奇迹

旁白：圣诞节，银白一片，到处都有人在唱着赞美的圣歌。小孩们在雪地里打雪仗，大人们踩着积雪聊天。这是圣洁的一天。夜幕降临，深紫色的天空上繁星点缀，如果再向北走，不知会否看到天边一闪而过的极光。今天，罗拉家中异常热闹，不仅有她从国外回来的父母，还有安琪、伊莲、莉莉这三个朋友的加入。

【伊莲、莉莉、安琪敲门】

罗（开门）：来了，来了。你们今天怎么这么慢啊，黎辉都已经把蛋糕烤好了。

伊：那火鸡呢？

安：又不是黄鼠狼，贪吃鬼！

伊：那有什么关系。

莉：被你们吵死了，快进去吧，外面很冷唉。

罗：就是，快进屋来吧。（众人进屋）

黎：欢迎欢迎，你们稍等，我去泡红茶。

【黎辉上场，端着杯子和茶壶】

明：等你去就迟了。你们好，我是罗拉和黎辉的父亲，欢迎你们今天来和我们一起过圣诞。（边说边摆杯子倒茶）

众：谢谢叔叔。

黎：爸，你怎么速度那么快啊。

明：为客人准备周到是礼貌。小子，多学着点。（众人笑，雅上场）

雅：黎辉，你去把饼烤一下。

明：好，这就去。（黎辉下场）

罗：妈妈，这些是我的好朋友。

雅：罗拉的朋友啊，欢迎欢迎，我是罗拉的妈妈。

伊：阿姨好。今天麻烦您了。

雅：哪里，我还要感谢你们平时帮我照顾罗拉呢。

黎：妈，我也有照顾罗拉啊！

雅：妈知道，所以今天妈烤了你最爱吃的缇子饼。

黎：耶，太好了，我去看看老爸需不需要帮忙。（黎辉下场）

伊：那个，阿姨请问一下，您和叔叔是做什么的？

雅：我们是服装设计师，经常要出席一些时装周，发布会，所以时常不在家。

罗：没关系的，妈妈，只要你们能陪我一起过圣诞就好。

雅：一定一定。

安：毕竟是一家团圆的日子啊！

雅：说到一家团圆，你们今天来，你们父母同意？

莉：当然同意了，我们是为了完成罗拉的愿望啊！

雅：哦？我们罗拉的愿望是什么呢？

罗：嗯，和家人、朋友一起过圣诞！

雅：看来，今年圣诞我们赶回来是正确的。

明（大喊）：雅，你的豆子好像熟了。

雅：马上就来。

【雅下场】

莉：你父母人真好。

伊：是啊，罗拉真幸福啊！

罗：他们难得回来一次嘛。

安：所以，才要好好地珍惜啊。

莉：没错，我们去厨房看看有什么可帮忙的吧！

罗：刚好菜还没上，我们去端菜吧。

伊（点头）：嗯，走吧！（众人下场）

旁白：傍晚时分，街上的树上都挂满了彩灯，和天上的星星交相辉映，家家灯
　　　火通明。如果路过窗口，你一定会看见，每个人的脸上都洋溢着幸福的
　　　笑容。这么美丽的夜晚，是不是真的会出现奇迹呢？

（众人上场）雅：黎明，圣诞树呢？

明：圣诞树？我一直以为是你去买的啊！

雅：早上不是说让你准备的吗？

罗：现在没有圣诞树，礼物要放在哪里？

黎：只好委屈爸爸当圣诞树了呦！

雅（深思）：这个建议不错，或许下次，我可以根据圣诞树设计一款时装。

【突然，熄灯，敲门声响，灯又亮了】

雅：跳闸了？

伊：刚刚好像有人敲门。

罗：嗯，我也听到了。

莉：开门看看吧！

【众人开门，发现一棵圣诞树】

安：圣诞树！

明：我不记得我有买啊。

伊：这里有封信。

莉：上面写了些什么？

伊：圣诞快乐！克瑞斯。

雅：你们认识这个叫克瑞斯的？

雅：嗯，他是甜品店的老板。

雅：那怎么……

莉（抢先）：是抽奖！我们抽到的就是圣诞树。

安：对！没错！

雅：Good Luck！

黎：大家快进来吧，菜要热的才好吃啊!(众人进屋)

伊（小声）：圣诞老人的秘密，还是不要告诉别人的好。（伊进屋入座）

明：首先，我祝所有人圣诞快乐。其次，在晚餐开始前，我希望每个人能对过去说说自己的感受。就从我开始吧。（众人鼓掌，站成一排）

明：常年工作在外的家长，请常回家看看自己的孩子，他们或许在电话里说着平安，但其实他们心里是很孤单的。

黎：对自己的家人好点。

罗：到一个新环境，一定要尽快适应。不要太拘谨，只有放开心怀，才能和他人成为好朋友。

雅：对孩子的关爱，不能仅仅停留在物质层面上，多陪陪他们才是最好的礼物。

安：看人不能只看外表，有时，看到的和真实的并不一样。

伊：即使是童话也会有真实的东西。

旁白：看完了这个故事，观众席上的你，是否相信童话的存在？世界本来就很美，多了那些奇幻的童话，世界只是更加的神秘多彩。现在，给自己一个放松的理由，给自己一次天真的权利。你需要把世界看得更美，你需要给自己一个奇迹。

（手写）此剧本已是经过改编之后的导演本。

末日城堡的传说

----双十蓦然话剧社 2010 届

（本故事纯属虚构，如有雷同，纯属巧合；如有抄袭，严查必究）

旁白：相传，last 亲王曾经制造了一个人偶，人偶在亲王的帮助下有了生命，过着血族一样的生活。Last 送了人偶一座城堡，人偶将其命名曰"末日"。

（人偶上场，无灯光）

倒立于末日城堡下方的，是巫师 Akira 的镜像城堡。在这座诡异的城堡底部，有个与末日城堡相接的密室，那里放置了数百年来王室收藏的宝物，还有一个巨大的华丽木箱。没人知道它存在了多久，而那上面积满了厚厚的灰尘，不难猜测它从关上的那刻起就再也没开启过。至于里面到底装了什么，这就无人知晓了。而我们的故事，就从这里开始。

第一幕

（一束灯光打在木箱上，人偶抱膝坐在箱子里）

Rin（独白）：我不知道时间过了多久，只知道，时间还在流逝。长期的黑暗让我有点怀念光明。是啊，从我成为吸血鬼的那一刻起，黎明就变成了恐惧，阳光就变成了奢望。往日的片段，像影像般飞快地闪过。刚开始还是连贯的，后来呢，慢慢地都散成了碎片。剩下的，只有我对你的思念。我喜欢你高高在上的感觉，就像流动的血液一般，炙热，源源不断。可我却为了一个人类，触犯了高高在上的你。或许我该称她为朋友。她如百合花般美好和午后青草般着芳香，让我拥有了人类的感情，所以我自愿帮她逃出去。大怒的你没有杀我，却将我变成了一个人偶，我最后一次看日出的机会就这样被你夺走。我不怪你，Last，即使现在的我失去了自由，我也会尽力守护这美好的城堡。不知道，城堡现在怎么样了？我的仆人们还在守护着这么没有主人的城堡吗？Last，Last，Last……（声音渐小） *（手写）悲伤地·失落·（因为同伴失，可采用）*

（脚步声响起，Vctor 登场，先打开密室门，然后咳嗽两声） *（手写）用手捂打灰尘 也咳也挑*

Vctor：（皱眉）Akira 大人叫我找的卷轴到底在哪里呢？

（舞台灯光瞬间亮起，Vctor 在密室里找了一会，然后往回走时注意到木箱）

Vctor：（试探地靠近）是在这个木箱里吗？（轻轻打开，看到人偶，吓了一跳，猛然退后）

Rin：（缓缓睁眼）Last？ *（手写）带有希冀·*

Vctor：（摇头）不，Vctor。你呢？

Rin：Rin，末日城堡的主人。*（手写）失望地低下头·*

Vctor：末日城堡的主人？据我所知，这里早在三百年前就属于 Kim 女王了。（做傲慢状）

Rin：三百年前……已经过了这么久了？*（手写）惊恐地转头·* 不，应该不止吧，你知道 Last 吗？*（手写）缓了缓又低下·*

Vctor：（奇怪地看 Rin）Last？你是说那个传说中英勇的吸血亲王？

Rin：（欣喜地看着她）你知道他？他还好吗？

Vctor：抱歉小姐，就我个人认为，你的脑袋似乎出了点问题，那只是个传说，即使是真的，*（手写）用手点了自己的脑袋* 他也死了很多年了！*（手写）摇手·*

Rin：（激动）不可能！他不会丢下我的！

Vctor：不要再有这天真的幻想了！*（手写）严肃地·* 传说 Kim 女王的父亲猎杀了他，并将城堡与王位赠与了 Kim 女王。所以这个城堡的主人是 Kim 女王，不可能会有其他人！

Rin：猎杀？为什么杀他？难道他们的心中只有那至高无上的权力吗？*（手写）再次失望·*

Vctor：你把人心想得太过简单了。虽然不知道你为什么会在这里，但看你似乎不是人类吧？

Rin：我是人偶。不管从前还是现在。

Vctor：那正好，我缺一个人偶，你愿意跟随我吗？

Rin：（一愣）好吧，我想看看现在的城堡。

Vctor：那重新自我介绍一下。Vctor，傀儡师。 *单手抱胸，弯腰。*

Rin：Rin，人偶。

Vctor：你愿意成为我的人偶吗？（Rin 点点头） *此时 Rin 对 Last 已彻底死心，决定跟随新主人开始新生活。*

（灯光灭，Rin 退场）

第二幕

旁白：镜像城堡的顶部，是巫师 Akira 的房间。这里的景象都是由幻术师幻化出来的，四季常青，鸟语花香，可房间的主人，似乎并不热衷于欣赏。

Vctor：（单膝下跪）Akira 大人，您说的蕴含得到民心秘诀得卷轴我没找到。似乎 Kim 女王早就派人取走了。[我会把它抢回来的。]（有些心虚） *语气快速、肯定。*

Akira：那还不快去！

（Vctor 缓缓后退）

Akira：等一下，听说...你找到了新人偶？ *玩弄手中的匕首、斜着眼看他。*

Vctor:是的，随时听从我的命令。

Akira：那正好，我们的计划也快实行了，既然我得不到民心，我要让 Kim 那老女人也得不到。（咬牙切齿）你去把 Viney 公主杀了，这样一来，哼~我就不信 Kim 还能如此勤政爱民。好好办，不然的话~（奸笑）你知道会怎样。 *手中匕首在空中用力一划。*

Vctor:是。

（两人退场）

Rin:（独白）我从 Vctor 那里了解到了早已不是以前的那个城堡，不得不说，很难过。曾经那善良的人们现在都到哪里去了呢？权力、欲望充满了他们的生命。好在 Kim 女王是位比较贤明的君主，并没有想象中那么残暴，应该可以把城堡托付给她。 *为 Rin 替 Kim 女王报仇埋下伏笔。*

（R、Vctor 上场）

Rin:你没找到卷轴，巫师不会怪罪你吗，听说她很残忍。*（有些担忧）*

Vctor:她的野心人人皆知，自然是残忍的，但 Kim 女王很聪明，我孤身一人一定找不到的。

Rin：那怎么办？

Vctor：只有去抢了。（勉强）不过，在此之前，我们有个任务！

Rin：什么？

Vctor：（沉思了几秒）是去杀一个无辜的人。 *（无奈地）*

Rin:杀人？为什么要杀人？她不是无辜的吗，你怎么可以这么残暴？*（激动地）*

Vctor:在这个城堡里，我们都是生不由己的。（声音很小） *低沉。*

（灯光灭）

第三幕

（Viney 上，灯光亮）

Viney：出来吧，我看到你了。（Rin 挪步走至她身后，不说话）

Viney：我没有猜错的话，你是 Akira 派来杀我的把？

Rin：（歪头）你怎么知道？

Viney：因为我可以看见自己的未来，就在刚才，我看见了你身后的匕首。 *回头看了 Rin 一眼。*

Rin:那你还不逃？（从背后伸出匕首）

Viney：（摇摇头）这种早就注定好的事，是逃不掉的，我所看到的未来，超出了我所能承担 *（坦然地）* 的。与其死在女巫手上，我宁愿死在一个善良的人手中。 *加重语气*

Rin:善良...的...人？（伸出的匕首有些犹豫） *（手有些抖动，甚有犹豫）* *Rin 第二次遇到一个真心对她好的人，使她想起了那个令她变为木偶的条件。刺入时可用血袋。*

Viney：谢谢。

（Rin 正面露疑惑，公主乘机将 Rin 手中的匕首刺入自己的心脏）

Rin：不！ *（声嘶力竭）*

[节奏先慢后快再慢] Rin 先缓步移至 Viney 身后。此过程与 Viney 完成前 6 句对白，在“善良的人”出口前挥动匕首，再停止，趁此一瞬间工夫 Viney 将匕首扎入自己心口。

（手写）Rin（）Viney

Viney: 你这么善良，一定可以逃脱的。（倒下）*Rin在身边牵扶Viney，缓了，慢慢的倒下。*

（Vctor 上）*从阴影处上。*

Vctor: （面容略带悲伤）这也许是她最好的结局了。走吧，别被发现了。

（Rin 看了一眼公主，略带悲伤地离开了。Vctor、Rin 退场）

旁白: 隔天，公主被刺杀的消息传遍了全城，一时间城里充满了哀伤的气息。女王 Kim 为此伤心不已，一向勤政爱民的她，竟为此荒废朝政。

（Kim、Roman、Akira 上场）

Romam: 女王陛下，请看看你的臣民吧！*大声统问。*

Kim: Romam，我不需要你来指责！*威严地。*

Romam: 可是……*（打断）低头。*

Kim: 住口！你有尝试过突然失去女儿的痛苦吗！（眼泪涌出）我连她最后一面都没见到，还没听到她讲最后一句话。她，就永远的被死神带走了。（悲伤地，*泪连破慢*）

Akira: 请节哀，殿下。Viney 公主那么善良，一定会上天堂的。（偷偷冷笑）臣建议，为公主举行最隆重的葬礼，并修建一座城堡，以纪念公主。*（闪烁面例）*

Romam: 臣反对！这样劳民伤财，万万不可！*（急切焦）*

Kim: 住口，Romam！Akira，就按你说的办。

Akira: 一定不会让您失望的。（鞠躬，冷笑）

（Akira 下）

Kim: Roman，上次让你取的卷轴呢。

Romam: 在这里。（呈上）

Kim: （叹气）现在我无心料理国事，国将不国，我也只能求助这传说中的卷轴了。（从王座上下来）

Romam: 殿下，这卷轴有何特殊？*拉光着殿下.*

Kim: 是一个叫 Breath 的吟游诗人的预言。他曾预言我父亲猎杀 Last 亲王。*慢慢正经点.*

Romam: 亲王！上帝，真有吸血鬼的存在。*（吃惊地）*

Kim: 是啊，我的父亲正是因为杀了亲王，才得到这座城堡。据说，这座城堡的第一任主人，是一个叫 Rin 的吸血鬼。

Romam: 真是难以相信！*（皱眉）*

（Kim 小心翼翼地打开看了一眼，有些惊讶）

Kim: 你没取错？*（疑问）*

Romam: 没有啊，就是这个啊，有什么不对的吗？*（眼睛睁大）*

Kim: 那真是奇怪，里面竟一片空白。不是说国家有难，可以从中得到获得民心的秘诀吗？/难 *（思考地）* 道有着什么特殊的意义？你快出城拿去给神父看看。

Roman: 是。

（灯灭）

旁白: 命运的钟声已经敲响，三女神的丝线交错，曾经过往的秘密，随着尘埃被封印在黑暗中。黎明，在遥远的前方，只有经历过看不见的混浊，才能在梦醒时悔悟。一瞬间的茫然欣喜，将被坚定代替。请看远一点，因为现在，只是一个不能确定的开始。*（全场暗，灯光打乐家回各再暗）*（灯光重新亮起）

（Roman 正埋头赶路，前方不远处有个黑衣人拦住了他）

Roman: 你是什么人！（准备拔剑）

（Rin 不同话，从后背伸出匕首，两人打斗，Roman 被刺中两刀，倒下。人偶垂手低头站立，Vctor 上场）

Roman: Vctor? 怎么是你？你居然…………*（不甘地死去）*

（手写左侧）打光场景，持续约2分钟，可播播放刀剑音效.

3

（Vctor 接过 Rin 的匕首，给了 Roman 最后一刀。）

Vctor: Rin，走了。

（拿起卷轴，和 Rin 下场）

第四幕

旁白：在公主死后不久，大将军 Roman 在护送重要物件的途中遇害，名之曰"圣光-预言之诗"的卷轴也下落不明。处于国家需要，女王在悲痛中不得不将副将军 Tuki 提拔为大将军，而巫师的野心越发的明显。夏日的闷雷，预示着一场暴风雨的降临。（雷雨声）.

（Kim、Akira、Vctor、Tuki 上）

Kim:从今日起，你将成为我朝将军，我会授予你最高的兵权，我要你发誓只听命于我，誓死守卫城堡。

（Tuki 发誓）Tuki到前，哦，不，Tuki将军.

（发誓完毕）Akira:（走向前，握住 Tuki 的手，紧紧地握着，咬牙切齿）恭喜你成为了大将军！

服史饱含深意

Kim:Akira 你未免也太'高兴'了吧。（疑惑）

Akira: 女王陛下，臣当然高兴了，因为您不必位于边境的安危担心了。（主动转向女王，陪伴女王的位置）

Kim: 也对。今天就到这里吧。

（众人鞠躬下）

旁白：Akira 的镜像城堡中，来了一位客人，这位客人，是暴风雨中必不可少的闪电和雷鸣。

（Akira Vctor Tuki 上）

Tuki: Akira 殿下。

Akira: 什么都不用说了，你做得很好。这样一来，Kim 就什么权力也没有了。很快，末日城堡和它的宝藏，就是我的了。接下来，按计划行事。（阴险的一句开始完全暴露）.

Tuki、Vctor: 是！

（众人退下）

Rin:（独白）今天看见 Vctor 很不情愿地说着女巫的计划。看来这场战斗是无法避免的了，我的末日城堡，究竟会怎么样呢？还会回到那没有血迹的时代吗？（略带悲伤）.

旁白：血历 Z305 年，巫师叛乱，其间，傀儡师 Vctor 失踪。避唯.

（Kim Akira Tuki 上）

Akira: 哈哈，没想到你也会有今天啊，哈哈哈哈哈哈哈哈~

Kim: 原来你为了篡位，不惜服从于我、

Akira: 东方有句古话是什么来着？哦，对了，大丈夫能屈能伸！哈哈，Tuki，杀了他！（阴险地）

（士兵）Lugi:（挡在女王身前）休想！（坚定地）.

Tuki: 好啊，Lugi，平日我带你不薄，没想到关键时候，你竟然背叛我！（不爽）.

Lugi: 女王平日为人和善，爱民如子，深得民心。怎么能让 Akira 得逞，那会天下大乱的！

Tuki: 那就别怪我不客气了！（攻）

（两派打起来，Lugi 败退）

Lugi: 可恶！女王陛下，您快逃吧！（咬牙切齿）

Kim: 可是……（犹豫）

Lugi: 有您再，我们就有希望，您是千千万万人们的希望啊！如果您丧生于此，谁来带给这里光明？（痛苦挣扎）.

Kim:（犹豫）你，你叫什么？

Lugi:我叫 Lugi，陛下，永远忠诚于您（最后的力气用尽）

Kim:你是我们末日城堡的英雄！（逃走）转身逃至幕后

Lugi: 谢谢你。（倒下，死亡）

换光场景约 5 分钟

Tuki: Akira 大人，Kim 女王跑了） （现在 Akira 前。）

Akira: 没事，这里已经属于我们了。Tuki，你真是劳苦功高啊！（上前扶起 Tuki，突然猛刺一刀） （眼中有杀阴鹭）

Tuki: 为……为什么……（倒下） （不甘地…）

Akira: 只要你在，我如何掌握兵权？我会好好安葬你的，哈哈哈哈。 （得意）

（灯灭，众人下）

旁白：次日，巫师登上了末日城堡的王位。同年，末日城堡被不知明的大火烧毁，那个残忍的新女王，在她掌握了最高权力的 7 个月后，在熊熊大火中死去，死前笑得如此疯狂。女王 Kim 在人民的拥戴下重登王位。她为战争中死去的勇士们建立了纪念碑，并授予了一个叫 Lugi 的人将军称谓。同时，她终于领会到空白卷轴的含义，那种洁白没有污染的美丽心灵。至于那个傀儡师，没有人知道他得去向。

时长及 *递刷原因* *改为旁白*

（两束光，Rin Vctor 上）

Vctor: Rin，你就忍心放这么一把大火把心爱的末日城堡和神秘的卷轴烧成了灰烬？ （不解地）

Rin: 那个巫师没资格成为统治者，我的城堡只能是干净的，我不想再让它碰上污浊的东西了。 （愤怒）

Vctor: 这也好。你以后怎么办？

Rin: 回家吧，和你一起。 （充满希望）

Vctor: （苦笑）回不去了，我快死了。 （表现虚弱）

Rin: 怎么会？你又没有受伤！ （吃惊）

Vctor: Akira 终究根本信不过我，早在我身上下了毒，只要没有定期吃她给的解药，我就会暴毙而亡。现在她死了，我自然也要陪葬了。 （无奈）

Rin: 怎么可以这样！你不是她手下吗？ （仍是吃惊） *单纯的 Rin*

Vctor: 可她除了相信权力外，没有任何人她敢于相信，她败在了这里。现在好了，天下暂时太平了，我也可以解脱了。呵呵，说不定还能见到公主殿下呢！（打趣） （有嘲 同时宽慰）

Rin: 你不怕死吗？那一定像黑暗一样，漫长得让人害怕吧。 （回想在末那的日子）

Vctor: 黑暗是永恒的。我们终究也要落叶归根。谁知道死亡是什么样的，顺其自然吧，这世上有太多事情我们无法操控。所以，要珍惜活着的时间，为我们深爱的人和这个世界，这是我们唯一可以做的。 （希乐了。）

Rin: 可死后，这些不都没了吗？

Vctor: 美丽的灵魂是永存的。只有经历过，才会觉得值得，能活着，就会有希望。所以你很幸运。 *揭示主旨*

Rin: 为别人而活？ *若有所悟*

Vctor: 为别人，也是为自己。一个人偶，也可以有自己的生活。终于可以安心了。（倒下，Rin 合上了他的眼）

（灯光渐亮）

Rin: 你看啊，太阳快出来了呢，真的和 Last 说的一样美，可以一生只有那么一次了。谢谢你，Vctor。我要去找 Last 了，希望我们还可以再见面。 *旧主人死了，新主人也离它而去，* *人偶决定去陪他们*

（灯灭）

旁白：据《末日·史卷》记载，Last 赠予人偶的华丽城堡在百年后，化作灰烬，归于尘土。人偶也在次日的黎明之际坐于城堡的灰烬上，直至消失不见。没有人知道它是否去了天堂。而至于这个传说是不是真的，就没有人知道了。

-----The End-----

于 2011.10.30 完稿。

第4幕 1.

4.

2

5

3

巫师之死 (加)

Akira: 是你？人类的城堡里昔日最著名的傀儡师？

Victor 一言不发

Akira (冷笑): 哼，你是来杀我的么？

Victor: 杀了你还不够了，我傀儡师至高无上的剑，自然有人会替我讨这个公道。

Akira 靠近 Victor，轻挑地用右手抬起 ~~Victor~~ Victor 的下巴 "你舍得么？我亲爱的傀儡师，我若是死了，你恨的，么？难道你忘记当年你对我立下的盟誓么？

Victor: 我当然不会忘记，我造这一个傀儡师竟然为你这样一个负得无厌的女人杀了那 ~~么~~ 多少无辜的生命，我亲爱的公主融也死在我的手中，我一个人的生命和整个王国的性命相比，又算得了什么？

Akira 的表情僵硬了，说不出话

Victor: 这是我们最后一次见面了 Akira (断续窗外)

Victor 与 rain 在地面上会合，rain 手中燃烧的火把 (照亮) 东边日出的地方一整片天空

Victor: 你怕么，你挚爱了多少年的城堡，Last 留给你的城堡，亲这就以在你手化成灰烬么？

rain: 与其让它不再纯洁地留给别的女人，还不如让�我的爱欲让它永远记得那么纯粹。

rain 缓缓地将手中城堡外早已住命地的堆满的那弃草豆燃，火光从未如此狂纵如此撕裂过，rain 眼亮溃出的泪，随着这场大火地为灰烬

依然那天夜里，也让 Akira 的镜魔城堡遗留了来历不明的一场活动，所有倒影全都原地跑来地下深处的埋，Akira 疯狂又令人恐惧的尖锐笑声响彻了午夜一整通红的夜空，地如蛇一般兔鼷般的影子随目出永远消失在泥土里。

以日早晨，日光代顶成，~~处所月有为城堡一样严~~ 王国如往年一样平静安详。

服装：

Rin：黑红套装，上身打褶小洋装，下身短裙配黑色安全裤。

Victor：内穿黑衣黑裤，外披一连帽大斗篷。（始终带着帽子）。

Akira：内穿黄色衬衫，裤子，外披大红斗篷。（无帽）。

Vmeng：公主套装（白）。

Kin：女王套装（红）。

Roman：红马甲，内搭白衬衫，黑布裤

Tukk：黑马甲，内搭白衬衫，……

Lugi：黑衬衫，黑裤。

（女生穿黑袜）。

道具：将军将（两把），小丝剑（一把），卷轴，木箱（可装人）。

王座，皇冠，匕首。

浅谈高中校园话剧和剧本内容

2011 级高一（18）班 毛伊芳

话剧是指以对话为主的一种戏剧形式。话剧虽然可以使用少量音乐、以歌唱等作为背景，但主要叙述手段是演员在台上无伴奏的对白或独白。话剧和戏剧不同，中国的戏曲文化皆不可称为话剧，一些西方传统戏剧如古希腊戏剧因为大量使用歌队，也不被认为是严格的话剧。现代西方舞台剧如不是音乐剧、歌剧等的，其余一般都是话剧。如此划分，是因为话剧拥有十分鲜明的特点。话剧的特点是其具舞台性、直观性、综合性与对话性。其实这些都很好理解，话剧并没有过多的华丽的装饰，那一方舞台便是他们的天地。借助舞台，演员演得到位，观众也能看得尽兴；话剧首先是以演员的姿态、动作、对话、独白等表演，直接作用于观众的视觉和听觉；并用化妆、服饰等手段进行人物造型，使观众直接观赏到剧中人物形象的外貌特征。这体现的就是话剧的直观性。而对于综合性，话剧所体现的不仅仅是一部剧，其蕴含的东西是各方面的，只有真正的有了与剧中人物心灵的交流，才能神会。这些特点是与在舞台塑造具体艺术形象、向观众直接展现社会生活情景的需要和适应的。

话剧区别于其他剧种的最大特点是其通过大量的舞台对话来展现剧情、塑造人物和表达主题。其中有人物独白，有观众对话，说起来好像没有规律可循，可这本就是艺术，况且这些对话、独白也都是在特定的时空内以完成戏剧内容为基本要求所展现的。

话剧和中国戏剧文化也有着密不可分的联系。焦菊隐先生说过，以话剧之形，传戏曲之神。与传统戏曲不同，根植于欧洲文化土壤上的话剧无论是透视社会人生的角度，还是具体的舞台场景，都呈现出鲜明的写实主义风格。同样表现行船，斯坦尼斯拉夫斯基导演的名剧《奥赛罗》对威尼斯小船的处理可谓极尽逼真之能事：十二个人推动巨大的船身，以风扇吹动麻布口袋，模拟浪花的声音。而若是在中国的戏剧舞台上，这一幕应不必如此"麻烦"，只需制几许浪花击石之声，由演员表演出海上船的颠簸模样即可。写实的话剧虽然能让观众产生"走进故事"的心理反应，但过度的堆砌使有限的舞台空间缺少了灵动飘逸之美。为此，话剧导演逐渐认识到，写实与写意不应是泾渭分明的两极。于是，话剧开始驶上和戏剧相结合的征程，这条征程的彼岸，注定是辉煌灿烂的。话剧向戏曲借鉴不仅是模仿其外在的形式，更重要的是"化"其内在神韵。《茶馆》中舞台调度的曲线美、念白抑扬顿挫的韵律美以及人物身姿台步的造型美，都是戏曲手法的集中体现。此外，徐晓钟导演在《桑树坪纪事》中以歌队、舞队的表演展现劳作情景，增强了戏剧的写意性；话剧《万家灯火》"停电"一场巧妙运用京剧"夜深沉"的曲牌烘托气氛；林兆华导演在《白鹿原》中以陕西秦腔为背景音乐贯穿始终。这些，都实现了地方戏与话剧的完美融合。

校园话剧对于目前的高中生来说确实还不是很熟悉和重视。当然，这也是依存于很多原因的，毕竟高中生的首要任务毋庸置疑还是学习。因此，学生的课余时间自然就比较紧张，要利用得充分丰富还是比较困难的。但是，经过这次研究性学习，我也切实地体会到话剧的魅力和价值所在。这不仅仅是一种简单的艺术形式，更是一种对于高中生的学习技能和精神层面提高的非常有益的一种方式。

校园话剧的最大意义在于其参与的整个过程。现在的很多艺术形式，受拘束性较大，难以普及于高中生，但话剧不同。在参与的这一过程中，每个高中生都能感觉到自己在源源不断的汲取某些知识、技巧、经验。并且，通过我对校园话剧和经典话剧之间的比较，我发现了一个很显著的特点就是：校园剧的梦幻性和其具有的时代性。这一点对于高中生的想象力和"敢想"的一种思维方式是有很大的帮助的。对于每个高中生来说，不论是哪一科目，都应该要有大胆求解的态度，只有敢于去想，去钻，才能考虑的周全，缜密。其次，话剧本身就是一种以对话为主要表现形式的艺术形式。在体验话剧的过程中，提高了自己的交流、沟通能力。除此之外，校园剧是需要很强的组织能力和团队协作能力的。这一点，从话剧社成员对于他们所排练的一部剧完成后的心得体会中展露无遗。从最初的剧本的敲定，选演员，置办道具、服装，到辛苦的利用课余时间的排练，彩排，直至最后在台上演出，谢幕，这确实是个漫长且熬人的过程。在有限的时间内，要交出令自己，令观众满意的作品自然就需要先安排好各项工作，分配好任务。每个参与的成员都要服从指挥，默契并信任地和他人合作。其实，在这之间，也无形中培养了另一精神——坚持不懈，不惧困难。

而对于剧本，也一样存在着其价值。写一部好话剧，需要一个新颖的构思，需要优美的文辞，需要完整的逻辑。这对高中生的写作能力无疑是有很大帮助的。经过反复的推敲，核实，才能得出一部好的剧本。并且，对于一部能产生反响的剧本来说，就要结合社会现状，抨击社会现实，要知道，在现今这个媒体信息无比强大的时代，这种舆论效应是有很神奇的力量的，这也是我此次得出的校园话剧的最大价值所在。

然而，校园话剧和经典话剧的差异性还是很大的。首先，我先谈谈自己对《雷雨》的见解和看法。在经典话剧《雷雨》中塑造了很多鲜活的人物形象。其中，最让人痛恶的，丑恶面目掩饰得最好的就是周家的一家之主——周朴园。"他约莫有五六十上下，鬓发已经斑白，戴着椭圆形的金边眼镜，一对沉鸷的眼在底下闪烁着。像一切起家立业的人物，他的威严在儿孙面前格外显得峻厉。……他有些胖，背微微地伛偻，腮肉松弛地垂下来。眼眶下陷，眸子却闪闪地放着光彩。"以上是对周朴园的外貌描述，根据描述，一般人的初印象会是：这该是个温文儒雅、威严有成的好人。可是待看完这部话剧后，最令人作呕的也正是周朴园。我想，这就是经典话剧的功底和技巧，只有让观众意想不到，才能更吸引观众，引起更加强烈的共鸣。例如：周朴园为了镇压矿工罢工，戏弄并开除了工人代表鲁大海，却没有料到鲁大海激愤之下，会把他罪恶的发家史公之于众。原来，周朴园并不是靠艰苦奋斗和正当经营建立了产业，而是发的"绝子绝孙的昧心财"。从前在哈尔滨包修工桥，他故意让江堤出险，淹死了 2200 个小工，每个小工的性命他扣300 块钱。仅这一例足见周朴园飞黄腾达的基础是丧尽天良。对于自己所一手经营的事业，竟是依靠着如此龌龊的手段，这样的人，何来敬重可言，简直就是无耻暴虐。而且他万万没想到，那个他请家仆打发赶走的身上留着的也是他周家的血，真是孽债。或许对于那些矿地上的工人，他没有感情可言，毕竟，他们本就是低他一等，替别人做事，领别人的钱混口饭吃。可若是对于自己的妻子呢，他又何尝不是如此待人。他以一个能够做繁漪父亲的年纪娶了繁漪，但事实上并不爱她，现在我们会问：那为什么还娶？因为自私。为了娶她，他曾经还不惜把另一个女人——侍萍带着她腹中的骨肉一同抛弃。那个年代的封建制度，实在令我无法理解，令我痛恨。表面上看起来，周朴园似乎是竭尽忠诚地为繁漪治病，还专门请德国的克大夫为她看病，劝她喝药，督促她休息等等。但事实是繁漪根本就没有得病。没有深看的人大概还会褒扬周朴园几句，"多好的丈夫啊！"，但这种关心爱护的真正意义，其实不过是对繁漪的潜在仇恨和貌似合情合理合法的虐待罢了！比如，第一幕中"喝药"这场戏就很典型地反映了他的这种伪善和对自己的妻子的无人情味的对待。当他得知繁漪竟敢违反平日的规矩把药倒掉时，便不露声色地叫四凤把剩下的药再拿来，繁漪反复声明自己"不愿喝这种苦东西"，他非但不理，还让繁漪立即喝药，繁漪请求等一会儿再喝，他依旧不肯，硬是逼着周冲劝母亲当面喝下去，又喝令周萍跪下劝告母亲，最终用"夫权"和"孝道"这双重的伦理枷锁迫使繁漪就范。如此"高明"的手段，可见其心狠毒辣。在这一幕中，还有一句话让我震撼——做个服从的榜样！作为一家之主，周朴园所崇尚的实际上就是高度的自我主义，人人都必须服从于他，这是他感受人生价值的方式。现在看来，实为可笑！但剧中的他，似乎还是很享受的。

　　这部剧中另一个可怜的女人即是侍萍——周萍的母亲。周朴园对于这个"已逝"的人，看上去好像也是十分关心怀念。他记住她4月18的生日，把她当正式嫁给周家的人看待；一直使用侍萍用过的家具；保留着侍萍生孩子后怕风连夏天也关窗的习惯。从周朴园的主观看，这种怀念之情是真实的，如果纯粹是假装，精神空虚就无法填补。但这种怀念也有做作的成分，特别是当他发现这种怀念之举能起到教育子女、稳定家庭、钳制后妻，在社会上博得好名声的奇妙作用时，就愈做愈认真，也愈做愈虚假，陷入了自欺欺人的状态。他并不是为自己曾经做的一切而忏悔，只是在为自己所做的恶行找个好听的借口，说不定还能让世人说他是个"专情"的人呢。因为，那是一个已经不在的人啊！可是，在他知道"他深爱的女人"还在世时，他并没有将其原本公诸世间的那些赎罪行为允诺，也没有给其一点赔偿，当然，为了封口，为了远离这个女人，他阔绰地想甩钱打发侍萍走人。怀念和绝情，貌似水火不相容，其实是对立的统一，形成周朴园对侍萍感情心理的整体。

繁漪和侍萍的悲惨人生都是周朴园那种占有欲在不同时空条件下的表现。怀念之所以能转化为绝情，动力就源于他那种以牺牲他人满足自己的极端自私。假的终究是假的，永远也不能幻化为真，恶的终究是恶的，永远也不能找到合适的美来作自己的伪衣。《雷雨》最终还是以周朴园的丑恶历史彻底暴露收场。随着周家的毁灭，观众认清了周朴园的伪善及其造成的深重罪孽，这个封建家长及其所代表的旧道德，也被观众和读者永远地钉在了封建伦理的耻辱柱上！纵观整部剧，不得不赞叹剧本作者的用心良苦，这部剧中处处充满了"惊喜"，永远让人无法意料，只有深入考究，你才能发现那一幕幕之间的互为照应，互做铺垫，这种潜在的东西对于一部好剧本来说是很重要的。除此之外，这部剧还深刻的反映了当时的社会封建制度，一夫多妻制和官僚制度，女性就是比男性地位低，钱少的就是得受钱多的欺负。这样罪恶的社会面貌被揭穿，所能够产生的积极影响的面是很广的。

这就是经典话剧的魅力所在，相比之下，校园话剧就有很大的

校园剧《末日城堡的传说》中一样有一个邪恶的角色——巫师相比《雷雨》，这位反面角色从一开始就被赋予上了一层黑雾。就是愤怒的，吓人的，该角色的第一个分配任务就是指使其下属去刺示实，这也体现出了巫师的无情恶毒，但是显得有些苍白，令观众不会再有去想的想法，甚至整部剧的基本构思都能猜到。爱好看书或是电影的读者或影迷应该都深有此感。若是这样，这部剧的价值也在一开始就大打折扣了。虽是如此，校园剧也依然存在着很多值得鉴析的地方。例如场景的描绘和渲染，《末日城堡的传说中》令我觉得眼前一亮的就是场景的设置，剧中将巫师的城堡描绘的很美好："镜像城堡的顶部，是巫师 Akira 的房间。这里的景象都是由幻术师幻化出来的，四季常青，鸟语花香，可房间的主人，似乎并不热衷于欣赏。"，这一处铺垫，更加能够映射出巫师的丑恶，增加了剧本的讽刺意味，且镜像城堡就如同一面镜子一般，倒映出这阴谋的一切，深化了主题，这种潜在设置，校园话剧也能发挥得淋漓尽致且别出心裁。这一点，经典话剧确实难以体现，这也是不同时代下映射出的不同见解。此外，分析问卷调查发现，现在高中生不去观看话剧的原因很多是因为剧本不贴近高中生生活，这点是依据时代的变化而改变的，经典剧往往不能

够满足这一点，但是校园话剧就可以很好地利用这一点，因为同处一个年代，有共同的语言，共同的追求，以此为初衷制作的剧本，就能吸引更多的高中生。像《末日城堡的传说》就结合了一些魔幻时尚的元素，应用了吸血鬼、傀儡师等时下较为流行的话题，这能够激起高中生的兴趣，这是话剧传播的首要途径。现今生活在和平年代，尤其是改革开放后，社会风貌发生很大变化，所以，经典剧中蕴含的意味深长已经不适用于现在的人了，很少有人会在现在这个年代慷慨激昂的向往参军，愤愤不平的宣传女性解放，接受文化。而相比之下，校园话剧所隐含的主题大多是以人生的感悟，道德的培养为主。这对高中生将来走向社会提前上了一课。而这个剧本，是关于生命的。每个人都有不同的人生目标，每个人也都会有不同的对自己的人生的意义的定义。剧中的人物亦是这样，是阴暗，又或者是光明，他们都沿着自己的目标走着，诠释着属于自己的人生意义。生命，是一个只有一次的神圣过程。有人一生追求权力，有人一生追求金钱，而有人一生追求光明。倘若在心中，一心一意的追寻一个最美丽的事物，无论是光明还是希望，那便是心底一直所向往的。出生，成长，学习，工作，结婚，生子，养老，或许一生就这样普普通通地过去了。我们是忙碌的，因为我们不知道自己在为什么而忙碌，我们没有目标，自然找不到属于自己生命的意义。因此，建立目标是很重要的，做任何事，都要定个目标，不必想的过于长远，但也要放眼未来，走自己的路！

还有一个校园剧本——《我不是哈利·波特》，这部剧本的名字就很受欢迎，会引起很大的反响，现在的高中生很少有人不知道哈利·波特的，这并不是一种盲目地崇拜，他确实拥有独特的魅力，能够深入人心。相比之下，"雷雨"就带有比较浓重的文化色彩，令人捉摸不透，不直观的明白这部剧的内容。此外，这部话剧的主人公是一个来自农村的高中生，他一直很想融入班集体，但始终受排斥，讲述了其由受轻视到被重视的故事。这种情况，其实在现在的校园中是普遍存在的，学生的家庭条件都很好，吃得用的穿的无不体现着自己的体面，这就使攀比现象出现了，一般的教育，学生很难有深刻的体会，只有当坐在观众席上亲眼看着自己的行为被倒映出来，才回猛然惊觉，自己好像就是如此，那真是太糟糕了，当你发出这样的感慨时，就证明你已经重新有了认识。话剧中的最巧妙的一处设置就是——梦境中的对角巷的魔法店。这是整部剧的核心场所也是转折点，主人公就是在这个奇幻的地方感受到了自己所拥有的已经很珍贵的美好的事物。而这一点的认识，是以女巫的问答来体现的。这种设置，会紧扣心弦，让观众也一同思考这些问题，引起共鸣和深思。在现在这个美好的现实社会，任何故事都期望有个好的结局，这也是经典话剧同校园话剧的又一显著差别。经典话剧往往是以一种黑暗的社会背景为线索的，这也注定了其悲剧性的结尾，而校园剧都会呈现出"柳暗花明又一村"的佳境，结尾都是皆大欢喜的。结局的悲喜会使观众产生心理暗示，悲剧会使人的心情低落，也陷进一种不安和迷惘中，而喜剧会振奋人心，实现其真正的价值。《我不是哈利·波特》这部话剧表现的是很朴素，很切实的校园场景，不论家境、背景如何，那都是父母给的，当然，也不能因为如此而怪罪父母，他们赋予了我们生命，就已经是最大的恩惠，是我们应该用一生来回报的。相信人世间是时刻存在着温暖的，是充满希望的，不管他人如何看待，只要自己看得起自己，向别人证明自己并不是什么难事。

归根究底，经典即称之为经典，必有其妙处所在，而校园剧的新兴，也势不可当。二者可相互结合，校园剧可取经典剧之精华，传承并发扬，使话剧发展的越来越深入人心。也同样要有创新，一代更比一代繁盛，迎来新纪元。

对于校园编剧们，我想对于校园剧自然不需要蕴含很深奥的哲理，但是在剧本中多加些人物的伏笔，加深人物形象，语言应用上向经典剧看齐，懂得运用婉转的语句和说辞，懂得潜台词的设置，"犹抱琵琶半遮面"，若隐若现，更能引人遐想。也会使整部剧在效果上更加的完美。对于观看的观众，也能加深他们的印象，得到一定的领悟和启发。

衷心希望，校园剧能够带给同学们更多美好的回忆！更多人生的启迪！

校园话剧相关问卷调查

同学您好，我是双十中学高一的一名学生。为了进一步了解在校高中生对话剧的看法，以及现今高中生对话剧的要求，同时为了推进校园艺术文化建设，丰富高中生的校园生活，组织了这次关于校园话剧的调查。此次调查内容只是作为统计数据，希望同学能够抽出一点点的时间，完成这份问卷，对于你的看法我都会以真挚的感谢回赠。

以下是单选题，可依据个人实际情况选择

第1题： 您之前是否看过话剧？（　　　）　　A.有　　　B.没有

第2题： 您对观看话剧是否有兴趣？（　　　）

A.非常感兴趣　B.一般　C.视内容而定　D.不是很喜欢

第3题： 您对高中生自导自演的话剧持什么态度？（　　　）

A.支持去观看并有意愿参加　B.支持去观看但不愿参加

C.依剧本而定　　　　　　　D.不支持

以下是多选题，可依据个人实际情况选择

第4题： 如果让您挑选一部话剧来看，下面的话剧类型您比较喜欢

　　　　　哪一种　（　　　　　）

A.人文类　B.悬疑类　C.社会问题类　D.剖析人的心理层面类

E.家庭爱情类　F.青春励志类　G.搞笑类

第5题： 您不观看话剧或很少观看话剧的原因是以下的：（　　　　　）

A.表演者没有吸引力　B.没时间　C.不感兴趣

D.宣传力度不如电影　E.内容形式老旧，不贴近高中生生活

第6题： 如果你选择观看话剧，你希望期满足什么需求？（　　　　　）

A.让观众产生共鸣　　　　B.追随时尚潮流

C.满足自己的艺术欣赏　　D.供自己放松娱乐

E.有一定的社会效应，抨击社会不良现状

以下为填空题 （选填）

第1题：写出你对话剧的理解。

_____

_____

第2题：写出你知道的三部话剧名称。 （中外皆可）

_____

_____

莆仙戏——南戏的"活化石"

组长：高一中澳 A 班 林亦辰

组员：高一 1 班 石壮壮

【摘　要】　莆仙戏是福建省的主要地方剧种之一，是南戏的"活化石"，深受莆仙人民的喜爱。随着社会的发展，莆仙戏必定会受到经济、政治、地理环境等各种因素的影响。为了唤起人们对传统戏曲的保护和发展，本研究尝试以仙游县鲤声剧团的莆仙戏为例，通过阐释莆仙戏的起源、演变和发展，感受传统文化的悠久历史；通过对莆仙戏与南戏的联系的分析，领略莆仙戏的艺术特色。在此基础上分析莆仙戏所存在的现状，并对保护莆仙戏提出相关的建议与措施，以期对莆仙戏代代相传提供一些思想。

【关键词】　莆仙戏　传承　发展　保护

德国伟大的哲学家黑格尔曾说:戏剧是一个民族开化的民族生活的产物。"然而，随着时代的发展，银屏、网络、传媒等新兴媒体冲击着传统的戏剧舞台。莆仙戏也不例外。经典不容灭失，传统不可消亡。为了唤起人们对传统戏曲的保护和发展，本研究尝试以仙游县鲤声剧团的莆仙戏为例，通过阐释莆仙戏的起源、演变和发展，感受传统文化的悠久历史；通过对莆仙戏与南戏的联系的分析，领略莆仙戏的艺术特色。在此基础上分析莆仙戏所存在的现状，并对保护莆仙戏提出相关的建议与措施，促进莆仙戏的健康繁荣发展。

一、莆仙戏的起源

莆仙戏是莆田人民在长期劳动、生活中创造并喜闻乐见的艺术形式。据传，唐开元间（713-741），莆田江东村美女江采苹，被唐明皇选调入宫，赐封梅妃，备受宠幸。其弟曾随同进觐，封为国舅，后来回莆，明皇赐其一班梨园戏班，带回供宴乐"①，于是宫廷教坊歌舞百戏传播莆仙。故莆仙音乐歌舞有"集盛唐古曲之精英，留霓裳羽衣之遗响，采宫廷教坊之荟萃，取山村田野之歌调"的美称，莆仙戏是中国戏曲剧种中历史最悠久，源于唐，成于宋，盛于明清，是演出形态最古老，剧目最丰富，在表演艺术上最具特点的剧种之一，原名兴化戏，流行于福建省莆田、仙游二县及惠安、福清、永泰等邻县的兴化方言区；因宋时莆田、仙游隶兴化军，明、清时隶兴化府而得名。中华人民共和国成立后，始改称莆仙戏。它是由民间艺人用莆仙方言道白，自己设计唱腔和表演形式以反映莆田人民思想感情为内容的综合性舞台艺术。

二、莆仙戏的演变与发展

南宋莆田诗人刘克庄(1187～1269年)晚年于南宋端平年间(1234～1236年)，在故乡看到莆仙戏演出，曾赋诗描述当时盛况："抽簪脱袴满城忙，大半人多在戏场"，"儿女相携看市优，纵谈楚汉割鸿沟"，"陌头侠少行歌乎，方演东晋谈西都"。

明、清时期，是莆仙戏发展、繁荣的时期。清康熙十三年(1674年)，黄金龙办起私人家班："集戏子一班为生"②。而民间班、社大发展。据调查统计，从清中叶到清末，莆田、仙游两地的戏班达到150多个，达到鼎盛时期。并从昆曲、弋阳腔及乱弹等声腔中吸收了大量传奇剧目，改调而歌，使莆仙戏传统剧目更为丰富。

民国时期，京戏、闽剧相继传入莆田，京剧的武打表演与侠义剧目，闽剧的机关布景和表演手法，都对莆仙戏产生了一定影响。而后台伴奏也从原先的锣、鼓、吹单纯的乐器，向民间吸收了"十音"、"八乐"中的部分乐器和外地剧种的乐器，诸如二胡、板胡、琵琶、三弦、扬琴、大提琴等，使莆仙戏音乐形式更

---

① 《中国人名大辞典》"江采苹"条，《唐宋传奇梅妃传》
② 清·陈鸿《清初莆变小乘》

加多样与抒情化。

抗日战争胜利后至1949年，莆仙戏处于低落时期，戏班大量减少，艺人纷纷改行或星散农村。

中华人民共和国成立后，莆仙戏获得新生。50年代初，莆田、仙游两县文化主管部门，组织戏班艺人，学习贯彻党的文艺方针和"改戏、改人、改制"政策，对莆仙戏进行恢复和改革工作。 1951年至1952年，由文化部门派出干部和由艺人民主选举产生剧团领导班子的新型剧团(如莆田县典型剧团和仙游县实验剧团等)先后成立。1953年，莆田县建有大众剧团、劳动剧团、荔声剧团、和平剧团、前进剧团，仙游县有鲤声剧团等，推动了剧目编演工作。

1959年9月，莆仙戏代表队参加福建省巡回演出团，携带《团圆之后》、《三打王英》赴京参加国庆十周年献礼演出。党和国家领导人刘少奇、周恩来、朱德等观看演出，并和全体演职员合影留念。1960年，被誉为"莎士比亚式大悲剧"的《团圆之后》，由长春电影制片厂拍成戏曲艺术片。

50年代，莆仙戏还编演一批反映现代生活的剧目。1956年2月，仙游县鲤声剧团编演的《大牛与小牛》、《三家林》，参加福建省第一届戏曲现代戏汇报演出，还获得剧本创作奖。1958年8月，仙游县鲤声剧团创作的《夫妻红》，参加福建省第二届戏曲现代戏汇报演出，得到好评。

"文化大革命"期间，莆仙戏遭到严重破坏，《团圆之后》、《春草闯堂》、《三打王英》等大批好的和比较好的剧目，被打成"毒草"受到批判，许多艺人受迫害，剧团被撤销。粉碎林彪、江青反革命集团后，莆仙戏再次获得解放。1978年后，两县专业剧团陆续恢复演出，并涌现出许多民间职业剧团。80年代初，为解决莆仙戏演员青黄不接问题，福建省艺术学校委托莆田地区举办莆仙戏学员班。莆、仙两县还分别办起艺术学校，培养一批青年演员。

中共十一届三中全会以来，莆仙戏和其他剧种一样，获得新的繁荣与发展。1979年2月，仙游县鲤声剧团重新排演由陈仁鉴(执笔)、柯如宽、江幼宋编剧的《春草闯堂》，赴京参加国庆三十周年献礼演出，获剧本创作一等奖、演出一等奖。该剧先后被全国600多个剧团移植演出，中国京剧院等还携带该剧到香港地区及国外演出，在东南亚颇有影响。

从 1981 年至 1997 年，仙游县剧团先后改编、创作、上演一批优秀剧目，如《新亭泪》、《鸭子丑小传》、《乾佑山天书》等，均在省戏剧会演中获奖。

三、莆仙戏对南戏的继承与创新

南戏，是宋元时代中国南方最早兴起的戏曲剧种，是中国戏剧的最早成熟形式之一，是用南曲演唱的戏曲艺术。民间俗称戏文，或称为南曲戏文，简称南戏文。而莆仙戏在剧目、角色、服装、表演技巧、音乐、乐器等方面与南戏有着深厚的血缘关系，因此被一些戏剧专家戏称为南戏的"活化石"。

（一）莆仙戏与南戏的联系

1.剧目大致相同

莆仙戏的剧本，大都是清代遗留下来的手抄本，几乎保存了古南戏的全部剧目，其中许多曲文和人物情节也大致相同。如我国现存最古老、最完整的早期南曲戏文代表作《张协状元》、《王魁负桂英》、《王十朋荆钗记》、《刘智远白兔记》等等，在莆仙戏的传统演出本中都有。这足以说明莆仙戏与南戏有着深厚的血缘的关系，保留着我国早期戏曲的一些形状。难怪当今不少戏剧专家会把莆仙戏称为"活宝石"。

2.角色基本沿袭

莆仙戏的角色基本上沿袭宋元南戏旧制，有正生、帖生、正旦、贴旦、靓妆、末、丑等七个角色，故原来的戏班叫"七子班"。后来由于又增加了"老旦"一色，戏班又有"八仙弟子"之称。近些年来，莆仙戏吸取了其他剧种的分行，分工更细了，增加了"副生"、"副靓妆"、"副丑"等角色，使行当达到十多种。

3.服装深受影响

莆仙戏的服装原来也是模仿南戏，非常简单，旦角服装不够穿时，常常用生角的服装代替。后来由于受闽剧和京剧的影响，服装也开始多样化了。莆仙戏的脸谱比京剧来得细致，其男角大都是粗线条加不规则的图案。而女角则与其他剧种大不相同，可说是地地道道的莆仙女装打扮。有的长髻排姑，有的整个头部用黑纱包扎，脑后又装一块三角形的长髻带和一幅长飘纱，一直垂到后跟，前额则插银顶花，耳朵带着一对大耳环。

（二）莆仙戏的特色

1.独特的表演技巧——蹀步

蹀步是莆仙戏独有的步法，是这个剧种传统表演艺术中一种特殊的艺术形式。它是正旦、贴旦、老旦等行当的基本步法，其他行当有时也借助它来展示角色的艺术形象。

传统的蹀步有两种流派：贤水派和统宁派。贤水派是蜈蚣式，两足一蹺一落成桃型，即是两足并立蹺落，象蜈蚣爬行徐徐前进；统宁派是蝴蝶式，两足一蹺一落成管型，即两足并立，用足尖左右击撞，形成一种团管，似蝴蝶飞舞一样。两派在艺术形式上各有特点。蹀步能刻划人物喜怒哀乐情感的鲜明形象，如《春草闯堂》中闺阁千金李半月运用蹀步，行不动裙，笑不露齿，表现了端庄明丽的芳姿；侍婢运用蹀步，小巧玲珑，表现她那机智勇敢、天真稚气的绮姿；老泼旦杨夫人运用蹀步，配以粗犷的"女摇步"，就形成了泼辣粗暴的骄态。所以，蹀步的运用范围，具有一定的广泛性和灵活性。它的表演形式，既有一般性又有特殊性，可按行当、剧情、人物感情和不同环境而发挥其作用。

2.特殊的演奏乐器——笛管

莆仙戏的主要乐器是"锣、鼓、吹"，并以"鼓、吹"为主。刘克庄曾在诗中说："棚上鼓笛姑全乐"，可见现在莆仙戏乐器基本沿袭了宋元南戏的体制。一九五九年，周恩来总理在怀仁堂观看了仙游县鲤声剧团演出的《团圆之后》这出大悲剧后，曾走上舞台同演员合影留念，并高度赞扬了莆仙戏中的"笛管"（即毕果），称赞这种民族乐器很独特，有形小音大的特点。

四、莆仙戏的现状

进入新世纪以来，莆仙戏人才流失严重，后继乏人，由于受到流行文化的冲击，莆仙戏又再度面临着被排挤出人们视野的危险。

1. 中介操控市场，剧团之间结成小团体

莆仙戏在民间的市场主要是由宫庙以集体名义约请，用于敬神，在菩萨节、妈祖节等节日上演出；私人约请如结婚寿庆、开学乔迁等也有，但所占份额比较小。这些戏约绝大部分掌握在中介机构手里，民间剧团要想获得演出机会，就得接受中介机构抽取佣金，佣金的比例已经由前几年戏金的 5% 上涨到 10% 左右，这对在夹缝中生存的民间剧团来说，无疑是很大的打击。"由于莆仙戏民间职业剧团数量很多，竞争很激烈，再加上剧团不演戏也需要支付很多开支，所以还得演，于是就不得不接受这样的盘剥。"在采访中，一位民间职业剧团团长还透露，为了生存竞争，剧团之间还结成了一个个势力团体，形成了一个个小的帮派，这对一个剧种的健康发展十分不利。

2. 演戏的人越来越少

和其他非遗项目一样，莆仙戏也遭遇了人才断层问题。新生代的演员主要来源于市艺校的学生和民间职业剧团的学徒。为解决人才断层问题，2007 年 8 月，莆田市政府出台了"市艺校免费招收莆仙戏表演人才"的相关扶持政策，然而在实际执行过程中，由于这些学生毕业后往往找不到稳定、对口的工作，因此当地老百姓通常不愿意送孩子去学戏。莆仙戏民间职业剧团的学徒主要是剧团下乡演出时会有些年轻人自愿入团拜师，如此学戏又没有体制保证，有些学了几个月就跑了。上一辈优秀演员渐渐老去，新生代演员数量又十分稀少，这是莆仙戏演员队伍建设的现状。

3. 看戏的人越来越老

莆仙戏的发展还面临另外一个重要问题，就是观众的匮乏。从戏台上看过去，你会发现莆仙戏的观众大多为 50 岁以上的老人，难见年轻人和中年人的身影。戏迷越来越老，年轻一代又对莆仙戏没有兴趣。演员和观众群体的新生力量都不足，如此发展下去，莆仙戏这个莆仙地区唯一的古老剧种，恐怕只会渐渐弱化。

传统的表演艺术濒临失传，脸谱、服饰和音乐声腔正在被外来剧种和其他艺术形态同化，艺术的独特性正在削弱。莆仙戏这一古老的剧种正处于自生自灭的状态，急需采取有效措施进行扶持和保护。

五、莆仙戏的发展与保护

30 年来，莆仙戏在传统保留剧目 5000 多个的基础上，又迎来戏剧精品创作生产的高潮。上世纪 80 年代，涌现郑怀兴、周长赋、王顺镇、姚清水等一批在全国有一定影响力的剧作家群。他们创作了大量优秀剧目，特别是新编历史剧，在福建乃至全国都独树一帜，被专家称为闽派戏剧。莆田市先后有 30 多个剧目在省级以上会演中获得头奖。其中，《春草闯堂》、《状元与乞丐》、《新亭泪》、《秋风辞》、《鸭子丑小传》都获得过全国剧目评比头奖，《江上行》分别荣获中宣部"五个一"工程奖和中国第七届艺术节"文华奖"。据不完全统计，全国 600 多个剧团移植上演莆仙戏《春草闯堂》，300 多个剧团移植排演《状元与乞丐》。《团圆之后》、《秋风辞》被列入中国当代十大悲剧，《春草闯堂》被列入中国当代十大喜剧。一个剧种有 3 个优秀剧目同时列入全国 20 大剧目，这在其他剧种里是不多见的。

在全国第 17 届戏剧演员"梅花奖"的角逐中，莆仙戏名旦王少媛荣膺殊荣。2007 年，她作为福建省文艺界的唯一代表出席了党的十七大，2012 年她又被推选为党的十八大代表。

同时，莆仙戏的学术研究也应运而生。30 年来，共结集出版的《莆仙戏史论》、《莆仙戏剧文化生态》、《莆仙戏艺术丛书》等 10 多部研究专著，近 400 万字，为进一步弘扬莆仙戏艺术奠定了坚实的基础。

2011 年 11 月 29 日-12 月 4 日，福建仙游鲤声剧团应邀赴法国参加第五届巴黎中国戏剧节活动，演出获得巨大反响，让法国听众在体味莆仙戏传统艺术积累的同时，又感受到艺术"活化石"的独特魅力。戏剧节结束后，由法国文化部官员、戏曲专家等组成的评审团对国内五家优秀戏剧团队的五场演出进行评奖。莆仙戏《白兔记》获最佳传统剧目奖。此次戏剧节，仙游鲤声剧团是唯一受邀参演的县级剧团。

六、保护和发展莆仙戏的建议

1.政府扶持保护,公开戏金,增强活力,繁荣创作

莆仙戏自改革开放以来一直探索如何适应当代社会的审美需求和快速变化的审美取向。力求改变长期处于落后状态与作品风格单一、数量偏少、观众群疏离等带来的戏曲现状。但由于缺少经费和其他原因,未能如愿。

基于其中的文化价值和研究价值,国家和当地政府应尽快拨专款,将有特点的剧目、音乐、表演用现代化手段记录下来。对那些观众较多,演出较繁荣,处于发展中或新兴的剧团,国家和当地政府要鼓励和创造条件让其走进演出市场,经费主要靠演出收入,政府给予适当补贴。政府还可以根据剧团历年来创作成绩、获奖情况、演出场次和观众人数等量化指标,来作为重点扶持的评定条件,给创新求实、艺术精湛、作风优良的剧团,给以政策上的倾斜,使其健康发展。如近年来,莆田市投资 2 亿元建设莆仙大剧院及莆仙戏博物馆;扩建莆田艺校;拨出专款用于抢救和保护莆仙戏老艺人的表演艺术。

政府还应负责对各剧团的资质进行年度考级,并及时向乡村公布剧团阵容和表演水平及联系方式,同时将各级剧团的戏金公开;区分优秀剧团和一般剧团,让优秀剧团通过持证等得到合理戏金收入,不再忙于用场次数量来应付生计,从而提升民间职业剧团的演出水平,让老百姓可以看到精彩、纯正的莆仙戏。

2.培养观众群体,扩大莆仙戏影响力

加大宣传力度,普及莆仙戏知识,创莆仙戏曲品牌。在贯彻落实十七届六中全会精神,推动社会主义文化大繁荣大发展的过程中,坚持先进文化的前进方向,建立各新闻媒体注重宣传本民族、本地域的人文风情,增强对莆仙戏作品的宣传力度,加大对青少年的莆仙戏知识教育,扩大中华文化在世界上的影响力。

莆仙戏有它固有的特色和相对的稳定性,在长期的演出实践中也培养了欣赏习惯、欣赏趣味相对接近的一批观众群体。一个剧种要生存发展下去,首要的是为那些热爱本剧种、愿意花钱买票进剧场的观众服务。尤其是在如今消费形式多样、观众分流严重的情况下,一个剧种不可能争取到全民观众,成为受众很广的大众化

消费形式。更实际的做法就是走小众化、分层化的路线,首先锁住固有的观众群,不让他们进一步流失,在此基础上,争取和扩大影响,培养新的观众群体。

莆仙戏属省级非物质文化保护遗产,具有经久不衰的艺术魅力。所以,莆仙戏不仅应立足于为莆田本地的观众服务,同时也应面向全国,拓展海外,以优秀的创作成果不断扩大市场份额,提高影响力。

3. 启动"申遗"工作

2006 年,莆仙戏被列入首批国家非物质文化遗产名录。

2008 年 8 月,经莆田市政府第 35 次常务会议研究,决定启动莆仙戏申报世界非物质文化遗产工作。2008 年 11 月,莆田市政府出台了《关于做好莆田市莆仙戏申报世遗工作的实施意见》。目前,莆田市正按实施意见拟定的工作目标、工作重点及工作要求全面展开基础工作。

4. 培养遗产保护和管理方面的人才

从事戏剧遗产保护和管理工作的人肩负着特殊的使命,需要具备与一般艺术人才不同的知识结构和对非物质文化遗产的鉴别、认定能力。但目前莆仙戏在这方面一是缺乏人才培养机制,二是对人才标准缺乏统一认识标准和要求。人才培养需要充分发挥学校教育在保护非物质文化事业中的作用。高等学校作为人类文化的传习地方,一方面要主动承担传承非物质文化的义务,加强本土文化基因认知的自觉意识;另一方面应承担培养保护非物质文化专业人才的义务,积极创建莆仙戏文化所急需的新的教育学科,积极参与文化保护的社会实践。此外,在莆田本地区县的中小学艺术教育中,适当安排莆仙戏的表演,甚至将莆仙戏编入乡土教材使用,以加强青少年对莆仙戏的了解,为培养新的观众群打下基础。关于人才培养的标准问题,我以为应该具有以下四个方面的能力:一是要懂得国内的相关法律、法规和政策;二是要具备与戏剧相关的专业知识;三是要具备较为广博的人文知识面;四是要热爱这项工作,具有强烈的事业心和文化责任感,并具有一定的组织能力和独立工作的能力。努力保护好传承人。莆仙戏曲靠口传心授,老艺人身怀绝技,是名副其实的活的文本,但目前多数艺人年事已高,我们应该有危机意识和紧迫感。要趁机集中人力财力抓紧抢救、整理、恢复,积极做好老艺人授徒工作。在今天这样一个社会大变革的时代,莆仙戏要留住人才、发展人才的确面临诸多挑战。戏剧的尖子人才本来就不多，而且还面临青黄不接的困境。从调查看，莆仙戏的人才无论是民间剧团还是基层剧团都存在突出的人才缺乏问题。一方面是尖子人才少，另一方面是人才梯队建设艰难。创作人才、演员等都面临人才断档的危险。

莆仙戏是中国现存最古老的戏曲剧种，至今有近千年的历史，较完整地保留着宋元南戏的古风遗制，该剧形式和表演特点，享有"宋元南戏活化石"之美誉。中国剧坛泰斗郭汉城曾说："因为有莆仙戏的存在，才有宋元南戏的存在；莆仙戏是中国不可多得的文化瑰宝，它的价值几乎等同于中国文化、中国戏曲的价值。"足见莆仙戏在中国剧坛的地位和影响。加强传统文化的传承弘扬，做好抢救、传承莆仙戏艺术，让莆仙戏焕发新活力新魅力。

参考文献

[1]陈金添主编：《仙游古今》，福建人民出版社 1986 年版。

[2]《中国人名大辞典》"江采苹"条，《唐宋传奇梅妃传》。

[3]（清）陈鸿：《清初莆变小乘》。

参考文献

原 著

[1]曹禺：《雷雨》，中国戏剧出版社 1959 年。

[2]（英）莎士比亚著，朱生豪译：《哈姆雷特》，人民文学出版社 1977 年。

[3]曹禺著，崔钟雷主编：《曹禺戏剧集》，时代文艺出版社 2009 年。

论 著

[1]朱栋霖：《曹禺：心灵的艺术》，北京大学出版社 2010 年。

[2]钱谷融：《钱谷融论文学》，华东师范大学出版社 2008 年。

[3]张晓华：《创作性戏剧教学原理与实作》，上海书店出版社 2011 年。

[4]黄美序：《戏剧的味道》，山东画报出版社 2009 年。

[5]邓旭阳、桑志芹、费俊峰、石红编著：《心理剧与情景剧理论与实践》，化学工业出版社 2009 年。

[6]张生泉主编：《教育戏剧的探索与实践》，中国戏剧出版社 2010 年。

[7]桂迎编著：《校园戏剧》，浙江大学出版社 2005 年。

[8]陈文强、许序修著：《教育文化创新与学校特色发展》，厦门大学出版社 2012 年。

[9]高思刚主编：《中小学校园心理剧》，福建教育出版社 2008 年。

论 文

[1]徐琳：《高中学生心理社团自主发展模式研究》，《心理与就业辅导》2003 年第 2 期。

[2]雷家振：《语文研究性学习与语文学习基本规律》，《语文教学与研究》2003 年第 7 期。

[3]朱华：《中学语文戏剧教学与研究性学习》，《教育探索》2006 年第 4 期。

[4]陈小梅：《关于开展校园心理剧活动的思考》，《福建商业高等专科学校学报》2006 年第 6 期。

[5]吕晟瑛：《校园戏剧的发展趋势与问题对策》，《剧作家》，2008 年第 3 期。

[6]刘文辉：《自我镜像·人生预演·成人仪式——论校园戏剧与青年学生的自我发展》，《教育学术月刊》2008 年第 8 期。

[7]刘文辉、郑小琴：《论当代校园戏剧教育"四维一体"实施策略》，《宁波大学学报》（教育科学版）2008 年 10 月。

[8]张先义：《浅谈心理校本课程：校园心理剧的实践与探索》，《合肥学院学报》2009 年第 2 期。

[9]周国韬：《中小学校园心理剧活动再析》，《现代教育科学》2009 年第 3 期。

[10]廖莹莹：《校园戏剧在校园文化建设中的作用》，《高校辅导员学刊》2009 年第 3 期。

[11]凌云：《对语文课外阅读价值的三维审视》，《大众科技》2009 年第 6 期。

[12]黄岳杰：《校园戏剧：修正应试教育弊端的诸种可能性》，《美育学刊》2010 年第 1 期。

[13]姚永国：《我对新课标下"语文素养"的几点看法》，《试题与研究：教学论坛》2010 年第 4 期。

[14]王中华：《中小学校园心理剧的教育价值与实施策略》，《教学与管理》2010 年 5 月。

[15]何发江：《课堂教学与课外实践的内涵与外延》，《中小学实验与装备》，2010 年第 5 期。

[16]刘颖：《运用戏剧元素，让学生亲近语文》，《内江师范学院学报》，2010 年第 B07 期。

[17]陈爱琴：《浅析语文课外活动在素质教育中的作用》，《教师》2010 年第 36 期。

[18]毛厌草：《校园戏剧对提升校本文化建设品位和内涵的积极影响》，《文教资料》2011 年 3 月号下旬刊。

[19]苏慧丽、詹启生：《治疗与教育功能相结合的校园心理剧模式探析》，《铜

陵职业技术学院学报》2011 年第 3 期。

[20]刘玉新：《校园心理剧模式的创新性实践研究》，《现代教育科学·普教研究》2011 年第 5 期

[21]万庆喜：《校园戏剧与中学语文教育初探》，《都市家教》2011 年第 9 期

[22]刑彦丽：《浅谈高中语文研究性学习》，《教学研究》2012 年 1 月

[23]徐秀梅：《论新课程背景下学生社团活动的开展》，《广西教育》2012 年 2月。

[24]李波：《高中语文研究性学习存在的问题分析及对策》，《新校园》》（理论版）2012 年第 9 期。

[25]马全芝：《校园心理剧的实践探索》，《当代职业教育》2012 年第 9 期。

[26]侯一波：《开展心理社团活动，提高高中心理健康教育工作实效》，《中华少年》2011 年 12 期。

学位论文

[1]沈新元：《高中语文戏剧教学法初探》，华中师范大学硕士学位论文，2007 年。

[2]丰艳：《中学语文戏剧作品体验式教学研究》，山东师范大学教育硕士学位论文，2010 年。

后 记

  高中语文戏剧综合实践课程是我校综合实践课程的一部分，它的有效开展足以证明我校经过多年的探索实践在课程形式改革、课程结构化建设、学生综合素质评价等方面取得了诸多成功的案例和有益的经验。作为一名普通教师，我有幸参与其中，并在校领导的支持和同事们的帮助下，对高中戏剧教学课外综合实践活动进行了一些尝试和探索。

  在戏剧综合实践活动中，我亲身感受到戏剧艺术的无穷魅力以及给学生带来的巨大变化。这些变化是源自于他们内心的，它将朴实和睿智，理性、优雅地展现于他们的现实世界行动之中。这一切常常使我感慨万千，在被学生们真诚情怀感动的同时，我也意识到应该为这几年我校戏剧综合实践课程的开展做一番反思和总结，以利进一步吸取经验，总结教训，提升活动开展的教育教学水平。

  本书的撰写以及出版，要感谢福建师范大学文学院教授、博士生导师辜也平先生的悉心指导；感谢我校教研室许序修主任对我的无私帮助和指导；感谢我校陈文强校长和语文组同事们的全力支持和热心协助；最后感谢本书编辑为此付出的艰辛劳动。

陈 锋

2014 年 2 月 28 日

图书在版编目(CIP)数据

高中语文戏剧教学综合实践活动课程探索/陈锋著.—厦门:厦门大学出版社,
2013.12
ISBN 978-7-5615-4961-2

Ⅰ.①高… Ⅱ.①陈… Ⅲ.①中学语文课-教学研究-高中 Ⅳ.①G633.302

中国版本图书馆 CIP 数据核字(2014)第 024528 号

厦门大学出版社出版发行

(地址:厦门市软件园二期望海路 39 号 邮编:361008)

http://www.xmupress.com

xmup @ public.xm.fj.cn

厦门集大印刷厂印刷

2013 年 12 月第 1 版 2013 年 12 月第 1 次印刷

开本:720×970 1/16 印张:18.25 插页:1

字数:260 千字 印数:1~2 000 册

定价:36.00 元

本书如有印装质量问题请直接寄承印厂调换